新女性主义研究贻芳译丛

儿童早期教育和女性主义理论：
女性主义理论的研究和实践性应用

凯莉·史密斯　凯特·亚历山大　谢拉林·坎贝尔　主编

周宇芬　译

·南京·

内容提要

本书精心编选了十多名从事儿童早期教育的学者以及政策制定者的文章,试图分析在儿童早期教育中影响性别正义和平等的因素,以此来探索能够实现性别正义和平等的可能途径和方法。本书所提出的女性主义思想有力论证了女性主义在儿童早期教育中的存在,这种教育对儿童实现跨越性别、种族、阶级、能力和地域界限等因素的性别正义和平等的转变以及塑造能力有重要意义。

图书在版编目(CIP)数据

儿童早期教育和女性主义理论:女性主义理论的研究和实践性应用 /(澳)凯利·史密斯(Kylie Smith),(澳)凯特·亚历山大(Kate Alexander),(澳)谢拉林·坎贝尔(Sheralyn Campell)主编;周宇芬译. — 南京:东南大学出版社,2022.2

书名原文:Feminism(s) in Early Childhood:Using Feminist Theories in Research and Practice

ISBN 978-7-5641-9684-4

Ⅰ.①儿… Ⅱ.①凯… ②凯… ③谢… ④周… Ⅲ.①儿童教育—早期教育—研究 ②妇女学—研究 Ⅳ.①G61 ②C913.68

中国版本图书馆 CIP 数据核字(2021)第 187079 号
图字:10 - 2021 - 463 号

First published in English under the title
Feminism(s) in Early Childhood:Using Feminist Theories in Research and Practice
Editedby Kylie Smith, Kate Alexander and Sheralyn Campbell, edition:1
Copyright Springer Nature Singapore Pte Ltd., 2017*
This edition has been translated and published under license from Springer Nature Singapore Pte Ltd..
Springer Nature Singapore Pte Ltd. Takes no responsibility and shall not be made liable for the accuracy of the translation

责任编辑:张万莹 责任校对:子雪莲 封面设计:王 玥 责任印制:周荣虎

儿童早期教育和女性主义理论:女性主义理论的研究和实践性应用
Ertong Zaoqi Jiaoyu He Nüxing Zhuyi Lilun:Nüxing Zhuyi Lilun De Yanjiu He Shijianxing Yingyong

主　编	凯莉·史密斯 凯特·亚历山大 谢拉林·坎贝尔 译 者 周宇芬
出版发行	东南大学出版社
社　址	南京市四牌楼 2 号(邮编:210096 电话:025-83793330)
网　址	http://www.seupress.com 电子邮箱 press@seupress.com
经　销	全国各地新华书店
印　刷	广东虎彩云印刷有限公司
开　本	700 mm×1000 mm 1/16
印　张	14.75
字　数	250 千字
版　次	2022 年 2 月第 1 版
印　次	2022 年 2 月第 1 次印刷
书　号	ISBN 978-7-5641-9684-4
定　价	80.00 元

本社图书若有印装质量问题,请直接与营销部联系,电话:025-83791830。

丛书编辑

乔安娜·温,墨尔本大学,帕克维尔,澳大利亚
海伦·卡希尔,墨尔本大学,帕克维尔,澳大利亚

前　言

这本书的寄达，于我是一个美妙的时刻。这是一本由三位女性（凯莉·史密斯、谢拉林·坎贝尔和凯特·亚历山大）编著的关于儿童早期教育女性主义研究的论著，她们都曾对我身为儿童早期教育女性主义者的研究生涯有过深刻的影响，此时我迫不及待想翻开书页一探究竟。

我第一次认识凯莉和谢拉林是 20 世纪 80 年代末的时候，认识凯特则是在 2004—2006 年的时候，她们当时尚在读本科。三个人都聪明正直，有着出众的意志力和洞察力，渴望能够为实现平等和正义贡献自己的力量。我有幸能够在她们的本科和研究生阶段指导她们的研究学习，并后来与她们共事。在完成本科阶段的学习后，她们三人的人生走向开始有所不同，充当起了儿童早期教育的管理者、经营者、研究者、学生和从业者等不同角色，不过也时有交叉。在近 20 年的时间里，我一路见证了她们在遇到性别不公时的痛苦和不甘以及对宣扬女性主义主张和实践、感召他人的孜孜以求。

有鉴于此，我料想这会是一本精心编就的书，会对女性主义的本质、所为和所能作出全面而系统的梳理，从而帮助儿童以及那些同幼儿教育密切相关的人员更好正视这一时期。结果恰如我所料。本书旨在揭示儿童早期教育女性主义理论的重要意义以及女性主义理论在不同国家及儿童早期教育重要领域的积极应用。

本书借助女性主义研究者们对巴基斯坦、肯尼亚、爱尔兰、澳大利亚、印度尼西亚、挪威、英国和美国等国家的政策制定者、研究人员和从业人员的研究，有力地贯彻了这些宗旨。编者对供稿人的精心筛选，意味着读者可以对儿童早期教育女性主义理论的关注热点和指导意义有一个全方位的了解。本书从非洲女童的结构性不平等分析（穆索米和斯瓦登那——第七章）谈到爱尔兰（及以外）幼教人员的薪资和工作条件不平等(默里——第八章),再谈到儿童(戴维斯——第六章)以及巴基斯坦教师(迪·苏扎·祝玛)微观研究领域女性主义研究者形象重塑的途径。

诚然,政策制定、薪资和工作条件、研究者/被研究者关系意义等都不是儿童早期教育女性主义研究者的新研究课题,但本书的供稿人对在当前时代背景下女性主义理论对儿童早期教育的各个阶段以及领域为何有意义及其意义如何体现等问题作了深入探讨,而不是简单或单一地呼吁要在儿童早期教育中引入女性主义理论。本书有好几章都在分析过程中引入了"交叉性研究"(关于种族主义、性别歧视、同性恋恐惧、跨性别恐惧、体能歧视、仇外情绪、阶级歧视等相互交织的分析)的内容,使得关于行动的呼吁更为细致具体,且针对性强。例如,阿特金森以澳大利亚幼儿教育项目中迪吉里杜管(澳大利亚使用的一种乐器)的地位为例对维多利亚州澳洲原住民的性别关系、女性主义以及去殖民化等问题作了生动有力的论述(见第三章),清晰地揭示了这一点。莎拉查·佩雷斯讨论并提出要让"被抹黑的"黑人女性主义思想成为生活日常化内容,指出这对儿童早期教育的意义建构十分重要(第五章),同样彰显了这一点。

本书还有好几章(如寇迪——第二章;奥斯古德和罗宾逊——第四章;迪索萨·朱马——第十一章)对何为女性主义及谁是儿童早期教育(及以外)的女性主义者作了生动的论证。除此以外,本书还对女性主义者作为儿童早期教育的塑造者和再塑造者的意义作了着重阐述。例如,寇迪对澳大利亚参与宏观决策和服务设计的早期女性主义者留下财富的不朽影响和转变作了清晰的介绍,而在穆索米和斯瓦登那(第七章)、默里(第八章)和辛普森-达尔·桑托(第十三章)的论述中,我们可以看到女性主义者们积极重构当代女性主义理论的宗旨,并在肯尼亚、爱尔兰和澳大利亚等国作出政策调整的努力。

不同时期、不同文化背景的女性主义者们还讨论了争取性别平等和正义过程中人际关系的政治化以及关于塑造和再塑造的日常核心目标微观化等问题。有几位供稿人对儿童早期教育的此类问题作出论述(如加杰斯——第十章;马尔平温和拉姆齐——第十二章;奥斯古德和罗宾逊——第四章)。戴维斯(第六章)提醒我们这并不是一件易为之事,她号召女性主义研究者们突破现有性别秩序所引发的紧张氛围以及物质化特性作出研究并磋商其意义,从而向我们展示能够促使儿童早期教育顺利过渡并弘扬性别正义的崭新的可能途径。其复杂性毋庸置疑,不过,跨越了澳大利亚、美国、巴基斯坦和印度尼西亚等不同国家背景的儿童早期教育女性主义者们凭借其能力及意志为我们描绘了一个乐观的政治图景。虽然存在种种阻挠因素，并且阻挠因素会不时占据上风，但性别正义的政治蓝图仍有望实现。

凯莉、凯特和谢拉林一直致力于儿童早期教育女性主义理论的研究，同时找到了应对其复杂性的正确途径，因此丝毫不需要惊讶她们能够把一批背景不同但都能力卓绝的学者们汇聚到一起，他们的观点主张代表了儿童早期教育女性主义理论的新浪潮，其效用已经为时间所证明。他们呼吁现在和将来我们要在日常政策和实践中贯彻性别正义，以此来探索能够实现性别正义和平等的尚未为人所知的可能途径和方法。儿童早期教育女性主义者们出于对长期的性别不平等、暴力、压迫和厌女情绪的忿恨而致力于创造一个能够实现性别正义和平等的世界，对于他们而言，本书会是一个良好的催化剂，能够提供有效助力。本书所提出的女性主义思想有力论证了女性主义理论不仅存在于儿童早期教育，而且对儿童早期教育实现跨越性别、种族、阶级、能力和地域界限等复杂因素的性别正义和平等的转变以及塑造能力有着至关重要的意义。

无论于公还是于私，我都非常高兴能够与我从事儿童早期教育女性主义研究的同事们以这样的方式重逢，同时也十分欣慰能够通过书页结交新的儿童早期教育女性主义研究者们。儿童早期教育女性主义研究领域应该感谢他们对女性主义理论的拥护、构想以及重构，并以他们为荣。他们构筑了一本书，一本值得引起所有与或即将与儿童早期教育密切相关人士重视的书。

格伦达·麦克·诺顿
维多利亚，澳大利亚
2016年8月

致　谢

格伦达·麦克·诺顿的女性主义研究和政治导向给了我们出版本书的底气，在此我们表示衷心感谢。她最初是我们三人的学业导师，现在是关心我们、督促我们不断进步的朋友，是她为我们打开了通往丰富的女性主义理论、方法论、教育学和政策论的大门。格伦达一直支持、启发、激励我们对被视为理所当然的性别行为、父权统治和暴力行径背后蕴含的真相提出质疑。正是得益于她的不懈努力和大胆质疑，我们才敢于殊途同归，力求能够为改变现状贡献自己的力量。感谢她为在日常生活中践行女性主义政治学所作出的榜样，感谢她持之以恒地鼓励他人一起分享并实践自己的女性主义主张。

我们还想感谢伊莉莎白·道(1942—2015)为实现性别平等所付出的努力，感谢她在澳大利亚推行并支持的儿童早期教育和关怀反偏见项目。她还为我们在儿童早期教育学和政策论领域寻找女性主义轨迹铺平了道路。

我们还想感谢我们的同事安妮·法雷利和杰西卡·克罗夫茨，感谢她们对本书的支持和给予的帮助，我们还想感谢我们的家人对我们工作的支持。

我们还想感谢那些从事儿童早期教育的相关人士，他们在开始日常工作时会对社会正义的践行提出质疑，并且敢于尝试以求改变。

目　录

第一章　引言 ………………………………………………………………… 1
　　　　　凯莉·史密斯　凯特·亚历山大　谢拉林·坎贝尔

第一部分　女性主义理论重构历史

第二章　女性主义和澳大利亚儿童早期教育发展 …………………… 11
　　　　　玛格丽特·M. 寇迪

第三章　迪吉里杜管,是压迫还是去殖民化的工具 …………………… 28
　　　　　苏·洛佩斯-阿特金森

第四章　儿童早期教育性别研究中的当代前沿女性主义理论 ……… 38
　　　　　杰妮·奥斯古德　凯瑞·H. 罗宾逊

第五章　儿童早期研究中的黑人女性主义思想:边缘女性主义理论的(再)中心化
　　　　　………………………………………………………………… 52
　　　　　米歇尔·莎拉查·佩雷斯

第二部分　女性主义理论重构制度

第六章　存在的交缠式激活:儿童早期的女性主义研究策略 ………… 71
　　　　　布朗温·戴维斯

第七章　加强教育政策、机会和行动力度 促进肯尼亚的女性主义发展和儿童教育
　　　　　………………………………………………………………… 83
　　　　　默西·穆索米　贝西·布鲁·斯瓦登那

I

第八章　平等之谬？对儿童早期关怀和教育行业条件平等观念的批判性理解
……………………………………………………………………… 97
　　　　蔻莱特·穆里

第九章　幼儿园里的恋爱与核心家庭:对异性恋正统思想的批判性分析 …… 116
　　　　玛塞拉·蒙特塞拉特·丰塞卡·布斯托斯

第三部分　女性主义理论重构实践

第十章　时间和关系:教师访谈中的父亲模式和母亲模式之冲突 ……… 135
　　　　桑娅·L. 加杰斯

第十一章　女性主义后结构主义理论与巴基斯坦儿童早期课堂中的性别平等实践
……………………………………………………………………… 150
　　　　奥德丽·迪索萨·朱马

第十二章　印度尼西亚的女性主义和儿童早期教育:教师反思 ……… 165
　　　　斯里·马尔平温　帕特里夏·G. 拉姆齐

第十三章　澳大利亚《早期学习框架》中的性别身份 ……………… 183
　　　　瑞贝卡·辛普森-达尔·桑托

第十四章　我们做到了吗？儿童早期教育实践中的性别平等发展历程回顾
……………………………………………………………………… 199
　　　　谢拉林·坎贝尔　凯特·亚历山大　凯莉·史密斯

编者

凯莉·史密斯

凯莉·史密斯是墨尔本大学研究生教育学院青少年研究中心和副院长研究培训室高级讲师和研究员。她主要研究理论和实践对推进儿童早期课堂中的性别平等有何作用,她与孩子、家长和教师一起建立了安全社区,广受好评。

凯特·亚历山大

凯特·亚历山大是墨尔本大学研究生教育学院的高级行政人员,她主要负责向青少年研究中心的教职人员提供服务。最初她是一名研究员,主要负责关于儿童早期教育平等问题的研究项目、基金和出版物开发等事宜。她获得了儿童早期教育研究的学士学位、教育学硕士学位(研究)——侧重于性别和儿童早期教育,目前正在攻读博士学位,研究方向为儿童早期教育性别问题研究人士的生平历史。

谢拉林·坎贝尔

谢拉林·坎贝尔是墨尔本大学的一名教师,近来她出任澳大利亚一乡村政府机构的儿童服务经理人。她在澳大利亚儿童服务领域已工作40年,在墨尔本大学的儿童早期教育平等和创新中心完成了博士学业。她的研究和工作内容侧重于改变儿童早期教育和关怀中的平等和多样化体验。

供稿人

玛塞拉·蒙特塞拉特·丰塞卡·布斯托斯

玛塞拉·蒙特塞拉特·丰塞卡·布斯托斯出生于智利,在挪威长大。1999年她从幼教专业毕业,2007年获得儿童早期教育的硕士学位。她的硕士论文是《关于挪威的儿童早期教育政策和制度中的父权本位》,是挪威最早一批研究该课题的论文之一。目前她正在攻读博士学位,是位于挪威奥斯陆的奥斯陆和阿克舒斯大学应用科学院的助理教授。

玛格丽特·M. 寇迪

玛格丽特·M. 寇迪是墨尔本大学研究生教育学院的荣誉研究员,她长期从事研究工作,曾成功申请由澳大利亚研究委员会资助的应用哲学和公共伦理中心的项目,获得过普林斯顿大学人类价值中心、意大利贝拉吉奥洛克菲勒中心、乔治城大学肯尼迪伦理学研究所和牛津大学乌希罗(Uehiro)实践伦理中心等的研究奖学金。她的研究领域包括职业道德、儿童权益和教育理论。她是多名博士和硕士生的导师,辅导的学生论文课题涵盖儿童权益、职业道德和儿童早期教育机构历史等。

布朗温·戴维斯

布朗温·戴维斯是生活在悉尼的一名独立学者,也是墨尔本大学的一名兼职教授。她身兼作家、学者和教师等多重身份,近几年曾前往美国、瑞典、丹麦、比利时、芬兰和英国等国的大学出任客座教授。她在性别、文化修养、教育学等领域颇有建树,还因为批判新自由主义而名噪一时。2014年她的论著《倾听孩子》由劳特利奇出版社出版,同年还出版了改编自澳大利亚经典故事的《不会飞的仙女》,这是她的第一本儿童创作作品。关于她的更多详情,可浏览其个人网站 bronwyndavies.com.au.。

桑娅·L. 加杰斯

桑娅·L. 加杰斯是一名有着超过25年教龄的幼儿和一年级任课老师，还曾主持策划过贯穿一到三年级的跨年龄教育项目并任教师。目前，她是美国亚利桑那大学儿童早期教育实践方向的助理教授，执教儿童引导、儿童发展、基于数据的教学、职业反思和领导力等本科生课程及儿童早期教育机构、后结构主义和社会文化视角下的儿童发展、儿童权益等研究生课程。她的研究领域包括儿童权益、职业变革发展和课堂教学权威相关课题。

奥德丽·迪索萨·朱马

奥德丽·迪索萨·朱马是巴基斯坦圣母教育研究院院长，她读博期间主攻的研究领域是儿童早期教育和性别。她是阿迦汗大学教育发展研究院儿童早期教育项目的项目组成员和协调员，同时也是巴基斯坦国家课程委员会儿童早期教育审批咨询委员会成员。她在巴基斯坦和澳大利亚有着丰富的教学和教师教育经历。她的研究领域包括性别、游戏、儿童早期课程和教学法、种族多样性和身份认定。

苏·洛佩斯-阿特金森

苏·洛佩斯-阿特金森是居住在维多利亚州的原住民，是一名著名的约塔约塔族女性，她从事教育工作长达40年，所培育的学生涵盖幼儿园到高等院校各个层次，包括原住民和非原住民。1998年她获得了女性研究的硕士学位，硕士论文研究课题是"原住民身份认定：原住民女性和城市体验，墨尔本，1997"。该研究揭示了原住民文化衍变背后的复杂性、多元性和一致性，启发了她在儿童早期教育研究中导入相似理念。2009年，她凭借关于"原住民民族自决和维多利亚州儿童早期教育和关怀"的研究顺利获得博士学位，该研究受到了当地原住民儿童早期教育团体的大力支持。目前，她是墨尔本大学研究生教育学院的荣誉研究员。她有两个孩子，分别是安东尼和比安卡，均已长大成人，她目前同她的搭档戴夫还有两只猫一起生活。

斯里·马尔平温

斯里·马尔平温是儿童早期教育和平等研究领域的独立顾问。自1998年以来，她和家人以及其他一些儿童早期教育者们在印度尼西亚的日惹市从事项目开发，这些项目涵盖了性别、道德、宗教和能力平等等内容。

蔻莱特·穆里

蔻莱特·穆里在儿童早期关怀和教育（ECCE）领域有超过20年的国内和国际

从业资历。她的身份包括执业者、培训教员、讲师、倡议者和研究员等。她提出在 ECCE 实践、培训和政策制定中全面引入多样性和平等视角,并把反偏见研究引入了爱尔兰的 ECCE 研究。她是平等和多样性儿童早期教育国家网站(EDeNn)的创建者和协调者,同时也是儿童早期关怀、教育和培训欧洲网站的创建团队成员。目前,穆里在都柏林布兰察斯镇理工学院任教,开设 ECCE 学位项目课程。她还就多样化和平等问题撰写并发表了诸多论著。

默西·穆索米

默西·穆索米是肯尼亚一家名为"女童在线"的儿童权益机构的执行主席,机构创建于 1995 年,其初衷是为了贯彻实施 1995 年北京第四届世界妇女大会的倡议。穆索米是一名活动家,为了儿童权益,特别是女童权益积极活动。肯尼亚的儿童就像很多非洲国家的儿童一样从出生起就饱受暴力之苦。女童还会遭受源于性别歧视的种种性暴力,包括女性生殖器切割、儿童婚嫁和儿童拐卖等。穆索米是一名心理咨询专家,擅长引导儿童(特别是女童,包括幼儿和青少年)在面对种种压力时认识到教育的重要性,同时也是一名儿童权益问题的游说者和行动家。

杰妮·奥斯古德

杰妮·奥斯古德是英国密德塞克斯大学教育学教授、澳大利亚西悉尼大学客座教授。她出版了包括书和同行评审论文在内的很多出版物,论文出版期刊包括《性别和教育》《教育政策期刊》《早年》《当代儿童早期问题》等。目前,她是包括《英国教育研究期刊》在内的几大刊物编审组的成员,同时还是《重构教育研究方法》的编者之一及《女性研究国际论坛》期刊的副主编。目前她正与凯瑞·H. 罗宾逊合著《女性主义研究与性别化的儿童早期教育:怎一个乱字了得》,该书是布鲁姆斯伯里主编的《儿童早期研究中的女性主义思想》系列丛书中的一本。

米歇尔·莎拉查·佩雷斯

米歇尔·莎拉查·佩雷斯是美国新墨西哥州立大学儿童早期教育学的助理教授。她在儿童早期教育研究中引入了边缘女性主义视角和批判定量分析的研究方法,对当代儿童早期教育和公共政策主流研究中的新自由主义表现发起了抨击。她的研究成果发表在了很多编著和期刊上,包括《多元文化视角》《文化研究<=>批判性方法》《质性研究》等。她还与人合作出版了《儿童早期教育和关怀质量审视:管理、取消资格和清除》(彼德·朗)和《批判性质性研究:根基和未来》(左海岸出版社/劳特利奇)。

帕特里夏·G. 拉姆齐

帕特里夏·G. 拉姆齐是美国马萨诸塞州蒙特霍利约克学院心理学和教育学荣誉教授。她曾任过幼儿园教师，出版了若干关于儿童早期多元文化教育的著作，包括《多样化世界中的教和学：青少年的多元文化教育》，目前已经出到第四版。

凯瑞·H. 罗宾逊

凯瑞·H. 罗宾逊是西悉尼大学社会科学和心理学学院社会学教授。她的研究领域包括：多样性和差异性、性别、性别多样性、性骚扰/暴力、儿童早期和性别建构、性教育、转化型教学法。她出版和发表了很多书和文章，包括最新的《天真、知识和儿童早期建构：性别和当代儿童生活审查制度之间的矛盾》（伦敦：劳特利奇，2013）以及与克里斯·琼斯·迪亚兹合著的《儿童早期教育中的多样性和差异性：理论和实践问题探讨》（罗宾逊和琼斯·迪亚兹2006，开放大学出版社），这本合著后来由开放大学出版社于2015年再版。目前，罗宾逊正在完成与杰妮·奥斯古德合著的《女性主义研究与性别化的儿童早期教育：怎一个乱字了得》，该书是布鲁姆斯伯里主编的《儿童早期研究中的女性主义思想》系列丛书中的一本。

瑞贝卡·辛普森-达尔·桑托

瑞贝卡·辛普森-达尔·桑托自2002年以来一直在澳大利亚从事儿童早期教育和关怀相关工作。她刚完成教育学硕士（研究性）学业，研究的课题是政府的儿童早期教育改革如何使儿童早期教育工作者成为儿童身份标签的标识者及其道德和政治启示。

贝西·布鲁·斯瓦登那

贝西·布鲁·斯瓦登那是美国亚利桑那州立大学正义和社会诉求学教授、社会转型学院副院长。她的研究领域主要是社会政策的国际性比较，重点研究撒哈拉以南非洲、新自由主义政策的本土化影响、儿童权益和发声等。她出版了11本专著，包括《被"希望"眷顾的儿童和家庭》《乡村还能培养孩子成才吗?》《跨文化语境下的去殖民化研究》《儿童、儿童权益和教育研究中的权力和声音及儿童早期关怀和教育重构：以读者的角度》。她还是旨在为肯尼亚的弱势儿童服务的 Jirani 项目（https://jiraniproject.org）和儿童早期教育重构项目（RECE）（https://receinternational.org）的创始人之一，并在多家社会公平和儿童权益游说组织担任重要工作。

缩写

CECDE	儿童早期发展和教育中心
CEDAW	联合国消除女性歧视大会
CoE—ACRWC	非洲儿童权益和福利宪章专家委员会
CRC	联合国儿童权益大会
CSO	公民社会组织
DCYA	儿童和青少年事务部
DES	教育和技能部
ECCE	儿童早期关怀和教育
ECE	儿童早期教育
ECEC	儿童早期教育和关怀
EFA	全民教育
EYLF	早期学习框架
FGM	女性生殖器切割
FPE	小学教育免费
GCN	女童在线
IDG	跨部门工作小组
KPSA	库里育幼助理
KUSA	南澳大利亚幼儿园联合会
MACS	多功能原住民儿童服务
MDG	千年发展目标
NCCA	国家课程和评估委员会

NGO	非政府组织
NQRAP	国家质量评级和评估流程
NQS	国家质量标准
NVCO	国家儿童保育志愿组织
OMC	儿童部长办公室
TLDS	过渡学习和发展纲领
UTC	高校教师学院
VACCA	维多利亚州原住民儿童保育局

第一章 引言

凯莉·史密斯　凯特·亚历山大　谢拉林·坎贝尔

摘要　儿童早期教育女性主义理论关注的是女性主义话语的需求，以探讨我们如何在儿童早期课堂日常中向幼儿及其家庭灌输性别和平等理念。这一论文合集融合了全世界知名学者的研究，以分析各种女性主义理论在儿童早期教育研究、政策制定和教育法中的应用。学者们所掌握的女性主义话语为我们在特定背景下打破既有的父权至上理念、改变现状提供了可能途径。学者们在论文中讨论了性别化对儿童的影响，并对儿童早期发展、教育成效、资源获得和社会归属等情况及其评估作了分析。本书以期对消除本土和全球范围内的性别不平等和性别暴力的全球化努力尽微薄之力。

关键词　性别；儿童早期教育；女性主义理论；平等

全世界的女性主义理论指向的似乎都是政治、制度和个人领域基于性别的权力关系并力求作出改变——这些领域的性别认知和实践存在不平等。这些不平等在全球范围内都有迹可循，比如，家里家外的性别暴力、政府机构和高级行政岗位上女性人数偏少、工作场合的同工不同酬、女性的文化水平和受教育程度低于男性

K. 史密斯、K. 亚历山大、S. 坎贝尔，青少年研究中心，墨尔本研究生教育学院，墨尔本大学，墨尔本，澳大利亚，e-mail：kylieas@unimelb.edu.au.

K. 亚历山大，e-mail：klal@unimelb.edu.au.

S. 坎贝尔，e-mail：sheralyn.campbell@unimelb.edu.au.

斯普林格自然新加坡私人有限公司，2017.

K. 史密斯等(编)，《儿童早期教育和女性主义理论》，儿童和青少年视角 4，DOI 10.1007/978-981-10-3057-4_1.

等。在全球范围内,社会结构往往受到性别认知的制约,这些性别认知既割裂又联结公共和个人生活。这种制约通过社会制度发生作用,把我们的生活套在某种结构框架中,就像看门人一样约束我们该将谁的话奉为准则,告诉我们什么是"真实""正确"的认知和行为。这在公共生活中有很多具体的表现形式,如政府和企业中谁是核心领导人;政策如何制定;如何获得资源;政策制定者和资源提供者是谁;哪些研究和项目具有优先权,能够获得资金支持;哪些知识内容是权威发布;等等。不过,除此以外,还有无数不易被察觉的表现形式,这些表现形式通过制度对公共和个人的日常生活领域产生性别化影响。正如澳大利亚前首相茱莉娅·吉拉德在《我的故事》(Gillard 2014)一书中所指出的:

> 在当今的澳大利亚,虽然男女性别关系正在有所改善,但仍然深陷性别囹圄中。作为澳大利亚的第一任女首相,我慢慢认识到我的周围遍布荆棘,而在我作为首相的所有经历中,性别是最难以解释、把控和量化的东西。如果你非要说出个子丑寅卯来,又会觉得太琐碎了(p.98)。

社会成员的当前以及未来发展深受教育影响,但教育界奉行的是教育资本主义和新自由主义教育政策,其目标对象是可以评测和管理的不以性别为划分的社会个体。研究表明三岁大的儿童就对男女性别有了清晰的认识,这些认知建构可能会包含关于女性和男性的一些狭隘的、定式化的内容,而这些内容正是当今性别不平等现象的核心所在。本书认为性别讨论对于儿童早期教育研究和教学实践都至关重要,因为它直指问题要害,即权力如何通过性别意义发生作用,从而造成教育者、儿童和家庭的本质差别。儿童早期教育理论最为人诟病的一点就是它发端于父权至上的男性白人的经验和认知。关于儿童早期教育领域的性别研究已经走过了三十多个年头,但本书别出心裁,糅合了众多女性主义理论和视角,代表了性别和女性话语研究的前沿,其中就包括女性主义新唯物主义方法论——对人以及超越人的性别、身份、权力、知识和真理予以研究的模式。

本书中的女性主义学者们从历史、制度和教育实践的维度探讨了知识和理论形成和认可机制的实践指导意义(Weedon 1997),使得女性主义理论成了重构认知——进而研究和实践——的可能途径,这里的女性主义理论不再是一个二元分化的概念,而是具有内在交互性,能够对跨领域、跨国界的女性主义政治活动产生影响。尤其值得一提的是,本书中的女性主义理论能够促使我们对认知的制度化、具体化和物质化(如儿童早期教育政策和资助、教育资源和教学策略、研究方法和理论、媒体形象、保健、家庭安全和服务等)作出审视和重构。

  本书源于我们关于澳大利亚儿童早期教育文件中性别问题的讨论,我们发现澳大利亚儿童早期教育领域发生了一些显著的变化,一些教育文件——如课程纲要、管理要求等——中越来越少提到性别问题,但新版的《维多利亚州早期学习和发展纲要》(VEYLDF)(DET 2016)重新把性别列入儿童早期教育课程。就目前来看,这是澳大利亚儿童早期教育纲领性文件中的一个特例。我们由此对那些主张儿童性别问题具有重要意义的儿童早期教育女性主义者们的研究进行了反思并重读了他们的一些著作,我们想知道儿童早期教育研究领域的现状以及女性主义理论在研究中的应用情况。我们希望有这样一个资源,可以证明给大家看女性主义理论有着广泛的应用,并且这些理论对教育者、研究者、学生、政策制定者,以及那些为儿童早期(及以外)教育积极出力的人士都有着重要的参考价值。本书汇集了全世界范围内的学者,探讨了女性主义理论与儿童早期教育研究和实践的结合。本书各章都以例为证,分析不同女性主义理论给研究、认知和实践带来的转变,表明女性主义理论并不仅仅实现了性别话语的转换。女性主义理论起源于社会变迁,反过来又促成社会变化,例如教育权、公民权、选举权和财产权、就业和人们的认知构成等的变化。要了解女性主义理论对于重构儿童早期教育的意义,关键在于放眼全球,找出各国间的异同,并探究这些异同如何对我们本国历史、认知和实践发起挑战。因此,我们可能需要发现新的联结纽带和同盟,以帮助我们实现认知、研究和实践层面的重构和转变。本书所收录的论文都表明当下的儿童早期教育与女性主义理论有着不可分割的联系,证实关于女性主义的讨论仍有存在的必要。本书可分成三大部分:女性主义理论重构历史、女性主义理论重构制度、女性主义理论重构实践。鉴于本书中的儿童早期教育女性主义研究涉及不同历史时期、社会背景和地域,关于儿童早期教育机构和教师的术语可能会存在前后不一的情况。不过,虽然表述不尽一致,但他们的意思和目标都是统一的,都表达了致力于剖析并改变全球范围内不平等现状的政治宏愿。

  本书第一部分——女性主义理论重构历史——反思了不同时期女性主义理论在儿童早期教育领域的应用。重构女性主义的儿童早期教育研究、制度和实践历史主要探讨女性主义理论的应用及其最终可以实现的目标和同盟等问题,这可以使得我们有机会着眼过去和现在,站在有着不同历史、文化和经历的人的角度,借助现有的矛盾、冲突和背景对现状作出剖析。在此基础上，读者们可以发现新的关于联系纽带和同盟的问题，思考女性主义理论可以如何应用以改变性别化的权力关系。第一部分各个章节关注的是女性主义理论对于打破研究和教育实践中的沉默、差异、矛盾和非预期效应的创造力。开篇的一章是玛格丽特·M. 寇迪的文章，介绍了澳大利亚儿童早期教育领域开辟过程中女性的作用，并讨论了儿童早期教育与女性主义理论的关系。她的文章揭示了不同历史时期人们对女性主义理论的理解和实践有着复杂而多元的形式，甚至相互矛盾、饱受争议，然而，她的文章也表明总会有因为共同利益而产生的联结体，如果能够发展为同盟力量，会对儿童和家庭产生重大影响，使他们切实获益。她还对早期利用儿童早期教育作为跳板谋求更广泛社会变革的女性主义政治活动家们作了重新评价。女性主义理论的服务对象是所有人（hooks 2000），但寇迪指出早期女性主义活动家们对此有所保留，她们把部分澳大利亚女性群体——尤其是原住民女性——摒弃在外。苏·洛佩斯-阿特金森的文章分析了认知如何产生非预期效应、矛盾、沉默和差异。她介绍了澳大利亚殖民化期间原住民家庭破碎所带来的冲击，分析了这种冲击对当今儿童早期教育领域女性主义理论的影响，从而对上述问题作出了一定的阐释。她还借用迪吉里杜管的案例研究讨论了种族和性别的交叉作用，并从去殖民化角度对这些问题作了阐述。杰妮·奥斯古德和凯瑞·H. 罗宾逊进而对儿童早期教育领域的女性主义理论和研究情况作了梳理，并讨论其历时性变化。她们指出儿童早期教育研究如想兼具理论性和实践性，能够适应不同的背景，并且能够对性别化的权力关系作出重构，有必要借助不同的女性主义理论。她们介绍地融合了后结构主义女性主义研究和酷儿理论的新的研究思路成功打破了关于性别对低龄儿童影响的研究壁垒，推动了该领域的研究发展。她们向女性主义研究者们所作出的卓越贡献表示庆贺，并就性别问题不再重要的后女性主义主张作出回应，指出当代女性主义理论——包括性别的后人文主义和新唯物主义研究方法——对儿童早期教育研究有着极大潜力和重要价值。与此同时，也衍生了一系列问题，主要涉及理论、研究和教育实践如何整合以实现人类及超越人类世界范围内的具体性改变。第一部分最后一章是米歇尔·莎拉查·佩雷斯的文章，她对研究和实践的物质化效应到底满足了谁的利益，又忽视了谁的利益这个问题发出质问，介绍了黑人女性主义思想对权力运作的意义，揭示了儿童早期教育研究、师范教育和儿童早期教育实践理论化及重新建构的众多可能，以此对有色妇女视角在全球研究中缺失的问题作出同应。

第二部分——女性主义理论重构制度——对女性主义理论在研究、政策规定和社会宣传中的应用作了阐述。这部分主要讨论儿童早期教育中性别的理解、研究和体验，这些往往受到教育机构、政府和工作场所物化行为的引导，学者们对此提出质疑并提出了重新建构的可能性。布朗温·戴维斯分析了从女性主义角度研究儿童早期教育中性别形成机制的四大障碍。她以自己在瑞典的工作经历为例分析了研究人员越过范畴分析的障碍，发展合乎道德的未知领域研究的可能性。她的例子促使教育者和研究者打破个人主义的桎梏，(重新)思考工作、研究、研究方法和研究发现等问题。默西·穆索米和贝西·布鲁·斯瓦登那从人权角度——人权问题是部分非洲国家以及其他国家所面临问题的核心所在——对肯尼亚的女童网络项目作了深度介绍，并分析了争取平权过程中政策的重要作用。她们的研究表明女性的生活和工作会遭受较多因性别而带来的压力，涉及社会、经济、教育政策和行为实践等层面。蔻莱特·穆里以爱尔兰为研究背景，对这一问题作了更深入的阐述。她指出"条件平等"为研究性别化社会秩序在制度层面的显现提供了另外一个理论视角，她介绍了爱尔兰的儿童早期教育政策以及儿童早期教育相关人员的状况，对儿童早期教育话语中越来越少提及"爱和关怀"的现象提出质疑，并质问这一切到底是出于维护谁的利益。她揭示了女性主义理论可以为延续儿童早期关怀和教育中的关爱和团结等价值取向创造空间。最后，玛塞拉·蒙特塞拉特·丰塞卡·布斯托斯介绍了挪威幼儿园课堂中异性恋正统观念的复杂评估，对性别化制度实践及课堂非预期效应的表现作了阐述。她以规定书目中的图像和文本为研究对象，生动有力地揭示了看似包容性强、无异性恋主义倾向的传媒其实暗自传递出与其宣传口径相矛盾的异性恋正统的信号。她还就教育者在课堂环境中如何与儿童及其家庭打交道以及异性恋正统观念在课程资源中的认可形式作了思考。

第三部分——女性主义理论重构实践——侧重于女性主义理论和儿童早期教育中性别化生活的交叉。这一部分探讨了针对教育者和儿童的女性主义理论引导对重新建构性别化权力关系——性别化的权力关系通过儿童早期课堂中的教师和儿童发挥作用——的可能性，分析了两者之间的共性。桑娅·L. 加杰斯对学校活动背后的机制作了分析，以揭示玛德琳·格鲁梅特(1988)父亲模式项目和母亲模式项目的内涵。基于她的关于幼儿园教师的研究，她对格鲁梅特过于简化的二元分化提出了质疑，并提出学校环境中的机构制度和权力关系可能需要重新建构，以满足教师独立实施教学活动对时间和空间的需求。奥德丽·迪索萨·朱马揭示了在性别问题传播过程中承认性别问题并给予尊重的重要性。她指出后结构主义女性主义理论为从事儿童早期教育的老师们提供了一个理论框架,帮助他们对巴基斯坦的儿童性别平等情况作出正确评判并就性别话语的本质性与儿童展开开放式对话。斯里·马尔平温和帕特里夏·G.拉姆齐分析了印度尼西亚复杂的历史和政治环境,讨论了印度尼西亚儿童早期教育实现性别平等的主要障碍,并提出了向儿童早期教育教师灌输并实践女性主义理论的新途径。瑞贝卡·辛普森-达尔·桑托介绍了澳大利亚儿童早期教育管理、标准和课程变化所带来的冲击,分析了儿童和教育者们在儿童早期教育课程中消除性别身份所带来的启示,并思考测量评估儿童身份属性所带来的政治影响。在这一部分,我们还对关于儿童早期教育者在教学实践中应用女性主义理论作指导的试点项目早期发现作出汇报。我们主笔的这一章节讨论了教育者如何在课堂日常中融入女性主义政治论,并对当前教育工作中可借鉴利用的女性主义理论作了历时性的梳理,并分析可以如何协作以在儿童早期教育中融入性别政治内容。

女性主义视角和女性主义理论能够实现认知转换,重新建构言语和行为模式,从而支持变革,并帮助我们在其社会环境中争取更多平等话语权,鼓励我们对性别作为制度实践和日常生活一部分的物化效应提出质疑。我们希望本书能够为全球范围内不平等问题的解决和改善贡献一份力,书中各章都列出了本土适用的女性主义理论,提出了成立不同联盟的可能途径。书中三个部分为读者提供了从不同角度审视历史、制度和实践的机会。本书的初衷是解析世界各国对待性别化权力关系问题的异同,读者可以以此为启发,开启自己的征程,借助新的问题、联结体和同盟对认知和教育实践作出重构。例如,默西·穆索米和贝西·布鲁·斯瓦登那的联盟表明在有着悠久文化历史渊源的小型社会中,政府政策推动的改变会产生积极效果,但如果缺乏充足的资源支持,也会带来很多非预期效应。而正如米歇尔·莎拉查·佩雷斯在关于席卷新奥尔良的飓风过后她所参与的集体行动的描述以及玛塞拉·蒙特塞拉特·丰塞卡·布斯托斯在仔细阅读挪威儿童早期教育规定课本后关于异性恋正统观念的发现所揭示的,这些非预期效应往往表现形式多样,相互矛盾,十分复杂。相类似的,斯里·马尔平温和帕特里夏·G.拉姆齐给出了另外一个例子,表明非预期效应是由简单照搬成功先例的外部尝试所引发的。她们关于改变教学过程中教育者性别理解的尝试表明作出改变必须结合本土环境,必须考虑儿童早期教育所涉及的复杂的历史、社会和经济因素。奥德丽·迪索萨·朱马在巴基斯坦借助后结构主义理论所作的尝试表明认知可以驾驭、转变、重建,从而在跨文化环境中起作用。本书作者们所掌握的女性主义话语揭示了世界范围内儿童早期教育女性主义理论的复杂性,但同时也为打破男权至上的主流认知、依托具体社会环境作出改变提供了可能途径。作者们分析讨论了性别化对儿童、家庭、教育者、政策制定者和研究者的影响,她们的研究既是她们个人的女性主义理论研究成果,同时也表明兼容并蓄、互通有无有助于实现真正的、有时也会是危险的实践性改变。更重要的是,本书表明改变的表现形式可以丰富多样——可以是世界层面的改变,也可以是国家层面的改变,还可以表现在研究者、教育者、儿童和家庭的日常生活中。我们希望本书能够为消除本土以及全球范围内的性别化不平等和暴力贡献绵薄之力。

References

Department of Education (DET). (2016). *Victorian early years learning and development framework*. Melbourne: Department of Education and Training.

Gillard, J. (2014). *My story*. Sydney, NSW: A Knopf book, Random Press.

hooks, b. (2000). *Feminism is for everybody: Passionate politics*. Cambridge, MA: South End Press.

Weedon, C. (1997). *Feminist practice and poststructuralist theory* (2nd ed.). Oxford, UK: Blackwell Publishers Ltd.

第一部分

女性主义理论重构历史

第二章 女性主义和澳大利亚儿童早期教育发展

玛格丽特·M. 寇迪

摘要 "女性主义"的定义非常多元,表现形式更是多种多样,但可以说19世纪末20世纪初为澳大利亚儿童早期教育发展劳心出力的女性大多是无可争辩的女性主义者,这部分历史是"第一波女性主义思潮"的重要组成部分(Krolokke and Sorenson 2006)。本章对积极促成新南威尔士州、南澳大利亚州和维多利亚州幼儿园创办的部分女性的理论、主张和活动作了梳理。她们是妇女参政运动的积极分子,但同时也提出了一些创新的教育理念,而关于这些理念的研究当时才刚刚在英国和美国兴起。梳理她们的教育理念能够帮助我们更深入理解她们所代表的女性主义流派的理论、主张。关于妇女参政运动的讨论相对比较简单,澳大利亚的妇女参政运动也开始得比较早,而关于同时期儿童早期教育的讨论,虽然在教育理论层面上非常超前,但在实践层面上情况比较复杂。其讨论通常集中于教育理念、教育机构管控、儿童早期教育师资培训及教师素质等内容。有一名学者指出这些讨论"用大量的例子说明了20世纪大半部分的时间里割裂儿童早期教育的是哪些问题"(Whitehead 2010, p. 87)。这些问题在20世纪70年代的"第二次女性主义思潮"——儿童保育是其一个核心话题——中浮出了水面。儿童早期教育各流派在

M. M. 寇迪,青少年研究中心,墨尔本研究生教育学院,墨尔本大学,墨尔本,澳大利亚,e-mail: m. coady@unimelb. edu. au.

斯普林格自然新加坡私人有限公司,2017.
K. 史密斯等(编),《儿童早期教育和女性主义理论》,儿童和青少年视角 4,DOI 10.1007/978-981-10-3057-4_2.

儿童保育的价值和意义问题上产生了严重的分歧,这表明在第二次女性主义思潮期间,儿童早期教育并没有一个强而有力的女性主义理论为统领。

关键词 女性主义理论;澳大利亚儿童早期教育

引言

　　本章旨在介绍19世纪末20世纪初积极促成澳大利亚——尤其是新南威尔士州、南澳大利亚州和维多利亚州——幼儿关怀和教育机构建成的几位核心人物,梳理她们奉行的女性主义主张,并阐析她们当时的决策和后来儿童早期教育运动中女性主义主张之间的关系。之前大家已经注意到幼儿园运动中的几位重要人物同时也是妇女参政运动中的核心人物(Brennan 1998, p.14)。本章所要阐述的就是这两者间的联系并不是偶然的,分析政治理念和教育理念对澳大利亚早期幼儿园运动的影响有助于我们了解这些重要人物的女性主义主张。

　　"女性主义"的定义十分多元,表现形式更是多种多样。胡克斯(hooks 2000)给出了如下定义:"简单而言,女性主义是一场旨在终结性别歧视、性别剥削和压迫的运动。"(p.1)不过这个简单定义并没有达到简化的效果,这是因为:第一,性别歧视本身就是一个有争议的概念;第二,胡克斯的这个定义在某种程度上是想把反对性别歧视的男性也拉入女性主义阵营中,而这一举动并没有获得一致认可。19世纪末的"女性主义"理解起来可能并没有现在这么复杂。哈斯兰格等人(Haslanger et al. 2012)指出19世纪末20世纪初的时候"女性主义"这个表述因为妇女参政运动得以流传开来。澳大利亚有两个殖民地早早实现了妇女参政,分别是南澳大利亚州(1894)和西澳大利亚州(1899)。1902年,《澳大利亚联邦宪法》赋予了所有非原住民澳大利亚妇女(Wilson and McKeown 2003)——这一点令我们羞愧——选举权[①]。有一位名叫戈德斯坦(Goldstein 1910)的澳大利亚著名女性主义者在几年后写了一篇文章,对澳大利亚为什么能在妇女参政运动方面取得如此快的进步作

[①] 澳大利亚原住民的妇女参政运动历史十分复杂。1902年《澳大利亚联邦宪法》宣布凡是在所在州获得选举权的妇女都有选举权。这仅仅包括南澳大利亚和西澳大利亚的原住民妇女。直到1983年《联邦选举修改法案》的颁布,澳大利亚原住民才正式获得与非原住民同等的选举权(Norberry and Williams, 2002)。

了解释。她(Goldstein 1910)解释说当时主张变革的社会团体太多了,有主张禁酒的团体,主张儿童保护的团体,主张修改合法年龄的团体,主张修改离婚法、赋予妇女平等儿童监护权和同工同酬的团体。她(Goldstein 1910)指出妇女参政运动团体所要做的就是游说这些团体,告诉他们只有先赢得选举权,其目标才有可能实现。她引用了一位议员的话,那位议员"十分坦率地说:'我宁愿跟有选举权的五名男性说话,也不愿意跟没有选举权的五百名女性说话。'(而赢得选举权后)五名女性的地位就跟五名男性一般重要了"(Goldstein 1910, p. 10)。教育,特别是儿童和女性教育,正是这些变革列表上的重要内容。

梅班克·塞尔夫-沃斯滕霍姆-安德森(下文简称"梅班克·安德森")是活跃在好几条战线上的一名女性。1884年她遭第一任丈夫遗弃,三个儿子丢给她抚养,她后来成功创办了一所学校。1891年,她成了新南威尔士妇女参政运动联盟的副主席。1895年她促成了新南威尔士第一所免费幼儿园的创办。她是新南威尔士幼儿园联合会的成员,同时任新南威尔士游戏场地协会干事。她还为修改离婚法积极奔走,并且成了这些改革的受益人,后来她成功地和遗弃她的丈夫离了婚并嫁给了悉尼大学的哲学教授弗朗西斯·安德森。在其夫的帮助和指导下,从19世纪80年代到20世纪20年代,梅班克·安德森写了很多书和文章,署名刚开始用的是她第一任丈夫的姓沃斯滕霍姆,后改用安德森,她写作的话题包括职业妇女、接种疫苗、八小时日工作制、性教育、教师培训、女乞讨者、助产士培训、自由恋爱等,当然还包括妇女参政以及幼儿园开办的诸多内容。她认为这些内容并不相互冲突,相反,都是一个完整的进步社会的组成部分,而女性在这个社会中发挥着重要作用。

在这个理想社会中幼儿园充当着什么角色?沃伦斯(Wollons 2000)曾对福禄贝尔(弗里德里希·福禄贝尔)式幼儿园在不同文化背景下和不同地域的开办情况作过研究,研究极有趣味,她总结道:"不管是作为庞大的义务教育体系的一个组成部分还是小型的私人企业,幼儿园都是一个政治化机构,体现了国家关于民族认同、公民身份和道德价值的取向。"(p. 2)也有其他学者作出了相似的论断(如Boreham 1996)。还有一种观点也很有代表性,认为幼儿园的职能是培养低阶层人士成为听话顺从的工人。有很多关于幼儿园的言论以及悉尼和墨尔本地区的幼儿园往往都开设在贫困以及弱势儿童较为密集地区的事实似乎都为这一点提供了佐证。还有另外一个事实不容忽视,那就是在那些为创办幼儿园积极活动的人士当中,表现最为积极、取得成效最为显著的大多是有着深厚社会背景的当权人士,如安德森夫妇有着丰富的大学关系网,其他人的政府和社会人脉强大,如阿尔弗莱德·迪肯女士是澳大利亚第一任首相夫人,同时也是墨尔本幼儿园联合会的第一任主席。幼儿园运动可以简单概括为社会当权人士对贫困人士的管控,是有着明显的阶级管理性质的慈善事业。

不过,如果我们仔细研究梅班克·安德森的书和文章,会发现早期幼儿园的开办主要是出于慈善的目的这一论点似乎不是很能站得住脚。她解释说:"慈善与教育同行的政策从一开始就被证明是合理的。如若不然,在当时那种时代背景下,教育改革的呼声很大可能会被置若罔闻,而如果以弱势儿童的惨况以及恶徒所能带来的社会风险为切入点博取大家的关注,事情相对会容易一些。"(Anderson 1911/2001a, p. 214)换句话说,教育是他们的主要关注点,但为了获得创办幼儿园所需的资金,他们把不守管教的"恶徒"们会对社会秩序造成威胁这一假设前提作为了宣传策略的一部分。这里的"教育"一词指向的内容比他们心中所想的教育内涵要浅薄。梅班克·安德森的确也对公民的缔造作了阐述,但她所说的公民并不是国家政府心目中的公民形象。有一位教育官员最近刚从欧洲和美国访问归来,说起幼儿园兴奋不已,"幼儿园可以注入一种新的精神面貌……能够鼓励儿童自我思考……如果小学老师说刚从幼儿园毕业上小学的学生会有一段时间很难管教是对的,那这些孩子在后来会成为最好管教的学生也是对的,因为他们的头脑发育使得他们能够认识到管教的重要性"[①](Anderson 1911/2001a, p. 222)。事实上,当时很多批评家所关注的是儿童受到"超出其身份"的教育,认为教育"使人难以成为合格的奴仆"(Anderson 1911/2001a, p. 214)。虽然梅班克·安德森并没有否认培养听话顺从的工人也具有积极意义,但运动的初衷是创造积极主动的社会公民,而不是听话顺从的工人,并且可能也达到了这样的效果。

为了更好理解梅班克·安德森等人所倡导的教育的本质,我们有必要进一步了解那个时代的社会环境和理论影响。19世纪下半期的时候,所有澳大利亚殖民地都通过了相关法案,内容涉及发展义务教育、开设实用课程、取消对教会学校的政府拨款等(Campbell 2014)。大量教育理论——大多传自欧洲——得以宣扬,其

---

① 有意思的是,女性主义后期也有相似的言论,小学老师会抱怨儿童保育专业的毕业生很不服管教(Seyfort 2007)。

中与幼儿园教育相关的主流理论是弗里德里希·福禄贝尔的理论。按沃伦斯的描述(Wollons 2000),福禄贝尔的理论不仅传播到了信奉基督教的英语国家,而且还辐射到了信奉伊斯兰教的土耳其、信奉佛教的中国、信奉佛教/神道教的日本,以及俄罗斯和越南等国。当然,关于福禄贝尔理论的解释五花八门,其中包括对他理论中"天赋"——锥体、球体、圆柱体——和"职业"——剪纸、泥塑和绘画——的解释,后者有时被认为是促进手/眼协调的活动,非常适合用于体力工人的培训。这与福禄贝尔本人对这些物体和活动中所蕴含的认知意义和精神价值的理解相去甚远。

福禄贝尔理论的其他内容也受到曲解,引发了不少争议,如他对边做边学模式的推崇,认为母亲在儿童教育中发挥重要作用,主张幼儿园老师需要全方位训练等内容。后两点对探讨新南威尔士州、南澳大利亚州和维多利亚州早期幼儿园创办过程中所体现的女性主义理论主张有着特别重要的意义。

母性和19世纪末的儿童早期教育运动

对现代和后现代女性主义者而言,将母亲和儿童紧密联系在一起是一件值得警戒的事,代表人物有苏珊·摩勒·奥金(下文简称"奥金"),她在20世纪80年代指出女性所遭受的不平等源于家庭的私人领域和政治、就业等公众领域之间的分离。在她看来,女性的脆弱与性别化的家庭管理有很大关系(Okin 1989)。她对性别的定义是"根深蒂固的两性差异的制度化显现"(Okin 1989,p. 6)。女性的社会化主要是指她们能够管理家务,而这些发生在家庭的私人领域,虽然对社会经济有着重要意义,但在公众领域不被认可也不受重视。奥金(Okin 1989)提出了"无性别家庭"的概念:

这对女性而言会更加公平,更有助于女性和儿童获得平等,为培育正义社会公民营造了一个更加有利的环境(p. 183)。

奥金(Okin 1989)呼吁日益消除两性差异,但是福禄贝尔却强调了女性差异——这同时也是19世纪众多学者的立场。福禄贝尔认为母亲与孩子的互动对于孩子的健康成长极为重要。他的《慈母游戏》一书被翻译成了多国文字,并成为多国幼儿园的参考模板,包括澳大利亚各殖民地。在这个问题上,梅班克·安德森虽然没有过多强调母亲的作用，但所持观点与福禄贝尔相近，她（Anderson 1902/2001c）出版了《为澳大利亚孩子编写的澳大利亚歌曲》一书。福禄贝尔用"天性"来解释母子之间的亲密关系，但在孩子开始说话时，"这个阶段人的教育完全由母亲、父亲、家庭成员等有着天然属性关系的人员完成，这个时候孩子仍然是一个没有分化的整体"（Froebel 1916，p. 63）。这里也提到了孩子与父亲之间存在天然的亲密关系，并没有说母亲和父亲之间有着明确的分工：前者的职责就是精心照料孩子，而后者的角色就是权威的理性教育者，但是在19世纪其他教育理论中我们也会发现有这样的角色分工（Davis 2011）。

虽然福禄贝尔十分强调天性，但他也指出在新的时代背景下，教育的重要性过于突出，因此不能完全依托教育者的天性来实现，需要全方位的培训（Allen 2000）。他希望幼儿园是一个能够展现社会统一和谐的场所，没有阶层分化，没有同时期日托机构对待穷人孩子的那种"高高在上的施恩式的态度"（Allen 1986，p. 437）。福禄贝尔的目标并不是为了培育一味顺应社会规范或宗教教义的人，而是能够独立思考怎样才能为社会作贡献的人。他对完全依托家庭的育儿模式不满，部分原因在于在这种环境中，育儿工作往往由年轻保姆完成；还有部分原因在于这种育儿模式没有与社会接轨，有着狭隘的宗教视界（Allen 2000）。

梅班克·安德森的著作中较少有关于母性的浪漫自然主义的描述。她在1894年创办的期刊《妇女之声》中有说过受过幼儿园教育的妇女可以是"贤妻"（Wolstenholme 1895/2001a，p. 168），后来还说过"养育孩子""天然是女性的工作"（Anderson 1913/2001b，pp. 228-232）。但是，早在1895年，她就指出"许多已婚妇女因为要照料一大家子人，操心家庭生活的细枝末节，在精神、体力和道德层面都难堪其累，因此无法完成社会公平所赋予她们的公共和社会工作"（Wolstenholme 1895/2001c，p. 104），并提出"合作理家"的理念，让妇女从家居事务中解脱出来，打破她们与社会的脱离，创建"一个合作家园，由几个家庭、一个幼儿保育园、一个公共厨房构成，厨房可以解决所有家园构成体的生活所需"（Wolstenholme 1895/2001c，p. 105）。梅班克·安德森似乎对19世纪的社会主义理论十分熟悉，并对其中部分主张表示支持。

她最为关注的一个内容是两性之间的不公平差异，这个差异不是指两性之间的天然差异，而是社会环境所造成的差异。她的亲身经历令她意识到婚姻不幸所能造成的困境，因此她积极活动，通过修改离婚法案以扭转她自己以及其他妇女所面临的困境。同样,因为她的亲身经历,她知道单身母亲工作抚养孩子的辛酸,因此向世俗发起了挑战,在自己的家里创办了一所学校。但她关注的内容并不仅限于她自己的亲身经历,还包括了性教育、同工同酬、女性工作条件和就业机会、监狱改革、教育的诸多方面和不同阶段相关问题,当然还有妇女参政问题。她力图在每个问题领域改善女性的社会处境,且取得了部分成功,她希望赋予女性男性早已获得的权力和权益。她认识到要实现这个目标,需要从机构制度上作出改变。在一篇名为《妇女和资本》的文章中她提出成立以"工薪妇女"为主体的女性合作体。她注意到虽然服装生产产业把持在女性的手中,但其背后操控的是男性强大的财力——"当商业权力全都攥在男性手中时,平等主张就是一纸空谈"(Wolstenholme 1895/2001b,p. 170)。19 世纪早期的欧文主义女性主义者①也有类似的呼声。想到这些,我们对把 19 世纪末和 20 世纪初的妇女参政运动者称为"第一波"女性主义思潮可能会有所忐忑。

梅班克·安德森可以说得上是一名母性主义者,她认为妇女对于儿童教育有着特殊的他人无可取代的作用,这种无可取代性部分表现在母亲是孩子的第一个互动对象。但是,她又不像一般的母性主义者认为妇女应该待在家里,虽然她很清醒地认识到在现实生活中有很多女性——可能是大部分女性——都会结婚,婚后很多中产阶级妇女会离开工作岗位。在她看来,女性即使在育儿的过程中也在履行公众角色,一是因为她是在教导未来的公民,二是也是重要的一点是她们有选举权。不过,她主张在参政以外实现更多的改革,以使妇女能够更多参与公共生活。

幼儿教师的培训

上文提到过,福禄贝尔认为幼儿教师应该接受全方位的培训。自 19 世纪末以来,澳大利亚教育界对幼儿教师培训的重视引起了评论家的广泛关注(Clyde 2000)。哈里森(Harrison 1985)在记载中写道,悉尼幼儿园培训学院是 1898 就开始创办的三年制幼儿教师培训学校,而直到 1976 年才制定三年制的小学教师培训

---

① 指拥护罗伯特·欧文的女性主义社会主义者(见 Taylor 1991)。

项目(p.6)。梅班克·安德森在1885年提出"除了全面的实践监督、相应的严格考核,以及正式的学历证书以外,还应该有系统的理论教学"(Wolstenholme 1895/2001d, p. 211)。1911年她在关于新南威尔士幼儿园联合会发展的报告中对培训委员会、课程和考核等项目的早期发展作了介绍。考核和学历证书是保证培训质量、证明培训任务难度的重要指标,同时也是社会对幼儿园教育职业化认可的有效凭证,能够大大增加女性的职业化机会。德国的情况也很相似,艾伦(Allen 2000)在谈到德国的幼儿教师培训时说道:"幼儿园绝不是第一家聘用女教师的幼教机构……但却是第一个明确把幼儿教育和女性解放和职业化相联系的机构。"(p. 20)对于女性而言,这是迈出了重要的一步。

新式教育

　　福禄贝尔提出的幼儿教师培训模式有完整的教育理念支撑,对学制、培训方法、幼儿的特定概念、社会改革方案都作出了阐述。整套理论深深吸引了19世纪末的女性主义教育者。幼儿园联合会在新南威尔士成立了专门研究福禄贝尔理论的机构,以此来扩大国际影响。1895年,澳大利亚国家妇女委员会干事玛格丽特·温德耶尔出访美国,她是梅班克·安德森的朋友,给梅班克·安德森带回了一份旧金山金门幼儿园协会年度报告。悉尼教育界另外一个具有跨国背景的重要人物是密尼伍斯卡·希尔(下文简称"希尔"),她是一名来自德国汉堡的教育家,在卫斯理女子学院里面创办了一所幼儿园,后来在幼儿园联合会的创建过程中发挥了重要作用。希尔曾在汉堡接受过幼教培训,据哈里森所述(Harrison 1985):"据说她曾是福禄贝尔最后所教班上的一名学生。"(P. 10)为了寻找培训学校第一任校长的合适人选,澳大利亚方面同英国和美国进行了"漫长而乏味"的通信,最后选中了里德·李·巴奇,她1895年毕业于芝加哥师范学院(Prochner 2009, p. 201),这所学院汇聚了一大批极具影响力的福禄贝尔主义者。除此以外,还值得一提的是当时芝加哥大学的约翰·杜威对幼儿园运动产生了"浓厚的兴趣"(Shapiro 1983, p. 155),美国库克郡师范学院成了"进步教育的圣地"(Knoll 2015, p. 208)。杜威的"教育信条"开头几句话是"我认为教育就是一个个体的社会种族意识觉醒的过程,这个过程最开始是无意识的,几乎在出生时就已经开始了"(Dewey 1897, n. p.)。杜威对福禄贝尔评价很高,认为他是认识到儿童大脑也有"求知力"的第一人(转引自 Shapiro 1983, p. 156),他还十分赞赏福禄贝尔把学和做相联系的主张。杜威对福禄贝尔的理论观点也不无批判,最后更是与福禄贝尔理论衍生出的空想主义思想划清界限。但是,不管是福禄贝尔还是杜威都认为教育具有社会性,是一种目的性行为。

新南威尔士幼儿园联合会和芝加哥之间的联系持续了几年时间,有好几位熟悉芝加哥教育大讨论前因后果的校长和教师被挖到了悉尼幼儿园教师学院任职。再后来,他们还把芝加哥师范学院毕业的弗兰西斯·牛顿挖到了悉尼幼儿园教师学院任第二任院长。福禄贝尔的教育理念广为传播的证据还包括 1905 年牛顿受南澳大利亚慈善界和学术界的邀请前往当地访问,并在悉尼学生莉莲·德·利萨(下文简称"德·利萨")的协助下开了几堂幼儿园示范课。德·利萨出生在悉尼,是个十足的福禄贝尔拥护者,1906 年成了南澳大利亚第一家免费幼儿园的园长。凯瑟林·海伦·史宾斯是一名著名作家和女性主义者,她是向幼儿园联合会支付会费的第一人。幼儿园联合会在阿德莱德创办了一所幼儿园。史宾斯作为女性主义者的履历可以说完美无瑕,她是 1896 年妇女参政联盟的副主席,1897 年参选澳大利亚联邦大会,成了澳大利亚的第一位女政治候选人。

福禄贝尔的教育理念对于那些渴望实现社会改革和社会平等的女性来说有着无比的吸引力,其关于幼儿教育的观点颠覆了人们的常规认识。正如德·利萨所说,"我们过去总认为被动听话的孩子是好孩子,而认为那些敢于遵从内心的渴求勇敢捍卫自己权益的孩子是顽劣的孩子,这样的评判标准是错误的"(de Lissa 1914, pp. 14-15)。这些福禄贝尔思想的拥护者们,其本意并不是宣扬"文明式的"管教,而是尊重孩子的需求,帮助他们发展成为积极主动的公民。

全体公民的新式教育

福禄贝尔认为他的教育理念不仅适用于幼儿阶段的教育,而且适用于所有阶段的教育,适用于所有的社会经济群体。他认为德国的幼儿园可以成为一个实现宗教和阶层大统一的阵地。按艾伦(Allen 1982)的说法,他特地选用了"幼儿园"而非"保育中心"这个表述,就是因为后者蕴含了较浓的中产阶级色彩,透着一股监护人的口吻。梅班克·安德森也持同样的观点:"富有的母亲和穷苦的母亲,雇主的妻子和工厂操作工,她们在这里都只是母亲的角色,是对孩子和家庭有着同样关心的人。"(Anderson 1913/2001b, p. 232)如果说福禄贝尔式幼儿园的目标服务对象是全体孩子,那我们不禁要问为什么没有州辖教育机构创办的幼儿园——这是一个合理发问,也的确有人提出这样的质问(Anderson 1913/2001b, p. 231)。关于这个问题的回答十分复杂,而且饱受争议。

19世纪50年代的时候,威廉姆斯·威尔金斯曾经试图在悉尼的福特·圣·莫特尔学校创办一所沿用福禄贝尔教育模式的幼儿园,但没有获得批准。福禄贝尔的教育理念更易于为私立学校所接受。梅班克·安德森在自己的学校里创办了福禄贝尔式幼儿园,希尔凭借其福禄贝尔嫡传弟子的背景和影响力,在卫斯理女子学院里创办了幼儿园。幼儿园联合会曾为教育部门的幼儿教师作过关于福禄贝尔教学模式的培训(Anderson 1913/2001b),但很快因为课程时间冲突而终止了。1913年,梅班克·安德森曾经对"为什么不把这些摊子转交给教育部门全权负责?"这个问题作过回答,她评价说"很多学校的幼儿园创办很成功",但那些指责幼儿园联合会使得幼儿教育和整个教育制度相分离的人"这么做却是无视"教育部门的"职责",教育部的职责是"实施检查,以促进学生实际知识的进步和教师的晋升意愿"(Anderson 1913/2001b, p. 231)。"实际知识"这个表述很有意思,梅班克·安德森可能意指通过死记硬背获得的事实类知识。用弗朗西斯·安德森教授(Anderson 1903)的话来说,这是一种强迫"孩子通过硬记的方式完成所有其他脑力劳动者工作"(p. 8)的教学体制。

关于幼儿教师培训和其他教师培训相分离的问题,在南澳大利亚掀起了更为激烈的争论。1910年南澳大利亚幼儿园联合会(KUSA)的执行委员会——由著名学者和企业人士组成——提出幼儿园教师应当接受高校教师学院(UTC)——主要负责教育部门所属院校学生的培养——的专业培训。德·利萨对此提议作出了回应,并全文刊登在了《每日新闻》上,其中包括下面这句引发广泛讨论的话:"幼教学生和州立院校教师一起接受培训,必然对前者是不利的。"(转引自 Whitehead 2010, p. 93)她指出幼儿园教师的首要任务"不是像哑人赶牛一样无声驯从,而是要能够独立思考问题"(de Lissa, 转引自 Whitehead 2010, p. 93)。南澳大利亚州教育局局长对此作出反击，认为她的话是对州立院校教师的抨击，有失偏颇。对此，德·利萨回应道"我抨击的不是你们的教师，而是你们的制度"（de Lissa，转引自 Whitehead 2010，p. 93）。就跟悉尼的弗朗西斯·安德森一样，德·利萨对州立培训项目的不满在于它"只是发布和听从指令的地方"（转引自 Whitehead 2010，p. 93）。

裂变之殇

德·利萨的这些话是理解幼儿园与澳大利亚大部分地区的政府教育制度以及育儿理念相剥离的关键所在。但德·利萨的话留下了很多想象的空间。如果是在其他州，人们对此的理解可能会是女性为了不让一个主要由女性创立并发展起来的领域控制权旁落所作的努力，而不是为了让女性能够被一个男性掌权的政府教育系统所接纳。还可以认为这是因为澳大利亚各州还没有做好开展进步教育的准备。19世纪50年代的时候，威尔金斯试图在新南威尔士引入福禄贝尔教育理念，但没有成功，可能就是出于这个原因，但1910年南澳大利亚的教育局局长对进步教育的理念知之甚详，而且也表现出了极大的兴趣。在维多利亚州，约翰·史密斯博士——他是墨尔本教师学院前身的校长，也是一名十足的福禄贝尔教育理念拥护者——希望能够与幼儿园联合会有更紧密的联系（Edgar 1967，p. 283），但再次被幼儿园联合会拒之门外。对此，他发表了一番与悉尼的弗朗西斯·安德森相类似的言论："我们的大班教学、检查机构的需求、制度目标，都应该受到谴责。"（维多利亚教育公报 1904，p. 84，转引自 Edgar 1967，p. 78）就像德·利萨后来指出的，福禄贝尔教育理念之所以难以为州立教育机构所接纳，根由在于"体制"。光靠一两名思想进步的局长或校长，无法推动整个制度体系的巨大转变。1914年成立的维多利亚州免费幼儿园联合会把幼儿园定义为"不是保育机构，不是游乐场所，也不是学校，而是三者的统一体，其目的是通过教育性游戏促成儿童的全面发展"（转引自 Gardiner 1982，p. 26）。我们似乎有理由相信这一复杂理念能够在当时各州教育制度的夹缝中得以生存。

福禄贝尔幼儿教育理念的拥护者们认为自己是一个全新甚至是颠覆性制度的

守护者,这个制度涵盖教育、社会以及个人在其中的位置。他们之所以拒绝把幼儿园纳入政府教育体系,这一信念可以说是核心原因。如果对此没有充分认识,那是非常错误的。在德·利萨看来,这一新制度就是要鼓励个体独立思考,而不只是盲目服从。她认为这点对成人和儿童、对老师和学生都适用。德·利萨的话被冠上了"精英主义"的标签(Jones 1975,p. 141)。这个词其实语义模糊,可以意指"最佳",也可以暗示"排他"。在德·利萨的眼中,幼儿园并不具排他性,而是一个统一体。她的本意并不是搞精英主义,但她最后排斥幼儿园和州立教育机构整合却产生了精英主义的效应。州立教育机构和幼儿园培训机构之间的割裂意味着幼儿园培训机构必须收费,因此,虽然有奖学金,但幼儿园还是主要成了上层和中产社会经济阶级的集中地(Brennan 1998,p. 30)。

澳大利亚的第二波女性主义思潮

我们通常会以某本书的出版作为划分女性主义思潮的分界点。在美国,标志着第二波女性主义思潮兴起的书是贝蒂·弗里丹的《女性的奥秘》(Friedan 1963)。而在澳大利亚,杰梅茵·格里尔认为她的《女太监》一书是"第二波女性主义思潮的重要组成内容"(Greer 1970,p. 11)。关于澳大利亚的第二波女性主义思潮,我们所知道的就是政府的锐意改革极大地推动了女性主义思潮的发展,但政府后来并没有推行任何与幼儿保育相关的政策(Brennan 1998,p. 77)。女性主义者们对政府寄予了厚望,希望自己的主张能够顺利实现。应该说,他们的很多主张——如联邦公职人员同工同酬、取缔避孕用品的营业税、推行产假等——都一一实现了,但关于幼儿的教育和保育问题却是一波三折。布伦南(Brennan 1998)认为,"关于联邦政府的儿童保育政策,没有一个单一女性主义团体提出了一个连贯统一、毫无争议的立场,也没有对此形成一个单一的女性主义观点,这些构成了惠特拉姆政府发展儿童保育政策的有利条件"(p. 79)。育幼机构主要针对的是家境比较殷实的家庭,而对于双职工家庭而言,这些机构并不是理想的托管孩子的机构,因为托管时间太短。20世纪70年代的幼儿园联合会的很多成员是否自我定义为女性主义者是一个值得商榷的问题,而在1974年,维多利亚州免费幼儿园联合会公然对"女性主义"表示排斥,说"就在这最后一两年的时间里,猝不及防地,育幼机构运动——教育界对此已经予以接受,幼儿园和同类机构可以帮助我们了解一二——成了关注热点,首先是教育部门,其次是社会规划者们、政治极端主义分子和女性主义运动"(转引自 Brennan 1998, p. 94)。普通民众内部和专业人士内部都出现了严重的分歧(Seyfort 2007),有些人认为女性应该待在家里照顾孩子,有些人则认为女性有外出工作的平等权利,这样存在严重意见分歧的问题是很难得到圆满解决的。第一波女性主义思潮所体现的女性主义思想和进步教育理念之间的一致性坍塌了。

结语

本章中所提到的拥护福禄贝尔幼儿教育理念的女性们都出身中产阶级,有着雄厚的社会资本,可以自由到访欧洲以及英国、美国等地,能够接触到重要的理论运动。当然,她们关注到了工人阶级妇女的诉求,特别是同工同酬问题,但很难统计到底有多少工人阶级妇女参与到了运动中。正如玛里克(Marik 2011)所指出的,工人阶级妇女的观点和活动轨迹相比欧文主义女性主义者要难以保留下来。在《女太监》一书中,格里尔(Greer 2007)把第一波女性主义思潮中的女性主义者们有失公允地嘲讽为实现参政后因为过于激动而不愿再穿上紧身外套、不愿重回中产阶级生活的优雅的中产阶级女士们,而 1970 年她对第二波女性主义思潮中女性主义者们的评价是"粗蛮无礼的中产阶级妇女发出了革命的呼声"(p. 11)。本章并无意对第二波女性主义思潮作出评价,而是重点介绍了 19 世纪末 20 世纪初成功创办幼儿园的杰出女性,并且指出如果仅仅把她们看成是慈善家或者妇女参政运动的拥护者,那就严重低估了她们的历史贡献。受到自由主义理论和女性主义社会主义理论的启发,她们勾画了一个复杂的乌托邦式的社会构想,期望能够促成社会观念和实践的巨大转变,其中最核心的内容就是关于教育和幼儿的理论和观点,虽然她们并不是先驱,但她们的所作所为绝对可以说得上是颠覆性的。

References

Allen, A. T. (1982). Spiritual motherhood: German feminists and the kindergarten movement, 1848–1911 [Special issue: Educational policy and reform in modern Germany (Autumn)]. *History of Education Quarterly*, 22(3): 319–339.

Allen, A. T. (1986). Gardens of children, gardens of god: Kindergartens and day-care centers in nineteenth-century Germany. *Journal of Social History*, 19(3): 433–450.

Allen, A. T. (2000). Children between public and private worlds: The kindergarten and public policy in Germany, 1840-present. In R. Wollons (Ed.), *Kindergartens and cultures: The global diffusion of an idea* (pp. 16–41). New Haven & London: Yale University Press.

Anderson, F. (1903, October 3). Interview. *Sydney Morning Herald*, 8.

Anderson, F. (2001a). Sydney teachers college publication, 1911: The story of the kindergarten union of New South Wales (Chapter 5 Children and the kindergarten movement). In J. Roberts & B. Kingston (Eds.), *Maybanke, a woman's voice: The collected works of Maybanke Selfe-Wolstenholme-Anderson*, 1845–1927 (pp. 201–288). Avalon Beach, NSW: Ruskin Rowe Press (Original work published in 1911).

Anderson, F. (2001b). Free kindergartens in Sydney: A commemoration address in 1913 (Chapter 5 Children and the kindergarten movement). In J. Roberts & B. Kingston (Eds.), *Maybanke, a woman's voice: The collected works of Maybanke Selfe-Wolstenholme-Anderson*, 1845–1927 (pp. 201–288). Avalon Beach, NSW: Ruskin Rowe Press (Original work published in 1913).

Anderson, M. (2001c). Australian songs for Australian children (Chapter 5 Children and the kindergarten movement). In J. Roberts & B. Kingston (Eds.), *Maybanke, a woman's voice: The collected works of Maybanke Selfe-Wolstenholme-Anderson*, 1845–1927 (pp. 201–288). Avalon Beach, NSW: Ruskin Rowe Press (Original work published in 1902).

Boreham, R. J. (1996). *The phenomenon of change in a tertiary institution: a case study* (Unpublished Master's thesis). University of New England, Armidale, NSW.

Brennan, D. (1998). *The politics of Australian child care: Philanthropy to feminism*. Melbourne: Cambridge University Press.

Campbell, C. (2014). Free, compulsory and secular Education Acts: Australia, 1850–1910. *Dictionary of Educational History in Australia and New Zealand* (DEHANZ). Retrieved May 21, 2015 from http://dehanz.net.au.

Clyde, M. (2000). The development of kindergartens in Australia at the turn of the twentieth century: A response to social pressures and educational influences. In R. Wollons (Ed.), *Kindergartens and cultures: The global diffusion of an idea* (pp. 87–112). New Haven: Yale University Press.

Davis, R. A. (2011). Mother-child relations and the discourse of maternity. *Ethics and Education*, 6(2), 125–139.

de Lissa, L. (1914). Froebel and Montessori report of the Montessori conference at East Runton Montessori Society England.

Dewey, J. (1897). My pedagogic creed. *School Journal*, 54(January), 77–80. Retrieved from http://dewey.pragmatism.org/creed.htm.

Edgar, D. E. (1967). *The educational ideas and influence on Victorian education of Dr. John Smyth: principal of the Melbourne Teachers' College, 1902–1927 and the first professor of education in the University of Melbourne, 1918–1927* (Unpublished Master's Coursework thesis). University of Melbourne, Melbourne, Australia.

Friedan, B. (1963). *The feminine mystique*. New York: Norton.

Froebel, F. (1916). The student's Froebel. Part I, theory of education [electronic resource] (Die menschenerziehung of F. Froebel) (W. H. Herford, Trans.). London: Sir Isaac Pitman & Sons.

Gardiner, L. (1982). *The Free Kindergarten Union of Victoria 1908–1980*. Hawthorn: The Australian Council for Educational Research.

Goldstein, V. (1910). *Woman suffrage in Australia*. London, England: Woman's Press.

Greer, G. (1970). *The female eunuch*. London: Granada Publishing.

Harrison, R. (1985). *Sydney Kindergarten Teachers College 1897–1981*. Waverley, NSW: Sydney Kindergarten Training College Graduates Association.

Haslanger, S., Tuana, N., & O'Connor, P. (2012). Topics in feminism. In E. N. Zalta (Ed.), *The Stanford Encyclopedia of Philosophy* (Spring 2014 Ed.). Retrieved March 13, 2015 from http://plato.stanford.edu/archives/spr2014/entries/feminism-topics/.

hooks, b. (2000). *Feminism is for everybody: Passionate politics*. Cambridge, MA: South End Press.

Jones, H. (1975). The acceptable crusader: Lillian de Lissa and pre-school education in South Australia. In S. Murray-Smith (Ed.), *Melbourne studies in education*. Melbourne: Melbourne University Press.

Knoll, M. (2015). John Dewey as administrator: The inglorious end of the Laboratory School in Chicago. *Journal of Curriculum Studies*, 47(2): 203-252.

Krolokke, C., & Sorenson, A. S. (2006). *Gender communication theories & analyses: From silence to performance*. Thousand Oaks, Calif.: Sage Publications.

Marik, S. (2011, March 8). *English Utopian socialist feminism*. Retrieved from http://www.radicalsocialist.in/articles/gender/323-english-utopian-socialist-feminism.

Norberry, J., & Williams, G. (2002). *Voters and the Franchise: The federal story*. Research Paper No. 17 2001-02, Parliamentary Library, Parliament of Australia. Retrieved February, 2016 from http://www.aph.gov.au/About_Parliament/Parliamentary_Departments/Parliamentary_Library/pubs/rp/rp0102/02RP17.

Okin, S. M. (1989). *Justice, gender and the family*. New York: Basic Books.

Prochner, L. (2009). *A history of early childhood education in Canada, Australia, and New Zealand*. Vancouver: UBC Press.

Shapiro, M. S. (1983). *Child's garden: The kindergarten movement from Froebel to Dewey*. University Park & London: The Pennsylvania State University Press.

Seyfort, P. M. C. (2007). *Child care: Serving whom?* (Unpublished Ph. D. thesis). University of Melbourne, Melbourne, Australia.

Taylor, B. (1991). *Eve and the New Jerusalem: Socialism and feminism in the nineteenth century*. London: Virago Press.

Whitehead, K. I. (2010). A decided disadvantage for kindergarten students to mix with the state teachers. *Paedagogica Historica*, 46(1-2): 85-97.

Wilson, J., & McKeown, D. (2003). *A matter of importance: Votes for women e-brief. Parliament of Australia*. Retrieved from http://www.aph.gov.au/About_Parliament/Parliamentary_Departments/Parliamentary_Library/Publications_Archive/archive/women.

Wollons, R. (Ed.). (2000). *Kindergartens and cultures: The global diffusion of an idea*. New Haven: Yale University Press.

Wolstenholme, M. S. (2001a). From The Woman's Voice, 23 November 1895, p. 396: Free kindergartens (Chapter 3 Women's rights—Sex reform). In J. Roberts & B. Kingston (Eds.), *Maybanke, a woman's voice: The collected works of Maybanke Selfe-Wolstenholme-Anderson, 1845-1927* (pp. 56-189). Avalon Beach, NSW: Ruskin Rowe Press (Original work published in 1895).

Wolstenholme, M. S. (2001b). *From The Woman's Voice*, 23 November 1985, p. 400: Women and capital (Chapter 3 Women's rights—Sex reform). In J. Roberts & B. Kingston (Eds.), *Maybanke, a woman's voice: The collected works of Maybanke Selfe-Wolstenholme-Anderson, 1845 – 1927* (pp. 56 – 189). Avalon Beach, NSW: Ruskin Rowe Press (Original work published in 1895).

Wolstenholme, M. S. (2001c). *From The Woman's Voice*, 26 January, 1895: From the casement (Chapter 3 Women's rights—Sex reform). In J. Roberts & B. Kingston (Eds.), *Maybanke, a woman's voice: The collected works of Maybanke Selfe-Wolstenholme-Anderson, 1845 – 1927* (pp. 56 – 189). Avalon Beach, NSW: Ruskin Rowe Press (Original work published in 1895).

Wolstenholme, M. S. (2001d). From *The Australian Teacher*, May 1895: Correspondence to the Editor of the Australian Teacher (Chapter 5 Children and the kindergarten movement). In J. Roberts & B. Kingston (Eds.), *Maybanke, a woman's voice: The collected works of Maybanke Selfe-Wolstenholme-Anderson, 1845 – 1927* (pp. 201 – 288). Avalon Beach, NSW: Ruskin Rowe Press (Original work published in 1895).

第三章 迪吉里杜管，是压迫还是去殖民化的工具

苏·洛佩斯-阿特金森

摘要 本章讨论澳大利亚儿童早期教育中原住民身份象征之迪吉里杜管的使用情况。乐器的使用引发了关于澳大利亚儿童早期教育中原住民妇女和女童地位的思考。鉴于迪吉里杜管主要是澳大利亚原住民男子使用的传统乐器，本章主要探讨如下问题："女童和妇女可以使用弹奏迪吉里杜管吗？"本章主要介绍两个相互关联的研究案例，从女性主义、人权、去殖民化和文化掠夺等角度对维多利亚州原住民性别化过程中迪吉里杜管的地位作了阐述。笔者发现迪吉里杜管的性别化主要是去殖民化的产物而非性别压迫的产物。

关键词 原住民女性主义；原住民身份；去殖民化；文化掠夺

引言

1788年，澳大利亚沦为英国的殖民地，给全澳大利亚的原住民生活带来了毁天灭地般的影响。原住民家庭惨遭解体，孩子、土地、语言、文化、自治全都被剥夺，

苏·洛佩斯-阿特金森，墨尔本研究生教育学院，墨尔本大学，墨尔本，澳大利亚，e-mail：smlopez@unimelb.edu.au.

斯普林格自然新加坡私人有限公司，2017.

K.史密斯等（编），《儿童早期教育和女性主义理论》，儿童和青少年视角 4，DOI 10.1007/978-981-10-3057-4_3.

生活变得面目全非,其影响波及原住民生活的方方面面(Atkinson and Swain 1999)。特别值得一提的是,对原住民的殖民侵略把原住民妇女扣在了西方男权主义的五指山下,她们变得低人一等,在她们的部落中她们不再是文化传统的传承者,不再是母亲,凡事不再能够自主(Fredericks 2010)。

虽然维多利亚州的原住民妇女和家庭整体上躲过了这场灾难,但其带来的代际影响还是十分巨大的。表现之一就是原住民和非原住民儿童之间的受教育表现差异日益扩大,原住民儿童不断搬离原住民家庭(Australian Government Department of the Prime Minister and Cabinet 2015)。

20世纪70年代的时候,原住民获得了重新审视这一段历史的机会。原住民自治运动在维多利亚州迎来了新的浪潮,运动的主要参与者是原住民妇女,她们成立了维多利亚州原住民儿童保育局(VACCA)和亚培拉儿童服务局等机构,这两个机构的成立都是为了维护维多利亚州原住民儿童的福利(VACCA)和教育(亚培拉儿童服务局)权益。虽然这些领域传统上被认为是女性专属的领域,机构的成立和运作发挥作用的主要是女性,但究其本质却是妇女对西方男权思想发起的政治挑战。机构成立的指导原则是自主、获得能量和平复创伤。这些被策略性用于幼儿教育领域的原则正是原住民去殖民化的基础原则,包括性别的去殖民化。

20世纪70年代的时候,澳大利亚还兴起了新一波的女性主义思潮,其主要内容也是性别政治。这次思潮运动旨在捍卫性别的去殖民化,但原住民妇女对于参与这次运动并不心甘情愿,原因是在她们心目中,女性主义是与中产阶级和盎格鲁中心主义相关联的一种思想,其本身就是一种殖民形式,而且,在女性主义的框架中,种族问题只是一个边缘化问题。在原住民受压迫这个问题上,她们首先是原住民,然后才是女性,前者比后者更为紧要。虽然"主流"女性主义运动为原住民妇女营造了多元的生存空间,但莫顿—罗宾逊(Morton-Robinson 2000)等原住民女性主义者仍然对种族运动持批判态度。

原住民幼儿服务机构提出要慢慢平复家庭创伤,要恢复妇女的文化和社会地位,把性别问题摆到了台面上。尽管如此,学者们在概括那段历史时,主要还是从去殖民化的角度而不是女性主义的角度作出分析。本章将主要介绍两个研究案例,这两个案例错综交织,能够引发我们对维多利亚州早期去殖民化的原住民知识和技艺共享过程中种族和性别问题的思考。

原住民儿童早期教育中的迪吉里杜管

迪吉里杜管最开始是澳大利亚北部原住民吹奏的一种传统乐器，由中空的树枝制成，后来成了澳大利亚后殖民时代原住民文化的一个代表符号，在澳大利亚的儿童早期教育中占有重要地位——凡是提到原住民就必然会提到迪吉里杜管。但从性别角度来看，其所处的地位其实十分尴尬。经常会有人问女性是否可以吹奏迪吉里杜管，因为在原住民传统文化中，迪吉里杜管主要是男子吹奏的乐器。诺兰德（Nowland 2006）在介绍用圆筒型硬纸板制作迪吉里杜管时建议说：

> 迪吉里杜管一般只在礼仪性场合吹奏，其吹奏者只限于男性……当制作完成后，可以尝试吹奏一些原住民乐曲。男孩可以吹奏迪吉里杜管，女孩可以使用敲击棒感受一下……（转引自 SNAICC 2007，p. 9）

类似限制在维多利亚州等地方变得尤为复杂，因为在这些地方，迪吉里杜管不再是用来吹奏的传统乐器，而是成了后殖民时代的一道社会风景。也正因此，在这些地方，女性是否可以吹奏迪吉里杜管根本就是一个不需要问的问题。

迪吉里杜管发源于澳大利亚北部，是一种由男子在礼仪性场合吹奏的乐器。但在澳大利亚北部的部分地区——如西澳大利亚的北部地区，女性在非正式场合吹奏迪吉里杜管也是很普遍的现象。只有在维多利亚州等澳大利亚东南部地区，才会严格禁止女性吹奏、触碰迪吉里杜管（Barwick 1997）。

女童和妇女不得吹奏迪吉里杜管，这是对原住民的尊重，因为在原住民传统文化中，这是只有男性才能吹奏的乐器，这点似乎在维多利亚州是一个共识。但来自多功能原住民儿童服务（MACS）机构的案例表明：这个规定其实是后殖民时代经过磋商达成的共识。MACS 机构遍布澳大利亚各州，除了提供至少一项如幼儿园的服务外，还为原住民儿童提供长时间日间托管服务。这些服务都会尊重当地原住民文化和教育理念，受原住民委员会的监督，其服务人员大多为从事过幼儿教育的原住民。维多利亚州的原住民往往认为自己是"库里人"的后裔，库里育幼助理（KPSA）是 MACS 机构中的核心人物。李是一所 MACS 机构中的一名非原住民幼儿教育工作者，她的同事朱迪是一名库里育幼助理，她们在讨论一个尴尬问题：

> 约塔约塔族（维多利亚州的一个部族）人说只有男孩才能吹奏迪吉里

杜管，但来自西澳大利亚州的尼昂加尔族人说男孩女孩都可以吹奏迪吉里杜管。我们这里有一些来自西澳大利亚州的孩子，我们应该怎么告诉他们？是告诉他们：你们这些女孩可以，你们这些女孩不可以，男孩可以，还是把女孩分组，告诉她们"你们可以，你们不可以，男孩可以"？这是朱迪经手处理的一个经典案例，她的处理方案是女孩全部排除在外。我们不能把女孩分组，如果我们允许女孩吹奏迪吉里杜管，虽然只是临时性的，家长也会不高兴(Lopez-Atkinson 2008, pp. 99-100)。

在整个磋商中，李代表的是西方的逻辑思维：

> 他们向我解释说之所以不让女孩吹奏迪吉里杜管，有身体健康因素的考虑。作为一名白人，我觉得这个理由很说得通，所以我说"这个听起来很有道理"(Lopez-Atkinson 2008, p. 100)。

殖民化的基础是殖民地民众的非理性，呈现的是理性与无知、科学技术与原始知识、基督教与迷信、专业史和口述史之间的对立(Kincheloe and Steinberg 1997)。这个案例中的西方逻辑思维让我们再次联想起了原住民的非理性思维，正是这种非理性思维在迪吉里杜管、性别和"身体健康因素"之间架起了联系的桥梁。虽然李并没有明说"身体健康因素"指什么，但女性因为碰触或吹奏迪吉里杜管而带来的"身体健康"后患也时有讨论，可能会造成生育能力的丧失(Neuenfeldt 1997)。这为这场论辩重新定下了基调，就像李所总结的那样，其思维是超乎逻辑的。

如果抛开科学逻辑的角度，而从人权的角度来剖析这场论辩，又会对这种后殖民时代的磋商形成怎样的理解？《联合国原住民权利宣言》(2008)中专门提到了原住民有实践文化的权利。而在本案例中，情况变得复杂化了：一来，本案例中没有对迪吉里杜管发源地的妇女和迪吉里杜管之间的关系作出清晰阐述；二来就是关于人权。

如果说原住民妇女拥有与男性平等的社会、文化、经济和政治权利，那她有没有权利吹奏迪吉里杜管？关于人权理论和特定文化权利的讨论是否能够帮我们解决这个问题？《联合国原住民权利宣言》第11条条款规定"[原住民]有实践、复兴其文化和习俗——包括文化的未来表现形式——的权利"(United Nations 2008, p.6)。这里的"文化的未来表现形式"是不是为原住民妇女在部落中赢得后殖民时代身份属性的磋商营造了空间？鉴于迪吉里杜管和性别的讨论热度持续不下，这点可能显得特别重要。但是,在一个以群体而非个体为重的文化中,试图借由性别政治的视角磋商解决原住民妇女的身份问题,是行不通的。《联合国原住民权利宣言》第35条条款也提到"[原住民]有决定群体中个人所承担责任的权利"(United Nations 2008, p. 12)。由此可见,无论是联合国的宣言,还是原住民的生活实践,个人权利似乎都屈从于原住民群体的权利。

原住民身份属性的一个核心内容是原住民在群体中持续存在并与之相关联的自我位置(Lopez-Atkinson 1998)。自我概念也折射到了原住民儿童早期教育领域,原住民儿童早期教育工作者们认为群体意识对原住民儿童的发展以及原住民儿童早期教育的构想、理念和实践至关重要(Yappera Children's Service n. d.)。原住民儿童理想的培养方式是让他们具有群体意识,让他们意识到,不管是儿子还是女儿,兄弟还是姐妹,堂兄弟姐妹还是表兄弟姐妹,侄女还是侄子,还是孙一辈,他们都是一张庞大的人际网的组成部分,这张网以个人为原心,然后延伸至家庭,最后覆盖整个原住民群体。

在一个以集体主义原则为重、个人的行动和意志体现集体意志的文化中,维多利亚州的原住民妇女如果坚持在儿童早期教育中女孩有吹奏迪吉里杜管的权利,那么她所持的是什么立场？原住民儿童早期教育在收回原住民文化所有权的去殖民化过程中占有重要地位(Lopez-Atkinson 2008)。当去殖民化与迪吉里杜管的性别化问题纠缠在一起时,原住民妇女在该问题上的立场会不会令人以为她是在搞殖民化？

在MACS案例中,迪吉里杜管问题的解决办法是把女孩排除在外,但性别问题并没有因此消失。幼儿教育的教师主体还是多为女性,她们要给男孩们示范讲解怎么用圆筒硬纸板制作迪吉里杜管。如果说女性不允许碰触迪吉里杜管,那在制作迪吉里杜管的过程中,那个手工完成的乐器算不算迪吉里杜管？女教师的举动会不会引起争议？

也许对原住民妇女所面临的严重压迫来说——在她们的生活中,权利的剥夺和种族歧视是司空见惯的事,这些问题并不是那么重要。利德尔(Liddle 2014)在谈到女性吹奏迪吉里杜管的问题时说"澳大利亚的原住民妇女面临着各种紧迫性问题,与之相比,这样的问题还称不上是典型的原住民女性主义问题"(p. 2)。在权力问题上,无论是原住民男性还是女性,其所遭受的种族压迫都要大于性别压迫。只有种族问题才能团结原住民群体以反抗压迫,而以捍卫女性主义为宗旨的性别问题只会分化原住民群体(Fesl 1984)。

关于儿童早期教育过程中迪吉里杜管制作和吹奏问题的理论层面的讨论依然前路迷茫,但在实践层面上,我们可以把女孩排除在吹奏迪吉里杜管的名单外,找男老师指导男孩们完成迪吉里杜管的制作,从而暂时搁置问题,化解矛盾。但是我们应该继续这种做法吗?把迪吉里杜管看作一个备受争议的传统文化的组成内容,实际上这种争议对原住民妇女的社会地位没有任何实质性影响,反而有可能会被认为背离了原住民去殖民化的大方向。但是,如果关于迪吉里杜管问题的争议关系到去殖民化和文化掠夺,可以跳过性别问题而只强调种族和权力的相互作用。

勇敢女孩和迪吉里杜管

佩斯科维茨和布坎南(Peskowitz and Buchanan 2007)所编的《女孩的勇敢游戏》一书的封底上描述本书是一本"为所有有着独立精神、愿意自找苦吃的女孩所写的书,教你玩只有女孩才能玩的探险游戏"。书里介绍的游戏包括生篝火、钓鱼、观察鸟类、野营、搭帐篷、穿友谊手串等。2008年,这本美国人所写的书准备在澳大利亚出版,其中还包含了教女孩吹奏迪吉里杜管的相关内容。

马克·罗斯博士是维多利亚州格朗弟特贾玛拉族人,时任维多利亚州原住民教育协会总经理,他对书中包含迪吉里杜管相关内容表示了强烈不满,认为这是"文化意识极度淡漠和高度无知的表现"(Rose,转引自 Skatssoon 2008, n. p.)。他还引用了原住民文化规范中的性别相关内容作为回应:

> 我们非常清楚地知道女性碰触迪吉里杜管会有什么样的后果——无法生育只是一个引子,还会有其他一系列后果。我甚至都不会让我的女儿碰触迪吉里杜管(Rose 转引自 Publisher offends 2008,n. p.)。

这些规范把女性无法生育和女性承担了男性的角色联系在一起,这种现象并不仅限于单一的某个文化,并且已经存续了几个世纪,它们背后指向的就是性别不平等(Clark 1873)。切除生育器官、跨越性别界限理论彰显了性别和权力的交互作用,在西方早被视为伪科学,弃之如敝履了(Sax 2010)。现在都21世纪了,马克·罗斯居然还冒天下之大不韪拿生育能力说事,可能会让人觉得很不可思议,但对于马克·罗斯来说,最困扰他的应当是文化掠夺的问题。正是文化掠夺造就了跨性别的侵犯行为,因为它没有把尊重原住民的文化权利放到核心的位置上。马克·罗斯指出:

> 不与迪吉里杜管发源的原住民部族协商是对全体澳大利亚原住民的极大冒犯,因为这种行为破坏了原住民获得文化传承和文化再现权利的可能性(M. Rose,私下交流,7月24日,2015)。

澳大利亚哈珀·柯林斯出版公司总裁肖纳·马丁最后不得不出面道歉,但他先对这件事作了解释,辩称:

> 原住民之间也存在意见分歧……我不认为我们冒犯了所有的澳大利亚原住民(Martyn, cited in Skatssoon 2008)。

如果这场论辩的基调是这一行为冒犯的是多数原住民群体,那在原住民文化论战中处于边缘的原住民种族的声音会持何立场?可以说维多利亚州的原住民在"传统文化"掠夺方面经历的殖民化时间最长,受到的影响也最大。这个文化群体被剥夺了家庭、语言、历史、仪式,以及文化所赖以生存的土地,居然还能幸存下来,实在是不可思议(Atkinson and Swain 1999)。维多利亚州的原住民曾经被边缘化过,但在文化掠夺这个问题上,他们难道没有发声的权利吗?维多利亚州的原住民在后殖民时期重新收回了文化主权并对文化作了重新建构和定义,迪吉里杜管就是其中的一个重要内容。在此背景下,坚持迪吉里杜管的性别分化可以称得上是抵制殖民化的一个象征。

如果我们的初始立场就是迪吉里杜管是发源于维多利亚州的一种性别化乐器,我们怎么告诉幼小的孩子们女孩不能吹奏迪吉里杜管?如果想在儿童早期教育课程设置中挑战性别限制,以此作为课程设置的理念基础(Smith et al. 2014),这个问题就会变得更为复杂。告诉孩子们要尊重并接受已经为殖民化所侵蚀的文化实践,可能会引发关于原住民男权制度的讨论,这会是一个十分复杂的问题。关于原住民男权制度在原住民社会中的表现也存在争议(Morton-Robinson 2000),但在殖民统治下,原住民男性的权利也惨遭剥夺。这样看来,维多利亚州迪吉里杜管的性别化倾向是不是也有原住民男性找回在殖民化过程中失去的部分权利的企图?那是不是就情有可原?

在儿童早期教育中给迪吉里杜管贴上原住民性和性别关系核心符号的标签,需要三思而后行。如果借助具有符号意义且内涵固定的迪吉里杜管和回旋镖(Glover 1996)来讨论原住民的原生性和性别关系,可能无法还原其本来的真实面目。

把吹奏迪吉里杜管定义为"勇敢女孩的游戏"看起来是对男权制度的挑战。但讽刺的是,书中描写的勇敢女孩所做的事——如野营、钓鱼、观察鸟类、穿珠宝、搭帐篷(搭建一个容身之所)正是原住民妇女的日常生活,她们的这些行为被认为是不合乎女性规范的行为(Brook 1994)。书里所描绘的勇敢行径,在殖民者的眼中,却是原始而粗鲁的表现。这些负面评价成了殖民者干预原住民文化的借口,美其名曰是为了把妇女儿童从野蛮的泥淖中"拯救"出来(Atkinson and Swain 1999)。殖民者实行隔离政策,原住民生活在教堂和政府的控制之下,孩子被迫离开父母搬到学校等机构生活,就这样原住民妇女被剥夺了她们的传统角色以及家庭。

结语

原住民妇女的重新赋权已经成了一项去殖民化运动,这一运动要求重新恢复并构想原住民妇女的地位。原住民妇女在争取福利待遇和教育权的运动中表现特别积极,她们希望能够以此来重新建构福利和教育制度,实现原住民家庭和群体的社会平等(Brook 1994)。原住民妇女用她们的积极表现强化了自己的形象,焕发出了新的光彩,比如女性长者表演"迎宾颂"———个欢迎"来客"参观其家园的仪式,一般在特殊活动的开头表演;身为母亲和祖母辈人的原住民妇女精心照料下一代;教师在教学过程中引入原住民教育模式,如借助说故事和艺术等形式开展教学、积极反思、注意观察孩子等活动;艺术家们复兴编织和编篮子等代代相传的手艺活。

把原住民的原生性融入原住民妇女的这些角色中,比起单一地用迪吉里杜管代表原住民文化,会给幼儿教育营造一个更加真实可信的氛围。

回到我一开始的问题:迪吉里杜管,是压迫还是去殖民化的工具? 关于这个问题,维多利亚州的原住民给出的答案是去殖民化。迪吉里杜管的性别化是维多利亚州的原住民在后殖民时代重新确立原住民身份的一个组成内容。原住民身份的主体地位并没有消除性别,反而把它置于了一个原住民男女都遭受剥夺的框架中。基于殖民化共同理解和经历的集体性行为促成了去殖民化过程中的跨性别合作。

致谢

本章是在位于澳大利亚维多利亚州首府墨尔本郊外的不伦斯维克完成的,历史上这里是伍伦德杰瑞族的家园,在此特向他们表示感谢。

References

Atkinson, S., & Swain, S. (1999). A network of support: Mothering across the Koorie community in Victoria, Australia. *Women's History Review*, 8(2): 219-230.

Australian Government Department of the Prime Minister and Cabinet. (2015). *Closing the gap: Prime Ministers Report* 2015. Commonwealth of Australia.

Barwick, L. (1997). Gender 'taboos' and didjeridus. In K. Neuenfeldt (Ed.), *The didjerdidu: From Arnhem land to internet* (pp. 89-98). Sydney Australia: John Libbey and Company.

Brook, B. (1994). Femininity and culture: Some notes on the gendering of women in Australia. In K. Pritchard Hughes (Ed.), *Contemporary Australian feminism* (pp. 52-77). Melbourne: Longman.

Clark, E. (1873). *Sex in education; or, a fair chance for the girls*. Boston: J. R. Osgood & Co.

Fesl, E. (1984). Feminists and anti-feminists. In R. Rowland (Ed.), *Women who do and women who don't join the women's movement* (pp. 109-115). London: Routledge and Kegan Paul.

Fredericks, B. (2010). Reempowering ourselves: Australian Aboriginal women. *Signs: Journal of Women in Culture and Society*, 35(3): 546-550.

Glover, A. (1996). Children and bias. In B. Creaser & E. Dau (Eds.), *The anti-bias approach in early childhood* (pp. 1-14). Pymble, NSW: Harper Educational.

Kincheloe, J., & Steinberg, S. (1997). *Changing multiculturalism*. Philadelphia: Open University Press.

Liddle, C. (2014, June 25). Intersectionality and Indigenous feminism: An aboriginal women's perspective. *The Postcolonialist*. Retrieved from http://postcolonialist.com/civil-discourse/intersectionality-indigenous.

Lopez-Atkinson, S. (1998). *Indigenous identities: Indigenous women and the urban experience, Melbourne, 1997* (Unpublished Master's thesis). University of Melbourne: Melbourne, Australia.

Lopez-Atkinson, S. (2008). *Indigenous self-determination and early childhood education and care in Victoria* (Unpublished Ph.D. thesis). University of Melbourne: Melbourne, Australia.

Morton-Robinson, A. (2000). *Talkin' up to the white woman: Indigenous women and feminism*. St Lucia: University of Queensland Press.

Neuenfeldt, K. (1997). The Issue of gender: A discussion on the use of the didjeridu by women. In K. Neuenfeldt (Ed.), *The didjeridu: From Arnhem land to Internet* (pp. 99 - 105). Sydney: John Libbey & Company Pty Ltd.

Peskowitz, M., & Buchanan, A. (2007). *The daring book for girls*. New York: Harper and Collins Publishers.

Publisher offends Aborigines by encouraging girls to play didgeridoo. (2008, September 3). *The Telegraph*. Retrieved from http://www.telegraph.co.uk/news/worldnews/australiaandthepacific.

Sax, L. (2010). *The study of sex differences overtime*. Retrieved from www.education.com/reference/artcle/Ref_Sex_Differences.

Skatssoon, J. (2008). *Women and the didgeridoo*. Retrieved from http://www.yidakivibes.com/womendidge.htm.

Smith, K., Alexander, K., & D'Sousa Juma, A. (2014). Gender matters in the early years classroom. In K. Cologon (Ed.), *Inclusive education in the early years: Right from the start* (pp. 133 - 151). Sydney: Oxford.

SNAICC. (2007). *NAICD children's activity kit*. SNAICC.

United Nations. (2008). *United Nations Declaration on the rights of Indigenous people*. United Nations.

Yappera Children's Service. (n.d.). *History of Yappera children's service*. Retrieved from http://yapperachildrensservice.com/history/.

第四章 儿童早期教育性别研究中的当代前沿女性主义理论

杰妮·奥斯古德 凯瑞·H. 罗宾逊

摘要 本章梳理了儿童早期教育中的女性主义研究及其对幼儿教育和性别反思的作用力,以及其历史变迁的重要模式,肯定了女性主义学者们对儿童早期教育所作出的巨大贡献,并论证了在新唯物主义和后人文主义等当代理论框架中应用女性主义理论对性别问题不复存在这一后女性主义主张作出回应的可能性。我们旨在阐明女性主义对儿童早期教育及所有关于儿童早期教育争论中的性别相关问题都具有核心的指导意义。本章主要讨论以下问题:女性主义理论对儿童幼儿时期概念形成的影响;在理解幼儿时期、性别和性倾向等方面,女性主义理论与后结构主义及酷儿理论之间的关系;儿童早期教育中的平等和转化性教学方法;能够促进当代幼儿生活中性别理解的理论的发展,包括部分女性主义理论和具有性别多样性和跨性别性儿童可能引发的一些争议;儿童早期教育政策和课程设置中与性别相关的问题;梳理当前与儿童早期教育和幼儿生活相关的性别问题。

关键词 儿童早期;女性主义理论;酷儿理论;新唯物主义

J. 奥斯古德,密德塞克斯大学,伦敦,英国,e-mail:j.osgood@mdx.ac.uk.
K. H. 罗宾逊,西悉尼大学,悉尼,澳大利亚,e-mail:k.robinson@westernsydney.edu.au.
斯普林格自然新加坡私人有限公司,2017.
K. 史密斯等(编),《儿童早期教育和女性主义理论》,儿童和青少年视角 4,DOI 10.1007/978-981-10-3057-4_4.

第四章 儿童早期教育性别研究中的当代前沿女性主义理论

引言

自20世纪80年代以来,性别一直都被视为儿童早期教育研究领域中儿童主体性问题的一个重要方面。此类研究使我们对儿童幼儿时期性别意识形成过程及其与作为性主体的儿童建构等问题有了更清晰的认知和理解(Davies 1989; Thorne 1993; Greishaber 1998; MacNaughton 2000; Blaise 2005; Taylor and Richardson 2005; Robinson and Jones-Diaz 2006; Robinson and Davies 2008)。本章梳理了过去30年里女性主义理论者们对促进儿童幼儿时期的性别和性倾向理解的巨大贡献以及开展的相关研究。女性主义学者们一直都活跃在这一争议性领域的前沿,积极向儿童早期教育领域根深蒂固的一些理论——这些理论主要从生理和发展的角度来讨论儿童的性别问题——发出冲击。其中,女性主义和酷儿理论学者们已经成功扭转了关于性倾向只与发育期青少年和成人密切相关的观念,指出在性别意识形成过程中性倾向规范具有强大的影响力。

该历史时期的女性主义教育研究表明关于性别和性倾向的社会文化话语建构对儿童的日常生活有着巨大影响力。女性主义后结构主义研究者们对于儿童幼儿时期的性别和性倾向建构意识已经有所转变,从侧重对儿童在性别角色社会化过程中的被动参与表达不满进阶为强调儿童在自我性别和性主体性建构以及在其他儿童(和成人)的性别和性倾向规范管理和定策过程中的主观能动性。我们知道幼儿从很小的时候就通过家人、育护人员、同伴以及媒体关于何为男女的讲述或文化故事而开始探索自己的性别。女性主义后结构主义研究和酷儿理论的结合为挑战并颠覆关于性别的二元理解以及基于儿童潜在(异性)性倾向的异性恋正统观念提供了重要的理论支持。近年来,公众对幼儿的性别多样化和跨性别性了解日深,表明有必要进一步对幼儿时期性别多样性的理解以及性别二元分化的欠缺性作出研究,以了解存在于幼儿生活中的性别的多样化表现。

不过,尽管女性主义对儿童幼儿时期的性别建构过程作了长达几十年的研究,关于性别差异的生理和发展理论仍然在儿童早期教育领域有着深远影响。特别是关于性别差异的大脑理论解释卷土重来,使得这些理论的影响又上了一个台阶。媒体对性别差异的大脑理论解释异常感兴趣,但女性主义学者们却仍孜孜以求于找出这些解释背后的漏洞和证据缺失。

本章主要讨论对儿童早期教育具有理论指导意义的女性主义理论及其对重构幼儿教育和性别的潜在作用，以及其历史变迁的重要模式。关于幼儿时期、性别和性倾向的概念一直都在经历着跨越时间、空间和地域的重新建构。新女性主义理论视角表明有必要将幼儿时期理论化过程中的社会文化因素、唯物性和情感因素综合起来考虑，这些视角正在极大地促进后人文主义研究方法对儿童幼儿时期的性别意识形成过程形成崭新理解的潜在影响。这些视角新奇的女性主义理论可能会唤起我们对儿童早期教育中性别意识——这个问题在有些人看来已经不再是儿童早期教育所需要关注的问题了——的新的兴趣。

本章主要讨论以下问题：女性主义理论对儿童幼儿时期概念形成的影响；在理解幼儿时期、性别和性倾向等方面，女性主义理论与后结构主义及酷儿理论之间的关系；儿童早期教育中的平等和转化性教学方法；能够促进当代幼儿生活中性别理解的理论的发展，包括部分女性主义理论和具有性别多样性和跨性别性儿童可能引发的一些争议；儿童早期教育政策和课程设置中与性别相关的问题；梳理当前与儿童早期教育和幼儿生活相关的性别问题。

女性主义对性别角色生理决定论的挑战：社会化性别差异的兴起

一直以来，科学和生理决定论是关于性别差异的主导理论，而女性主义学者们对此发起了挑战，这可以说是女性主义对性别研究作出的最大贡献之一。在科学和生理决定论的框架下，性别差异是建构在性别的二元理解的基础之上的，两性被认为是"天然"的对立物，在生理结构、大脑、性激素和基因等诸多方面都存在天然差异。两性在智力、心理和行为层面的差异是由生理差异决定的；生理差异是构成男性和女性的根本。与男性相关联的一些特征，如强壮、坚强、理性、勇敢、富有创造力、数学思维和空间能力强、不轻易放弃等，和与女性相关联的一些特征，如依赖性强、被动、易激动、虚弱、敏感、不理性、胆小等，形成了鲜明的对比。人们普遍认为男性和女性具有"天然"适合其性别的特定角色，因而其职业也被固定化——女性从事护育相关工作，如全职妈妈类、护理类、教育类、秘书类和服务类工作等；男性从事管理类、专业技能类、商业类、科学类、军事类工作等。基于性别关系的二元对立形成了公与私的分化——女性的领域是家庭的私人领域,她们要扮演的角色是贤妻良母,能够精心照料好孩子、丈夫以及其他家庭成员;而男性的领域是公众领域,是政治、商务、技术和教育等充斥着权力的领域,他们的职责是为家庭提供经济保障。

20世纪60年代到80年代,性别研究者和女性主义理论者们开始对一统天下的性别角色生理决定论发起挑战。他们对性别本质主义理论和关于性别的生理解释大行其道的现象予以了抨击,指出性别差异更多是社会因素作用的结果(Money and Ehrhardt 1972;Maccoby and Jacklin 1974)。女性主义理论者和研究者们认为关于两性的心理和行为特征并不是"天然"进化的结果,在很大程度上是社会化过程的产物。在这个过程中,儿童通过大人的日常谈话和行为了解了什么是男孩,什么是女孩。也就是说,儿童通过接收家庭、同伴、学校、媒体和社会所传递出来的日常信息形成了关于性别角色的认知。同时,性别差异很大程度上是关于两性的社会文化价值和认知作用的产物。1974年,麦科比和杰克林出版了《性别差异心理学》一书,具有历史性意义。在书中他们不仅对性别差异生理决定论的核心地位发起挑战,而且指出两性群体间的差异并没有人们想象得那么明显,反而是性别群体内部往往存在较大差异。他们(Maccoby and Jacklin 1974)还强调了儿童"自我社会化"过程以及同伴影响对儿童形成性别平等意识、强化性别差异的重要意义。

在性别研究者基于研究对性别差异认知发出有力冲击的同时,女性主义理论者们也对生物学被用来证明社会性别不平等的事实予以了抨击,他们还指出关于性别差异"天然化"的所谓的科学性解释本质上体现了性别歧视的倾向。女性主义和酷儿研究学者特里萨·德·劳伦提斯(Lauretis 1987)在《社会性别的技术:理论、影视和小说论文集》一书中指出:"性别不是天然的两性差异,而是个人特定社会关系的表现,这一社会关系先于个人而存在,基于关于两性的认知和僵化(结构)对立而形成。"(p.5)她指出性别"与社会政治和经济因素密切相关……(并且)与社会不平等机制之间有着体系化的联系"(p.5)。女性主义研究者们对一些日常行为作了深入分析——这些行为包括按固定僵化的性别模式给小孩穿衣服、买玩具,广告、歌曲、电视节目、游戏、书刊以及儿童与他人的游戏和交流中充斥着定势化的性别意识形态,指出这些行为对于形成基于生理性别的性别差异起着核心的作用。艾丽丝·霍尼格(Honig 1983)指出到儿童四岁的时候,性别就会对儿童的游戏选择、行为、自我社会预期等产生影响。教育研究者索恩(Thorne 1993)指出:"如果男孩和女孩不一样,那这种差异并不是生而固有的,而是后天形成的。"(p.2)这正与女性主义理论家西蒙娜·德·波伏娃早年的言论如出一辙。

学校教育在性别社会化以及性别角色不平等持续蔓延过程中所起的作用是20世纪80年代女性主义教育研究者们关注的核心(Askew and Ross 1988; Browne and France 1986; Honig 1983)。复制理论是解释性别差异的主流理论,该理论认为成人——包括教师在内——通过其性别定势化行为的示范作用以及对男孩和女孩的区别对待,强化了定势化的传统性别意识。有学者对儿童书籍、教学材料、学校课程中性别角色的定势化现象作了研究,指出教师对待男孩和女孩的差异化表现——包括在课堂上更多关注男孩——强化了性别差异以及性别不平等。学者们把目光投向了不同教育领域的性别歧视现象,包括儿童早期教育领域。幼儿教师们——在他们身上体现的是更为广泛的性别社会文化认知——普遍认为儿童天然就因其性别而喜欢玩不同的游戏,喜欢不同的人物角色——女孩天性就喜欢跟洋娃娃玩"家庭角"等过家家游戏,而男孩天性就喜欢比较刺激的室外活动。特别值得一提的是儿童书籍,这些书往往强调了性别角色差异,男孩往往都是书中的主人公,以此来吸引男孩的兴趣,因为他们更喜欢读以男性为主人公的书。这主要是因为男孩一般都不喜欢阅读,这样做可以稍稍激发他们的阅读兴趣。

同时,也很有必要从性别与人们的性倾向、民族和社会经济阶层等其他身份属性或多重主体性或地位等的交织性来认识性别化经历的社会建构。胡克斯(hooks 1984)和洛德(Lorde 1984)等女性主义理论者们指出女性主义理论大多渗透了中产阶级白人的价值观和生活体验,并不能反映有色人种妇女的生活体验或他们所认定的生活中的主要问题。他们认为有色人种妇女遭受的压迫不同于中产阶级白人女性,对于有色人种妇女来说,种族歧视以及边缘化问题是比男权主义更为紧逼的压迫——在种族歧视和边缘化问题上,中产阶级白人女性也起到了暗中推波助澜的作用,她们也会有一些种族歧视的行为表现,享有一定的社会特权。洛德、胡克斯以及莫汉蒂(Mohanty 1991)等理论家们的著作警示世人:社会不平等和权力关系需要联系起来进行思考和分析。他们还指出需要清醒地认识到哪些人的认知是"真知灼见",哪些人的认知脱离历史和社会体验,这点非常重要。这有助于辨别、了解不同文化和语言背景下儿童生活中与性别相关的不同经历。

坎内拉和维鲁鲁(Cannella and Viruru 2004)对殖民主义对性别和儿童幼儿时

期受西方话语影响的作用作了十分有意义的分析（另见 Robinson 2013）。他们（Cannella and Viruru 2004）借用后殖民主义理论——该理论有着明显的交叉性——指出在与性别的关系上，"种族差异（和种族优越性）话语也以性别理念为基础；种族歧视和性别歧视相互交错，不可分割"(p.42)。他们进而指出："性别是一个错误的真相，是部分欧洲和美洲男性（以及其他对此观念全盘接受的人群）赖以对原住民及其他被殖民人民实施男权主义、种族歧视和控制的工具。"(Cannella and Viruru 2004，p. 43)

性别社会建构的认知为性别身份确立、性别差异以及性别不平等等问题提供了不同角度的理解。与性别的生理决定论——该理论认为可感知到的性别特征和性别差异都源于生物学——相比，社会建构理论认为性别和不平等是一种社会化的产物。

儿童的主体性和主观能动性——从性别角色理论和性别社会化到女性主义后结构主义

自20世纪90年代起，关于性别和性别身份确立的认识开始受到女性主义后结构主义理论的极大影响，该理论极大拓展了人们关于幼儿时期性别社会建构的相关理解（Davies 1989；Greishaber 1998；MacNaughton 2000；Walkerdine 1990）。女性主义后结构主义的性别理论往往会融合米歇尔·福柯（知识和权力）、朱迪斯·巴特勒（性别操演理论）和雅克·德里达（解构主义理论）等学者的理论主张，侧重分析多元、矛盾或处于变化中的主体性、权力关系、主观能动性、解构等方面。这些理论认为，主体通过他们所能接收到的关于性别的各种文化话语（米歇尔·福柯式理解）理解自己是一个性别化的存在；性别差异以及性别权力关系通过两性的文化二元对立——这种对立是关于男性特征和女性特征对立思考的基础——得以存续；儿童在建构自身性别身份以及管理同伴及他人的性别身份过程中发挥积极的主观能动作用。女性主义后结构主义者们认为性别角色和社会化理论过于被动，忽视了儿童在性别意识形成过程中的主观能动性（Davies 1989；Cannella 1997；Robinson and Jones-Diaz 2006）。戴维斯（Davies 1989）认为："这些理论（社会化和性别角色理论)忽略了我们通过所参与的各种话语不断建构以及重新建构自我和社会世界的复杂而矛盾的过程。"(p. 6)儿童自打出生就不再是白纸了,自出生之时起,社会就开始在这张纸上写字画画,施加影响。这个过程贯穿整个幼年时期,在此期间,个人不断被社会化为"合适"的男孩和女孩,整个过程受到的阻力极小。儿童对关于什么是"合适""正确"的男性和女性性别行为表现的文化规范表现出妥协、抗拒、建构和坚持等一系列行为,整个过程中儿童都表现得积极主动。

在女性主义后结构主义性别理论中,男人、女人、男孩、女孩等都是非稳定且处于争议中的社会类别,他们的意义和表现形式会随着时间出现不同文化间或同一文化内部的变化。这些学者指出男性特征和女性特征在文化内部或文化间有不同的表现形式,从而对关于二元对立性别的过时的固定僵化的普遍性认识发起了冲击。朱迪斯·巴特勒(Butler 1990,1994)的性别操演理论指出个体通过不断重复成为性别主体。在朱迪斯·巴特勒看来,重复是规范的常规化和约束化复现,正是经由这个过程,身份得以确立,其他内容被淘汰出局。朱迪斯·巴特勒还指出,差异因为重复而构成变化。女性后结构主义学者们指出性别具有操演性、相对性和无序性,因而论证了变化的可能性。

女性主义和酷儿理论:性别和性倾向之间的关系

是否需要在儿童早期教育中纳入性倾向讨论一直备受争议。幼儿生活的家庭环境可能比较多元,会有一些同性组成的家庭,承认这种家庭组合具有重要意义,这是大家形成的一定共识,但除此以外,性倾向一般被认为是与儿童无关的一个话题。不过,近年来,女性主义研究者们从酷儿理论出发,对儿童性倾向的形成过程、性倾向与性别的关系,以及儿童早期教育对这一过程的影响等问题作了深入的研究(Blaise 2005;Epstein 1995;Renold 2005;Robinson 2013;Robinson and Davies 2008,2010,2015;Robinson and Jones-Diaz 2006)。

朱迪斯·巴特勒(Butler 1990)提出了异性矩阵的概念,指出"自然"和"正常化"的身体、性别和欲望因为其异性化倾向而为文化所接纳。罗宾逊(Robinson 2013)对这一观点作了引申,指出儿童幼儿时期的异性化倾向和异性渴望的形成是一种日常行为,其大多发生于不知不觉间,因为在关于性别和儿童发展的主流观点中这是规范化的表现——也就是说,在儿童性别意识的发展过程中,异性化倾向是正统、健康的表现。女性主义酷儿学者们(Blaise 2005; Renold 2005; Robinson 2013; Robinson and Davies 2008, 2010, 2015)以幼儿为对象开展了许多研究,研究发现儿童的性倾向和性身份认知很大程度上取决于性别的异性恋正统主义理论。他们还指出游戏不仅对儿童早期的性别建构具有重要意义,而且也是异性恋正统思想传播的一个重要阵地。模仿婚礼、妈妈和爸爸、亲吻追逐、女朋友和男朋友等游戏都是宣扬儿童异性恋正统主义的形式表现。不过,教育者们,或者更广泛地说是成年人,并不认为这些游戏内容与儿童早期的性倾向形成息息相关,认为这些只是"孩子们"热衷的游戏,是其成长过程的一个必经阶段。

女性主义酷儿学者们关于儿童性倾向的研究为我们严肃讨论儿童作为性主体、儿童早期教育中异性恋正统主义的影响、儿童和教育者对性别和性倾向正统化思想的态度等问题开创了新的空间。爱坡斯坦(Epstein 1995)指出要理解性别歧视,必须要分析其与异性恋正统思想的关系。

后女性主义对儿童早期性别教育意味着什么

后女性主义的兴起,给儿童早期的性别教育蒙上了一层阴影。"后女性主义者"指那些受益于女性主义运动的年轻女性,她们能够就业,有受教育的权利,没人再硬逼着她们必须要料理家务因而拥有更大的自由空间,但与此同时,她们却对继续推行政治改革持无所谓的态度(Aronson 2003)。后女性主义也常常与一种错误认识相挂钩:经过过去40年左右的努力奋斗,性别平等已经基本实现,表现为女性在个人和职业生活中选择和主观能动方面已经极少受到限制。还有人提出了具有反女性主义倾向的言论,认为女孩应该有权选择回归传统的性别角色和关系——也就是说,"女孩有成为女孩的权利","男孩有成为男孩的权利",这正与女性主义者们和著名的性别理论家们所驳斥的生理决定论一脉相承(Butler 1990)。

这个问题在儿童早期教育和关怀(ECEC)领域显得尤为突出,这是因为这个领域的从业人员仍以女性为主,她们的价值没有得到充分体现,她们所从事的工作仍被冠以"女性工作"的名号,所获得的回报也较少(Osgood 2012)。此外,关于低龄幼儿教育者们的研究表明后女性主义所主张的观点与生理决定论的相关主张出现相互渗透的现象(Robinson and Davies 2008;Osgood 2012)。这意味着有必要继续研究儿童早期性别教育,了解当代儿童早期教育过程中游戏的性别化模式及其对幼儿的影响。

儿童早期性别研究中的后人文主义和新唯物女性主义视角

后女性主义宣称性别平等已大致实现,已经没有争论的必要。可能算是对此观点的一个回应,近年来越来越多地出现关于儿童早期性别问题的实验性研究,研究表明儿童早期的性别教育问题变得更为微妙而隐晦。这些研究主要以后人文主义和新唯物女性主义理论与研究方法为指导,旨在宣扬早前女性主义后结构主义者所主张的理念和方法。

女性主义研究的这一股新兴力量大多受到其他学科领域(尤其是科学研究领域)学者的影响,这些学者对女性主义关于世界以及人在世界中位置的观点主张持肯定态度。他们的思想对 ECEC 领域的学者特别有启发,能够帮助他们重新思考儿童早期性别教育中的一些被定型、约束和规范化的后现代主义话语和生活体验。其中,影响最大的是哈拉维(Haraway 2008)、巴拉德(Barad 2007)、布雷多提(Braidotti 2013)等人。研究者们借鉴他们的理论和方法,从内蕴性、物质符号性和离散性等角度深入了解儿童早期性别教育的相关内容。

女性主义学者们借鉴后人文主义和新唯物主义理论,为突破人类主体的限制对相关问题进行思考开辟了新的空间(如 Lenz-Taguchi 2009;Olsson 2009)。在人类主体去中心化的前提下,儿童早期教育的性别理论可以因为与其他主体和客体的交互作用而衍生出无限的生存空间。近来对 ECEC 生活体验的物质和情感等层面的研究,为我们打开了全新的视野,关于儿童、儿童时期、幼儿教学法、研究等的固有观念被打破,我们能够(重新)思考性别化过程的作用模式及其影响。

这些研究模式特别适用于低龄儿童的相关研究,因为他们能够尊重儿童作为研究主体的差异性;有助于我们观察物质、符号、情感之间的交互作用,从而了解儿童如何通过与人(如同伴、家长、教师)、非人(如用具、动物)、超人类(如电脑)的互动以及内在交流,以日常生活中的言语、非言语和生理行为对性别化模式表现出抗拒、怀疑、接纳、违背等反应。在此过程中,我们可以记录儿童早期性别教育的相关情况,并从中获得启发,而不是简单地认定我们"了解"孩子——在发展主义理论中,如果我们认为自己了解的那个孩子与我们的规范化预期不符,我们可能就会对那个孩子作出定性判断(Blaise 2013)。后现代主义的去中心化视角有助于我们摆脱这一成见,使我们意识到儿童的表现其实受到诸多因素的作用,这些因素相互交织,持续对儿童产生影响,并且其影响因人而异(Davies, 2014)。在此前提下,我们可以真正了解幼儿时期的性别化过程,而不会简单认为儿童生来就被性别化或者他们只是修正了性别化的主体性。

对人、情感、声音、气味和物质的交互作用作微观、多感官的观察,是非常适合幼儿研究的一种方式。幼儿的主要特点就是好动、情绪化、行为无法预测且缺乏条理性。这种研究模式为女性主义者的研究创造了无限的可能性,有助于女性主义研究者把关注点落到由听觉、嗅觉、触觉等构成的交互和内部作用上,思考这些因素如何帮助我们获得对性别化过程的全新理解(Jones 2013;Osgood 2015a)。后人文主义研究模式对 ECEC 领域性别研究实践的启发在于这些模式能够帮助我们认识到身份是一个由物体、空间、地点共同作用的产物,它们是多感官的存在,处于不断变化和调整中——使得性别永远处于不确定的状态。那些应用这些研究模式的学者们(Renold and Mellor 2013; Blaise 2013; Osgood 2014, 2015b; Lyttleton-Smith 2015; Huuki and Renold 2015)已经充分向我们展示了在儿童早期教育环境下,对一切都还懵懵懂懂的儿童如何对自己的存在方式作出调整和妥协,并如何挑战关于小女孩、小男孩的行为规范。

这些研究模式可能会受到抨击,抨击者认为他们模糊了关于性别和儿童的争论焦点(即,异性恋正统思想、厌女症、性别与社会阶层、民族、残疾、年龄等的交叉)。但在研究中,研究者付出了极大的努力,以确保在关于幼儿的后人文主义研究中,这些元叙述因素仍然发挥作用。对于应用这一理论模式开展研究的女性主义者而言,阶级分化、社会、政治、经济等因素及不平等和歧视形成的无条理性,依然是他们关注的重点(Taylor et al. 2012)。不过,这也要求研究者要做好心理准备,要保持淡定心态,敢于质疑自己的世界观,能够从一种新的角度思考幼儿时期这些元叙述因素在微观政治和物质符号层面的交互作用。

正如前面所提到的(Osgood and Giugni 2015),在儿童早期的性别化过程研究中应用后人文主义和新唯物主义研究模式,为重新解读这一过程创造了机会,能够帮助我们跳出霸权式话语、课程设置和研究/教学实践——孩子有固定的位置,或因为孩子考试没达到目标就被认为差劲——的框架,能够给儿童(和教育者)提供自由空间,帮助他们忽略(性别化)自我意识的形成,了解自我是一个物质、符号、情感交互作用的产物。

儿童早期教育启示

本章主要梳理了女性主义研究在理解、剖析儿童早期性别观念及其实验性研究方面所作出的重大贡献,指出这些贡献的重要意义及其在抵制儿童早期性别教育不再重要这一主张方面所发挥的重要政治作用。性别仍然是贯穿所有儿童幼儿时期的一个重要内容。从认识儿童早期性别教育的重要性到问题的发现、批判、解决、梳理,再到重构,女性主义研究者们经历了一段漫长的挑战既有认知的历史时期(Lather 1993)。我们希望儿童早期性别教育领域能够继续大胆质问话语权问题——在性别讨论中谁的声音能被听到?谁的声音被掩盖或模糊化?并深入思考酷儿理论关于儿童早期性别研究、理论和实践的相关主张能够给我们带来什么。

References

Aronson, P. (2003). Feminist or "postfeminists"?: Young women's attitudes toward feminism and gender relations. *Gender & Society*, 17: 903-922.

Askew, S., & Ross, C. (1988). *Boys don't cry: Boys and sexism in education*. Buckingham: Open University Press.

Barad, K. (2007). *Meeting the universe halfway: Quantum physics and the entanglement of matter and meaning*. London: Duke University Press.

Blaise, M. (2005). *Playing it straight: Uncovering gender discourse in the early childhood classroom*. New York: Routledge.

Blaise, M. (2013). Activating micropolitical practices in the early years: (Re)assembling bodies and participant observations. In R. Coleman & J. Ringrose (Eds.), *Deleuze and research methodologies* (pp. 184–201). Edinburgh: Edinburgh University Press.

Braidotti, R. (2013). *The posthuman*. Cambridge: Polity Press.

Browne, N., & France, P. (1986). *Untying the apron strings: Anti-sexist provision for the under fives*. Buckingham: Open University Press.

Butler, J. (1990). *Gender trouble: Feminism and the subversion of identity*. New York: Routledge.

Butler, J. (1994). Gender as performance: An interview with Judith Butler. *Radical Philosophy*, 67: 32–39.

Cannella, G. S. (1997). *Deconstructing early childhood education: Social justice and revolution*. New York: Peter Lang Publishing Inc.

Cannella, G. S., & Viruru, R. (2004). *Childhood and postcolonialization*. New York: Routledge Falmer.

Davies, B. (2014). *Listening to children: Being and becoming*. London: Routledge.

Davies, B. (1989). *Frogs and snails and feminist tales: Preschool children and gender*. Sydney: Allen & Unwin.

de Beauvoir, S. (1949/1997). *The Second Sex*. London: Vintage Classics.

de Lauretis, T. (1987). *Technologies of gender: Essays on theory*. Film and Fiction: Indiana University Press.

Epstein, D. (1995). "Girls don't do bricks": Gender and sexuality in the primary classroom. In J. Siraj-Blatchford & I. Siraj-Blatchford (Eds.), *Educating the whole child* (pp. 56–69). Buckingham: Open University Press.

Greishaber, S. (1998). Constructing the gendered infant. In N. Yelland (Ed.), *Gender in early childhood* (pp. 15–35). London: Routledge.

Haraway, D. J. (2008). *When species meet*. Minneapolis: University of Minnesota Press.

Honig, A. (1983). Sex role socialisation in early childhood. *Young Children*, 38(6): 57–70.

hooks, b. (1984). *Feminist theory: From margin to center*. Boston, MA: South End Press.

Huuki, T., & Renold, E. (2015). Crush: Mapping historical, material and affective force relations in young children's hetero-sexual playground play. *Discourse: Studies in the Cultural Politics of Education*.

Jones, L. (2013). Becoming child/becoming dress. *Global Studies of Childhood*, 3(3): 289–296.

Lather, P. (1993). Fertile obsession: Validity after poststructuralism. *The Sociological Quarterly*, 34(4): 673–693.

Lenz-Taguchi, H. (2009). *Going beyond the theory/practice divide in early childhood*. London: Routledge.

Lorde, A. (1984). *Sister outsider: Essays and speeches*. Freedom, California: Crossing Press.

Lyttleton-Smith, J. (2015). *Becoming gendered bodies: A posthuman analysis of how gender is produced in an early childhood classroom* (Unpublished Ph. D. thesis). Cardiff University.

Maccoby, E. E., & Jacklin, C. (1974). *The psychology of sex differences*. Stanford, CA: Stanford University Press.

MacNaughton, G. (2000). *Rethinking gender in early childhood education*. Sydney: Allen & Unwin.

Mohanty, C. T. (1991). Under western eyes: Feminist scholarship and colonial discourses. In C. T. Mohanty, A. Russo, & L. Torres (Eds.), *Third world women and the politics of feminism* (pp. 255–277). Bloomington: Indiana University Press.

Money, J., & Ehrhardt, A. A. (1972). *Man and woman, boy and girl: The differentiation and dimorphism of gender identity from conception to maturity*. Baltimore, MD: John Hopkins University Press.

Olsson, L. M. (2009). *Movement and experimentation in young children's learning*. London: Routledge.

Osgood, J. (2012). *Narratives from the nursery: Negotiating professional identities in early childhood education*. London: Routledge.

Osgood, J. (2014). Playing with gender: Making space for posthuman childhood(s). In J. Moyles, J. Payler, & J. Georgeson (Eds.), *Early years foundations: Critical issues* (pp. 191–202). Maidenhead: Open University Press.

Osgood, J. (2015a). Reimaging gender and play. In J. Moyles (Ed.), *The excellence of play* (pp. 49–60). Maidenhead: Open University Press.

Osgood, J. (2015b). Postmodernist theorising in early childhood education and care: Making the familiar strange in pursuit of social justice. In T. David, K. Goouch & S. Powell (Eds.), *The Routledge international handbook of philosophies and theories of early childhood education and care* (pp. 157–164) London: Taylor & Francis.

Osgood, J., & Giugni, M. (2015). Putting posthumanist theory to work to reconfigure gender in early childhood: When theory becomes method becomes art. *Global Studies of Childhood*,

5(3): 346-360.

Renold, E. (2005). *Girls, boys and junior sexualities: Exploring childrens' gender and sexual relations in the primary school*. London: Routledge.

Renold, E., & Mellor, D. (2013). Deleuze and Guattari in the nursery: Towards an ethnographic, multi-sensory mapping of gendered bodies and becomings. In R. Coleman & J. Ringrose (Eds.), *Deleuze and research methodologies* (pp. 23-41). Edinburgh: Edinburgh University Press.

Robinson, K. H. (2013). *Innocence, knowledge and the construction of childhood: The contradictory nature of sexuality and censorship in children's contemporary lives*. London: Routledge.

Robinson, K. H., & Davies, C. (2008). She's kickin' ass, that's what she's doing: Deconstructing childhood 'innocence' in media representations. *Australian Feminist Studies*, 23(57): 343-358.

Robinson, K. H., & Davies, C. (2010). Tomboys and sissy girls: Exploring girls' power, agency and female relationships in childhood through the memories of women [Special issue]. *Australian Journal of Early Childhood*, 35(1): 24-31.

Robinson, K. H., & Davies, C. (2015). Children's gendered and sexual cultures: Desiring and regulating recognition through life markers of marriage, love and relationships. In E. Renold, J. Ringrose, & D. R. Egan (Eds.), *Children, sexuality and sexualization* (pp. 174-192). London: Palgrave.

Robinson, K. H., & Jones-Diaz, C. (2006). *Diversity and difference in early childhood: Issues for theory and practice*. Maidenhead: Open University Press.

Taylor, A., & Richardson, C. (2005). Queering home corner. *Contemporary Issues in Early Childhood*, 6(2): 163-174.

Taylor, A., Pacini-Ketchabaw, V., & Blaise, M. (2012). Children's relations to the more-than-human-world [Editorial]. *Contemporary Issues in Early Childhood*, 13(2), 81-85.

Thorne, B. (1993). *Gender play: Boys and girls in school*. Buckingham: Open University Press.

Walkerdine, V. (1990). *Schoolgirl fictions*. London: Verson.

第五章 儿童早期研究中的黑人女性主义思想:边缘女性主义理论的(再)中心化

米歇尔·莎拉查·佩雷斯

摘要 儿童早期研究领域历来是北半球白人男性的领域(Burman 1994),其结果就是发展理论一统天下,儿童及儿童时期的理论建构比较单一僵化,而对那些不符合主流身份建构的思想一律予以排斥。概念重构主义运动有助于揭示这些理论思想的约束本质,为重新思考和建构儿童和儿童时期的概念开辟了空间(Bloch et al. 2014)。不过,儿童早期教育领域仍然欠缺有色人种妇女的发声。有鉴于此,本章旨在介绍黑人女性主义等非主流理论思想(Collins 2008)。本章通过一些特定举例表明黑人女性主义思想能够激发生活体验分享,揭示研究方法和教师培训领域存在的社会和权力体制等级制度,并激励行动主义的发展。本章最后讨论黑人女性主义思想对儿童早期研究领域的重要意义。

关键词 黑人女性主义理论;儿童早期;概念重构主义运动;行动主义

M. S. 佩雷斯,新墨西哥州立大学,拉斯克鲁塞斯,新墨西哥,美国,e-mail: michelle. s. perez@gmail. com.

斯普林格自然新加坡私人有限公司,2017.

K. 史密斯等(编),《儿童早期教育和女性主义理论》,儿童和青少年视角 4,DOI 10.1007/978-981-10-3057-4_5.

第五章　儿童早期研究中的黑人女性主义思想：边缘女性主义理论的(再)中心化

引言

> 白人父辈告诉我们：我思故我在。而我们每个人心目中的黑人母亲——诗人——在我们的梦中低语：用心感受，我就能自由(Lorde 1984, p. 38)。

奥德丽·洛德和其他一些影响力巨大的黑人女性主义学者极大地激发了有色人种妇女的情感共鸣，而这种情感共鸣是在阅读白人男性的作品时无法获得的。他们的作品，让我哭，让我笑，让我回忆起痛苦的往事，同时也让我独自或在集体的氛围中抚愈创伤。他们的作品融合了墨西哥裔美国人、白人和黑人的思想遗产，与黑人女性主义思想有着深刻的关联性和一致性(Crenshaw 1991；hooks 2000b；James 1993)。特别是柯林斯(Collins 1990, 2000, 2008)的黑人女性主义思想为我和"他者"提供了一个"理论家园"(Saavedra and Pérez 2012)。在其书里，边缘化思想被(重新)中心化，它们为世界所作出的重大贡献也被正式认可。作为一名儿童早期研究——一个以白人男性为核心的研究领域——的学者，我觉得特别有必要让大家认识到这一领域缺乏有色人种妇女理论的影响。

儿童早期教育研究历来是北半球白人男性的领域(Burman 1994)，儿童及儿童时期的理论建构比较单一僵化，对能够促进儿童早期关怀和教育的研究、公共政策和教学策略的认定实行严格控制(Burman 1994；Cannella 1997；Viruru 2007)。自20世纪90年代以来，概念重构主义运动对这些限制和约束构成了极大的冲击，为重新思考、建构儿童和儿童时期的概念开辟了新的空间(Bloch et al. 2014)。重构主义者们借助批判主义、女性主义、后殖民主义和后结构主义等理论视角，对性别和性取向的规范化思想发动了"异化"抨击(Boldt 2001；Cahill and Theilheimer 1999)，向殖民主义思想发起了挑战(Viruru 2007；Rau and Ritchie 2011)，对儿童公共政策的压迫性发出质问(Bloch et al. 2003；Dahlberg et al. 2007；MacNaughton et al. 2007)，并动摇了人类/超人类的二元对立(Blaise et al. 2013)。

虽然重构主义运动促进了女性主义、后殖民主义和原住民理论视角在儿童早期研究中的应用，但白人男性学者——如福柯、德里达、德勒兹、加塔里等人——的研究理论和实验方法，并没有完全摆脱旧的轨迹(其中也包括我的一些研究)。在借鉴参考女性主义理论时，仍然摆脱不掉西方白人的视角(如，哈拉维、巴特勒和巴拉德等人的理论）。当然，从这些理论角度出发重新思考儿童和儿童时期的概念已经指明了光明的方向，有助于营造一个百花齐放的世界。但是，边缘化群体的理论视角——如黑人女性主义思想——是否能够成为儿童早期研究的核心理论视角，在教学实践和公共政策分析、研究和教学策略、儿童调查等方面发挥更重要的作用？

为什么是黑人女性主义思想

我呼吁在儿童早期教育研究中更多纳入边缘化的女性主义理论视角（既包括主流领域，也包括重构主义运动领域），不仅是因为我希望能够唤起社会对有色儿童和群体的社会正义感，而且也是为了对那些希望在儿童研究、教学方法设计和实践过程中引入边缘化群体女性主义理论视角的人表示支持——这种支持并不多见。就拿我自己来说，过去几年中每当我介绍说我的研究应用了黑人女性主义思想时，无数人问我："这个儿童早期教育理论怎么样？"这个问题由重构主义运动领域以外的教育学者提出来，显得尤为尖锐，似乎是在质问我怎么能不引用皮亚杰、维果斯基、卢梭、福禄贝尔、杜威、加德纳和埃里克森等儿童早期教育理论"奠基者们"的观点呢？我在大学教授历史和哲学课程时，发现很有必要给学生们介绍这些理论者们（主要原因在于学生要通过教师资格考试，必须要熟悉他们的理论）。我会要求学生分析这些理论者是否有相似之处，学生们思考了一小会儿就指出他们全都是白人男性。当我环顾几乎清一色是女性（主要是白人）学生的教室时，我目睹教室里有一盏灯灭了，影响了很多人的照明——这就跟我意识到儿童早期教育研究是一个以白人男性为主的研究领域时所涌现出的想法是一样的。虽然批判主义和/或后现代主义、后结构主义和女性主义视角为挑战儿童早期教育研究领域的男性本位思想提供了有力的武器，但我和很多他者都注意到这些挑战性理论视角很少来自有色人种妇女。

揭示儿童早期教育研究的白人男性本位主义及其所带来的不平等，对学生、教育者、研究者，特别是对明确揭示儿童早期教育研究领域本质上跟多数女性和有色人种妇女绝缘的本质现象，具有重要意义。黑人女性主义思想等边缘化理论视角为揭示、挑战和重新思考儿童早期教育研究领域中的性别歧视、种族歧视、异性恋正统思想和殖民主义倾向等提供了话语和表现形式。此举不仅对寻求平等的边缘化群体,而且对所有涉及群体——甚至包括占据支配地位的群体——都具有重要意义(hooks 2000a)。有鉴于此,我在本章中呼吁读者们能够积极思考黑人女性主义思想的重要意义,思考它们怎样能够成为儿童早期教育研究领域的核心指导理论,揭示该领域隐不可见的一些被刻意压制的思想认知,促进该领域的研究方法改革,并使得该领域的研究学者与全世界/本土范围边缘化群体的抗争产生更紧密的联系。

黑人女性主义视角

黑人女性主义理论也有着流派之分,不同的流派代表了不同的视角立场。黑人女性主义起源于20世纪60年代美国的民权运动,现实的困境逼迫黑人女性主义者们不得不在"夹缝"中表达自己的"政治诉求"(Springer 2005, p. 2)。在以男性为主导、贯彻非洲中心论的体制机构中,黑人女性往往是被无视的对象,她们在女性主义运动中所面临的问题比白人女性要复杂得多——除了性别歧视外,她们还遭受种族歧视,因而黑人女性觉得有必要把种族和性别问题联系起来。后来,她们成立了第三世界妇女联盟和黑人女性行动组织等团体。虽然这些团体组织主要针对的是黑人女性的种族和性别权利,但"在组织和身份形成过程中,黑人女性主义者们意识到——往往是一个痛苦觉悟的过程——黑人女性因为其在性取向、阶层、肤色和教育背景等方面各不相同,对社会变革的诉求过于多元"(Springer 2005, p. 4)。在此背景下,黑人女性主义运动、组织机构和活动家们的宗旨是实现平等和正义,其针对的是具有交叉性的身份政治。因而,黑人女性主义理论视角的核心内容是肯定黑人女性对社会以及所有身受压迫人的解放事业所作出的知识和审美层面的贡献,并能够促进她们继续为此作出贡献。

黑人女性主义的不同流派主要包括妇女主义、暗黑女性主义和黑人女性主义思想,每个流派都有着各自的目标和使命。妇女主义者们主张以整体的眼光看待世界,认为世界是宇宙、人类、环境和精神世界的统一体。玛帕因(Maparyan 2012)解释说妇女主义思想"与其说是一种'理论'或'思想',不如说是一种世界观,一种形而上学,一种方法论,一种运动,一种精神"(p. xi)。暗黑女性主义就其立场和名称而言,意在挑战女性主义思想的"启迪性",这一流派的兴起源于"白人女性主义思想被普遍视为权威"(Dillard 2006，p. 3)。暗黑女性主义具有跨国性,其认为人的精神性是一个核心主题,这是一个"基于黑人女性的经历——在以白人、男性和富人为先的社会中遭受种族、阶层和性别多重压迫"而创立的黑人女性主义流派(Evans-Winters and Love 2015，p. 4)。暗黑女性主义及其他众多黑人女性主义流派中,最具影响力的是帕特丽夏·希尔·柯林斯(Collins 1990，2000，2008)的黑人女性主义思想。作为一个重要的社会理论,黑人女性主义思想所覆盖的内容相比其他理论流派有所拓展,包括了黑人女性的赋权、多种作用因素的交互作用、权力和压迫机制等。

我们围绕黑人女性主义理论的覆盖范围及其对儿童早期研究的贡献可以展开更多的讨论,但本章中我将主要讨论柯林斯的黑人女性主义思想。黑人女性主义思想蕴含了改变儿童早期教育研究领域现状的可能性,使这个领域成为一个依托于有色人种妇女视角的领域,而不是完全由白人男权主义所把持的领域。

黑人女性主义思想

> 因为白人男性精英把控了西方社会的知识验证体系,传统教育的主题、范式和认识论无不体现了他们的兴趣。因此,在一般的知识体系中,美国黑人女性及其他非裔女性的经历遭到歪曲或被无视,这是一个常规化现象,而且还不仅局限于某一国的范围(Collins 2000，p. 251)。

虽然与其他黑人女性主义流派有着密切关联,但帕特丽夏·希尔·柯林斯的黑人女性主义思想已经成为一种重要的社会理论。柯林斯的思想是对奥特丽·洛德、艾丽丝·沃克、玛丽亚·斯图尔特、安吉拉·戴维斯等著名黑人女性主义者思想的继承和发扬,她的思想开创了一个前沿阵地,一个认可黑人女性的本体论和认识论对知识领域以及广大社会具有重要意义的前沿阵地,其理论源于有色人种妇女的日常生活体验,通过口述史、讲故事、音乐、诗歌、艺术及其他美学形式呈现在世人面前。通过这些讲述,权力机制或称"支配矩阵"得以理论化。这些矩阵随着结构性权力、规训式权力、霸权式权力和人际性权力等因素而发生变化。这些交互作用的"区域"(p. 276)构成了体制性压迫,并使其得以维持,有色人种群体的意识和思想被逼屈于弱势,使得我们的日常人际交往中产生了权力关系(见 Pérez and Williams 2014，对权力区域的深入讨论)。多重因素和支配矩阵的联合作用营造了这样一个社会制度,在这种社会制度下,个体因为其多元和交叉身份而同时遭受权力和压迫的双重桎梏。

美国黑人女性的经历让柯林斯认识到黑人女性主义思想跨地缘政治应用的复杂性。她指出:

> 在某些方面,美国黑人女性的诉求与其他黑人移民群体女性的诉求相似,但在某些方面,美国黑人女性的诉求只适用于美国。从大的层面来看,因为诉求有所重合,这就把超越国界的非裔妇女的女性主义主张统一了起来,同时也为审视其差异提供了有力的切入点,这些差异正是横跨各洲大陆的黑人女性思想运动的特征所在。这场运动旨在对各国黑人女性所遭受的交叉性压迫作出回应,而压迫的表现形式因为各国支配矩阵的不同而有所不同(Collins 2000,p. 238)。

虽然黑人女性主义思想的践行必须联系各国实际,但它依然是与全球范围内有色人种妇女的个人和集体赋权密切相关的一个理论。

黑人女性主义思想和儿童早期教育研究

黑人女性主义思想的理论假设表明,这一思想能够从众多方面促进儿童早期教育研究的社会正义性。接下来我会对此展开论述,首先,我想通过分享我在研究中借鉴参考黑人女性主义思想的亲身经历来讨论受压迫群体的生活体验中心化会对儿童和儿童时期的狭隘理解形成的冲击以及对碎片式身份获得整体性理解的意义,然后我会讨论黑人女性主义思想的理论威力在揭露体制性压迫、促使学者和有色人种群体共同行动、改革幼儿教师培训教学工具过程中所能发挥的重要作用,最后我会讨论黑人女性主义思想对儿童早期教育研究领域的重要意义。

讲述生活体验

生活体验是黑人女性主义思想的一个核心内容,该思想涵盖社会生活的各个层面,包括儿童早期研究的相关方面,因此,能够从本质上反映边缘化群体生活中所存在的不平等现象。关于女性的历史出自我们的祖辈、母亲和姐妹们的口口相传,这是关于美国和全球范围内黑人妇女所遭受暴行的原始讲述,蕴含了抵制个人和体制性暴力的巨大能量。

有色人种妇女的生活体验的呈现能够激励我们冲破"主人的工具"所构建的关于世间生存思想的桎梏而作出独立的思考(Lorde 1984)。这些并不是学术性很强、充满专业术语的知识内容,并不是只有那些被告知意义密钥的少数特权阶级才能理解的内容;相反,它们是有色人种妇女的有力证言,是所有人都有权获知的内容。我的母亲曾经告诉过我,她作为一名穷苦的墨西哥裔美国妇女的悲惨生活,以此教会了我什么是爱、同情心、平等和自由。她还教会了我——我也从自己非常年幼时的经历中了解了——男权主义所带来的危害,这种男权主义思想不仅存在于白人殖民主义思想中,而且存在于我们自己以及家庭和社会群体的其他棕色和黑色人种男女的日常行为中。我受到的这些教育都不是从白人男性学术视角或借助其理解而实现的——而是活生生的生活经历。这正是为什么边缘化女性主义视角就像融入了血肉的理论(Moraga and Anzaldúa 1981),能够让有色人种妇女产生极大共鸣。对于儿童早期教育研究,借助黑人女性主义思想(而非白人男权主义视角)把生活体验理论化,能够挑战并拓展关于儿童和儿童时期的历史和现代概念建构,本着将有色人种妇女和其他受压迫群体的视角中心化的目标进行研究、制定政策、设计教学方法。

我在研究中运用了黑人女性主义思想,这鞭策着我去分享女性的童年故事,渴望着能够激励大家行动起来,促成社会变革(Pérez 2014)。为了阐明安然度过惨遭虐待的黑暗童年的人——往往被冠以"受害人"的身份——具有强大的主观能动性,黑人女性主义思想指导我把我受虐待的经历和我获得强大能量的时刻并置以为说明。借助关于支配矩阵的相关概念并观察种族、阶层、年龄和性别身份建构等因素的交叉作用,我对男权主义,尤其是白人男权主义,在营造孳生虐待行为的社会条件过程中所起的作用作了分析和阐述。例如,美国和全世界的法律体系所蕴含的结构性权力本是为"保护"儿童而设的,但与此同时,却也剥夺了儿童提出诉讼、使自己摆脱受虐待环境的平等机会。而有时,这种情况会与其他身份因素,如种族、阶层、性别等相交织,贫穷的有色人种儿童会发现自己受到享有阶级特权的白人成人的欺凌虐待(这是我的亲身遭遇,也是杰瑞·桑达斯基案例中的情况——

桑达斯基是美国一所大学的足球教练,他是白人,对无数名非裔美国青少年儿童实施了虐待)。黑人女性主义思想积极提倡把生活体验中心化,所以我以一种更为私人的方式分享了结构性权力如何通过交叉性身份梯阶和特权社会分层得以(再)创造。从黑人女性主义思想的角度出发来分享我的受虐待经历,还帮助我摆脱了"受害人"的讲述立场,因为我讲述的不光是我童年所遭受的压迫,同时还有我变得强大的经历。

讲述生活体验能够促使边缘化群体实现他们碎片式身份的再中心化、恢复和整合(Lorde 1984)。这一"寻求整体性的冲动"能够激发情感和思想之间的联系,"以西方白人男权主义思想为指导的社会秩序要求我们相信情感和思想之间存在内在的冲突"(Bereano 1984, p. 8)。儿童早期研究领域黑人女性主义思想的中心化倾向对理论与亲身经历相脱节的做法发起了挑战,使得有色人种儿童的受压迫和赋能经历变得可见,对儿童、儿童时期和世界形成多元理解。

理论化的能量

黑人女性主义思想揭示了权力的体制化再现,激励研究者和相关群体联合起来行动,提出了教师教育改革的理念。

关于权力的体制化(再)表现

2005年,美国路易斯安那州的新奥尔良市遭到了前所未有的破坏,损失惨重,不过其罪魁祸首不是卡特里娜飓风,而是众所周知早已存在安全隐患的堤防设施终于崩溃,这造成了黑人以及贫民居住区的严重水淹(Arena 2012)。而旁边多为白人家庭的富人居住区则位于高处,其堤防设施比较健全,因此受到的影响要小得多。这次事件引发了教育、住房和医疗等公共服务领域的灾难资本主义现象,即用克莱因(Klein 2007)的话说是"趁灾难性事件发生之际精心设计的对公众领域的掠夺,往往把灾难看成刺激市场的有利因素"(p. 6)。教育成了目标领域之一,政府迅速对教育公共政策作出大幅调整,允许各州政府对当地施教区实施掌控,并且开除了数千名黑人教职员工,导致他们在全美各大城市无处安身(有些情况甚至是政府故意为之)(Dingerson 2008)。政客们和新任命的具有私营机构从业背景的当地官员们关闭了一大批传统公立学校——这些学校的招生对象主要是非裔美国儿童,把它们改制成为公办私营性质的政府特许学校,开创了公共教育的市场化机制(Pérez and Cannella 2010)。新奥尔良是美国特许学校数量最多的城市,成了全国公立学校私立化(Buras 2011; Greenblatt 2014)的"一个大型试验场"(Augustine 2012, p. 341)。

黑人女性主义思想加上情境分析(Clarke 2005)为研究新奥尔良公共教育私立化过程中的新自由主义倾向提供了一个背景化的研究策略。如图 5.1 所示,该研

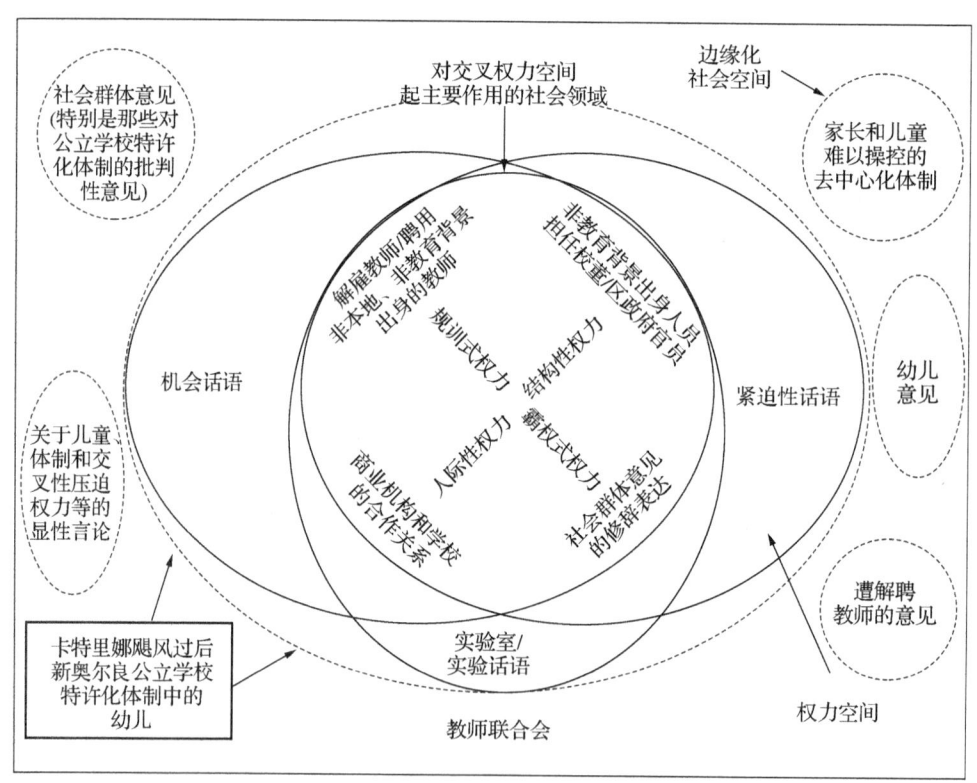

图 5.1　社会领域/权力空间示意图

社会领域所赖以支撑的权力空间和排他性建构之间的关系(最初发表于 Pérez and Cannella 2013)

究的重点是黑人女性主义者的权力空间,能够促进机会、实验和突发事件等话语的理论化,是导致有色人种儿童、教师和群体受压迫和失声的重要作用因素(Pérez and Cannella 2013)。

该研究表明黑人女性主义思想能够揭示权力空间的作用机制及其与多个社会空间的交叉,为理解当地教师遭解聘、教育私立化过程中商业机构发挥重要作用,以及群体意见失声等现象提供了一个有力的背景。

除了能够揭示权力的体制化再现,黑人女性主义思想还能够促使研究者和新奥尔良本土社会群体之间的联合行动。

黑人女性行动主义

在我研究新奥尔良公共教育制度解体问题的过程中,我和长期活跃的非裔美国活动家艾洛伊丝·威廉姆斯参与了我们称之为黑人女性行动主义的运动(Pérez and Williams 2014)。在与他人的通力合作下,我们就公共住房、教育和医疗领域的一系列社会不平等现象作了深入讨论并确定了行动目标。一个针对规训式权力(Collins 2008)的行动范例就是艾洛伊丝就其社区内的非法倾倒垃圾行为(多由特权社区外人员实施的违法行为)及其可能带来的安全威胁表示担忧。艾洛伊丝和我利用我的技术资源以及大学教授的社会地位,合作写了一篇请愿书,并把社区内垃圾倾倒的情况拍照寄给了多家市政府机构。几周后,倾倒垃圾的地方就被清理干净,这让艾洛伊丝相信她所在社区的地面有希望焕然一新。其他一些行动范例还包括为拒绝政府搞灾难资本主义出谋划策,提醒前来参与新奥尔良城市重建的非本土志愿者:寻求企业和部分政府官员帮助以重建城市正是新自由主义计划的一个组成部分,其目的是剥夺本地或无处容身的新奥尔良人以及前来新奥尔良谋生的移民劳动者的就业机会。这一讯息对假期期间前往新奥尔良参与城市重建的大学生具有特别重要的意义。我们提出的一个选择方案是这些学生可以寻找机会与当地社会群体作更直接的接触,从而对他们的处境有更好的理解,能够在地方草根运动中表现出更大的政治积极性。

黑人女性行动主义鼓励儿童早期教育研究者、教育者和学生能够与有色人种群体作有意义的沟通和交流。其背后多元因素作用所构成的联系,为了解这些社会群体的真正诉求以及思考抵制性的集体行动策略创造了条件,从而能够帮助我们更好地实现行动目标:帮助目标服务群体获得社会正义,从我们的行动中真正受益,而不是照搬我们自己制定的、有些可能闻所未闻的社会压迫性纲要行事。

作为教师教育教学工具的黑人女性主义思想

黑人女性主义思想还为从事教师教育的工作者们提供了理论框架,帮助他们以学生能够理解的方式与学生讨论权力和压迫等问题。在高等教育的环境中,要让学生按上一节所描述的那样与相关群体作有意义的沟通与交流不太现实,特别是一学期时间比较短,面对面交流的时间极其有限。作为教师,还有一个顾虑是有些学生(特别是那些来自社会特权阶层的学生)在没有机会真正了解结构性不平等带来的社会后果、知道自己在生活和职业生涯的那个时刻自己作为一个人和一名教育者所承载的真正意义的前提下,与那些苦难群体的交流必然只会流于表面。在与家庭和社会群体的人际交流中,这两个问题都很重要。黑人女性主义思想为我在这样一个不断动态变化的环境中履行教师的义务提供了有力的工具。

我任教的大学离美国和墨西哥边境不远,教授的课程主要涉及幼儿家庭和社群相关内容,黑人女性主义思想为我在课堂上讨论权力和压迫提供了理论框架(Pérez et al. 2016)。柯林斯的权力空间理论(Collins 2008)和课程内容,再加上有声照片——一种参与性的教学和研究工具(Wang and Burris 1997)——的应用,使得学生能够更加深入了解权力和压迫相关概念及其对家庭和社会群体的影响。上课时,学生会到校园里拍下能够抽象反映结构性权力、规训式权力、霸权式权力和人际性权力的画面,在课堂上,学生们对美国的殖民历史以及现状提出质问;了解学校的管理机制,知道学校为何会拒绝给予残障儿童家庭丝毫帮助;反思美国的福利制度以及十几岁孩子的母亲不得不辛苦工作养家而遭受的不公平待遇;学校和教师不能正确看待LGBTQ(为女同性恋者、男同性恋者、双性恋者、跨性别者和酷儿的英文首字母缩写)家庭给学校文化和社会所带来的积极意义而导致后者面临的压迫性处境。黑人女性主义思想还能够帮助学生加强对交叉性的理解,促使他们剖析自己的身份属性,在遭遇压迫性歧视时能够作出反抗。黑人女性主义思想使得学生清楚地知道自己的身份和世界观会深刻影响他们与多样化家庭和社会群体建立关系、给予支持的方式。

黑人女性主义思想作为儿童早期教育研究的指导思想

> 当听到妇女们的哭诉时,我们每一个人必须先弄清楚她们哭诉的内容是什么,厘清这些内容,把它们与他人分享,并结合自己的生活实际审视内容,我们要把这些当作自己的义务。我们不能像有些人希望的那样躲在一旁,脸上带着嘲讽,一副看好戏的样子,我们要想到这样的场景可能也会落到我们自己的身上(Lorde 1984,p. 43)。

在这段话中,奥特丽·洛德恩请我们每一个人去了解、倾听黑人妇女的主张和诉求,做到感同身受。对于儿童早期教育研究来说,这意味着把黑人女性主义思想作为儿童早期教育研究领域的指导思想——至少,把黑人女性主义思想和白人思想放在平等的位置上。因此,我想最后再回顾一下黑人女性主义思想对儿童早期教育研究所作的贡献。

黑人女性主义思想立足于边缘化群体的视角,要求革新教学和研究策略,鼓励/认可有色人种妇女作为儿童早期教育者和研究者的身份存在。有一位同仁是幼儿教师,过去几年里她因为自己同性恋的身份而一直遭受歧视,她跟我分享了她的故事,她说作为一名大学生,看到自己出现在课程内容中,是送给她的一份极其珍贵的礼物,赐予了她无穷的力量。我自己从小学到大学也有过类似的经历,所以我觉得头等重要的一件事就是让儿童早期研究领域的学生能够接触男权主义以外的教学内容。很多学生表示这么做让他们获得了一份归属感,让他们感觉到自己似乎是儿童早期教育研究领域中的一个真实存在,并且自己正在给这一领域注入新的血液,不管自己的身份是学生、教师还是研究者。

教育工作者、学者、政治领袖、公共政策制定者等人员身份中有色人种妇女所占比例过低,也在某种程度上解释了为什么黑人女性主义思想不能成为儿童早期教育研究的指导思想。但事实上，把黑人女性主义思想融入儿童早期教育研究的各个方面，能够为理解研究、教学法和实践提供新的思路。这是一个重新思考这些概念的过程，能够促成有色人种妇女和他者之间建立起更加深厚的联系（而不是边缘化他们），使儿童早期教育研究领域成为一个更加宽容开放的空间，从而突破白人教师、学者对这一领域的文化控制，转变这一领域长久尊奉的世界观。

洛德（Lorde 1984）谈到过她的一些大学同事不愿在课程中纳入黑人女性主义思想，他们说"我们系没有一个人能够讲授黑人女性主义思想的相关内容"。对此，洛德（Lorde 1984）指出："这也就是说，种族歧视是黑人妇女的问题，是有色人种妇女的问题，我们所能做的就是说一说。"（p. 125）洛德还进一步对高等教育领域边缘化群体视角的缺失作了抨击："对此给出的借口往往是关于有色人种妇女的文献内容只有有色人种妇女才能教，不然就是这些内容太难理解了，或者……有色人种妇女的经历跟我们'太不一样了'。"（p. 125）说出这些话的女性"对于解读、教授莎士比亚、莫里哀、陀思妥耶夫思基、阿里斯多芬尼斯等生活背景与我们大相径庭之人的作品却似乎并没有觉得有任何问题，所以肯定有其他的解释"（Lorde 1984, p. 117）。

奥特丽·洛德的话叩响了儿童早期教育研究领域的真实大门，不管是以教育者身份还是以我们理论构想中的研究者身份。事实上，无论我们是不是黑人女性主义思想及/或其他边缘化认识论的构成对象或者感觉上与其有着一定的文化渊源，这些思想认识都能对儿童早期教育研究领域作出重要贡献。就像白人男性和女性视角可以成为儿童和儿童时期研究的主流理论视角和重构主义理论视角，虽然需要付出更多的努力，但仍然可以借鉴运用边缘群体的理论并推动其进一步发展。在重构主义运动中，有一些后结构主义思想家鼓励我们摆脱批判的思维模式（MacLure 2015），因此，吸纳一些"具有批判意识的"社会理论可能会带来一些问题，但我们还是可以参考黑人女性主义思想中的多重视角，如妇女主义所倡导的物质性和人类彼此之间以及人类与地球、超人类、宇宙的精神联系，使其为我们所用。因此，只要你想，可以找到无数个理论切入点，在教学和研究中纳入黑人女性主义的理论视角。

黑人女性主义思想在儿童早期教育研究中的存在感变强，是儿童和教师对社会不平等理解的政治显性化表现。我最近参观了美国的一所按照瑞吉欧教育理念办学的学校，其学生主要是来自上层阶级的白人，而学校的教师和行政人员几乎一

第五章 儿童早期研究中的黑人女性主义思想：边缘女性主义理论的（再）中心化

律也都是白人，这让我更加确定了在儿童早期教育研究领域扩大黑人女性主义思想影响的决心。当我走在过道里，看着老师们记录的孩子们的校园生活点滴时，我的向导——一名行政人员——自豪地指给我看孩子们讨论新奥尔良和卡特里娜飓风的场景图片。她跟我解释说这一活动是学生们听说了新奥尔良洪灾的新闻后主动发起的，他们对飓风作了详细调查。生活在美国西南部的孩子们几乎没有机会经历飓风，因此，他们想更多了解这一天气现象。墙上贴着的活动记录没有出现关于种族和阶层不平等的讨论，而这正是造成新奥尔良穷人和黑人在飓风中遭受洪灾的直接原因。于是我就问了下讨论时有没有提出过类似问题，她的回答是如果孩子或家长没有要求，学校一般不鼓励老师讨论政治相关话题。很显然，她并没有意识到回避种族、阶层和性别问题本身就是一种政治表态。如果这次讨论有黑人女性主义思想的引导，孩子们就会参与到一些活动中，帮助他们理解正是由于种族、阶层和性别的不平等，迫使穷人和黑人只能住在堤防设施很不健全的城市低处，学生们就会有机会亲耳听到新奥尔良的黑人妇女、男性和儿童讲述的真实生活，就会了解到这里面的问题不光有飓风对沿海地区的威胁（这是该活动的主要目的），还有就是在"自然"灾害面前，不同种族、阶层和性别群体获得的保护并不总是对等的。

还有很多其他原因我想跟大家分享，希望黑人女性主义及其他边缘化女性主义思想在儿童早期教育研究领域（不限于本章所讨论的范围）占据更多中心位置。首要任务是要督促从事儿童早期教育研究的每一个人要切断对白人男性，甚至包括白人女性理论视角的依赖性。以黑人女性主义思想指导儿童早期教育研究、教学和实践，就是把有色人种妇女和儿童的挣扎和赋能放到显眼的位置上，使儿童早期教育研究朝着多元化的崭新方向发展，激励我们跨越文化差异团结起来，为所有儿童和社会群体提供更好的援助。

References

Arena, J. (2012). *Driven from New Orleans: How non-profits betray public housing and promote privatization*. Minneapolis, MN: University of Minnesota Press.

Augustine, J. C. (2012). America's new civil rights movement: Education reform, public charter schools, and no child left behind. *Louisiana Bar Journal*, 59(5): 340 – 343.

Bereano, N. K. (1984). Introduction. In A. Lorde (Ed.), *Sister outsider: Essays and speeches by Audre Lorde* (pp. 7 – 12). Berkeley, CA: Crossing Press.

Blaise, M., Banerjee, B., Pacini-Ketchabaw, V., & Taylor, A. (2013). Special issue: Researching the nature cultures of postcolonial childhoods. *Global Studies of Childhood*, 3(4): 350 – 441.

Bloch, M. N., Holmlund, K., Moqvist, I., & Popkewitz, T. S. (Eds.). (2003). *Governing children, families, and education: Restructuring the welfare state*. New York: Palgrave Macmillan.

Bloch, M. N., Swadender, B. B., & Cannella, G. S. (Eds.). (2014). *Reconceptualizing early childhood care and education: Critical questions, new imaginaries and social activism*. New York: Peter Lang Publishing Inc.

Boldt, G. (2001). Toward a reconceptualization of gender and power in an elementary classroom. *Current Issues in Comparative Education*, 5(1): 7 – 23.

Buras, K. (2011). Race, charter schools, and conscious capitalism: On the spatial politics of whiteness as property (and the unconscionable assault on Black New Orleans). *Harvard Educational Review*, 81(2): 296 – 331.

Burman, E. (1994). *Deconstructing developmental psychology*. New York: Routledge.

Cahill, B., & Theilheimer, R. (1999). Can Tommy and Sam get married? Questions about gender, sexuality, and young children. *Journal of Young Children*, 54(1): 27 – 31.

Cannella, G. S. (1997). *Deconstructing early childhood education: Social justice and revolution*. New York: Peter Lang Publishing Inc.

Clarke, A. E. (2005). *Situational analysis: Grounded theory after the postmodern turn*. Thousand Oaks, CA: Sage Publications.

Collins, P. H. (1990). *Black feminist thought: Knowledge, consciousness, and the politics of empowerment* (1st ed.). New York: Routledge.

Collins, P. H. (2000). *Black feminist thought: Knowledge, consciousness, and the politics of empowerment* (2nd ed.). New York: Routledge.

Collins, P. H. (2008). *Black feminist thought: Knowledge, consciousness, and the politics of empowerment* (3rd ed.). New York: Routledge.

Crenshaw, K. W. (1991). Mapping the margins: Intersectionality, identity politics, and violence against women of color. *Stanford Law Review*, 43(6): 1241 – 1299.

Dahlberg, G., Moss, P., & Pence, A. (2007). *Beyond quality in early childhood education and care: Languages of evaluation* (2nd ed.). New York: Routledge.

Dillard, C. B. (2006). *On spiritual strivings: Transforming an African American woman's academic life*. Albany, New York: State University of New York Press.

Dingerson, L. (2008). Unlovely: How the market is failing the children of New Orleans. In L. Dingerson, B. Miner, B. Peterson, & S. Walters (Eds.), *Keeping the promise? The debate over charter schools* (pp. 17–33). Milwaukee: A Rethinking Schools Publication.

Evans-Winters, V., & Love, B. (2015). *Black feminism in education: Black women speak back, up, and out*. New York: Peter Lang Publishing Inc.

Greenblatt, A. (2014, May 30). New Orleans district moves to an all charter system. nprED: How Learning Happens. Retrieved from http://www.npr.org/sections/ed/2014/05/30/317374739/new-orleans-district-moves-to-an-all-charter-system.

hooks, b. (2000a). *Feminism is for everybody: Passionate politics*. Cambridge, MA: South End Press.

hooks, b. (2000b). *Feminist theory: From margin to center* (2nd ed.). Cambridge, MA: South End Press.

James, S. M. (1993). Introduction. In S. M. James & P. A. Busia (Eds.), *Theorizing Black feminisms: The visionary pragmatism of Black women* (pp. 1–9). New York: Routledge.

Klein, N. (2007). *The shock doctrine: The rise of disaster capitalism*. New York: Metropolitan Books.

Lorde, A. (1984). *Sister outsider: Essays and speeches by Audre Lorde*. Berkeley, CA: Crossing Press.

MacLure, M. (2015). The 'new materialisms': A thorn in the flesh of critical qualitative inquiry? In G. S. Cannella, M. S. Pérez, & P. A. Pasque (Eds.), *Critical qualitative inquiry: Foundations and futures* (pp. 93–112). CA: Left Coast Press.

MacNaughton, G., Hughes, P., & Smith, K. (2007). Young children's rights and public policy: Practices and possibilities for citizenship in the early years. *Children and Society*, 21(6): 458–469.

Maparyan, L. (2012). *The womanist idea*. New York: Routledge.

Moraga, C., & Anzaldúa, G. (1981). *This bridge called my back: Writings by radical women of color*. San Francisco: Aunt Lute Press.

Pérez, M. S. (2014). Complicating "victim" narratives: Childhood agency within violent circumstances. *Global Studies of Childhood*, 4(2): 126 – 134.

Pérez, M. S., & Cannella, G. S. (2010). Disaster capitalism as neoliberal instrument for the construction of early childhood education/care policy: Charter schools in post-Katrina New Orleans. In G. S. Cannella & L. D. Soto (Eds.), *Childhoods: A handbook, critical histories and contemporary issues* (pp. 145 – 156). New York: Peter Lang Publishing Inc.

Pérez, M. S., & Cannella, G. S. (2013). Situational analysis as an avenue for critical qualitative research: Mapping post-Katrina New Orleans. *Qualitative Inquiry*, 19(7): 505 – 517.

Pérez, M. S., Ruiz Guerrero, M. G., & Mora, E. (2016). Black feminist photovoice: Fostering critical awareness of diverse families and communities in early childhood teacher education. *Journal of Early Childhood Teacher Education*, 37(1): 41 – 60.

Pérez, M. S., & Williams, E. (2014). Black feminist activism: Theory as generating collective resistance. *Multicultural Perspectives*, 16(3): 125 – 133.

Rau, C., & Ritchie, J. (2011). Ahakoa he iti: Early childhood pedagogies affirming of Māori children's rights to their culture. *Early Education and Development*, 22(5): 795 – 817.

Saavedra, C. M., & Pérez, M. S. (2012). Chicana and Black feminisms: Testimonios of theory, identity, and multiculturalism. *Equity and Excellence in Education*, 45(3): 430 – 443.

Springer, K. (2005). *Living for the revolution: Black feminist organizations 1968 – 1980*. Durham, NC: Duke University Press.

Viruru, R. (2007). Resisting resistance in postcolonial theory: Implications for the study of childhood. *International Journal of Equity and Innovation in Early Childhood*, 5(1): 37 – 57.

Wang, C. C., & Burris, M. A. (1997). Photovoice: Concept, methodology, and use for participatory needs assessment. *Health Education Behavior*, 24: 369 – 387.

第二部分

女性主义理论重构制度

第六章 存在的交缠式激活:儿童早期的女性主义研究策略

布朗温·戴维斯

摘要 本章中,我将主要介绍儿童早期女性主义研究当前所面临的四大挑战。第一重挑战是跳出类别分析的框架。比起类别分析,我们更需要的是以运动轨迹为核心的概念的建构,即巴拉德(Barad 2007)称之为存在的交缠式激活。第二重挑战是在寻求突破——我们以及我们的研究对象对未知领域的开创式跨越——的同时,开展反复性的可称作"研究"的研究实践。第三重挑战是摆脱个人主义,将我们的关注点从个人意图转移到发生事件上,弄清楚事件是什么及其如何发生。第四重相关挑战是我们倾听的目的不是为了获得已知,而是要调动全身感官倾听未知。

关键词 交缠;性别;认识论;本体论

引言

女性主义研究策略的创新发展不仅在于——甚至可以说其主旨不在于——研究出新的信息获取方式,更重要的是我们如何对所获得的信息作出思索和解读。

B. 戴维斯,墨尔本大学,墨尔本,澳大利亚,e-mail:daviesb@unimelb.edu.au.
斯普林格自然新加坡有限公司,2017.
K. 史密斯等(编),《儿童早期教育和女性主义理论》,儿童和青少年视角 4,DOI 10.1007/978-981-10-3057-4_6.

现在是2015年,当下的女性主义要求我们能够形成新的策略思考儿童早期教育中的性别概念建构,我们需要借助新的概念建构帮助我们突破已知框架(St Pierre 2014)。我在本文中所援引的用以阐述儿童早期女性主义研究思考所需的概念建构的信息来自我对瑞典南部一所名为特罗伊特幼儿园的参观访问(Davies 2014)。"信息"一词的内涵本身就不失争议。最开始,信息被认为是客观存在、等待研究者发现或记录的内容,但近来,学者们认为信息是客观存在与研究者以及促使其变得可见、可记、可思的外部条件内化互动的产物。我们获取、思考信息的方式影响了信息的本质;从这个意义上讲,信息本身具有不定性。在这样的理论模式中,获取信息的方式不仅具有认识论意义——考察了性别和儿童时期的离散式概念构成,同时也具有本体论意义——讨论了物体及其相互影响/作用。因此,当前的女性主义研究同时也是道德层面的研究,其目的是厘清事物作用力的形成机制(Barad 2007)。

当前女性主义研究的首个概念层面上的挑战就是跳出类别分析的框架。科学家们往往较多依赖类别分析,习惯于把新发现的事物归整到一个已有的模式框架中(Bergson 1998)。德勒兹(Deleuze 1992)指出分类策略不仅限制了人们的能见范围和思考空间,同时也积极造就了新事物的形成。概念本质上也是行为模式,是文字化的行为。语言不仅具有传递中立信息的功能,同时也有引导社会秩序的功能;在此情形中,即性别秩序,通过类别化(重新)形成性别秩序。有鉴于此,我们需要的不是类别化,而是新的以运动轨迹为准绳的概念建构,即巴拉德(Barad 2007)称之为存在的交缠式激活。

衍射

要阐明何为交缠式激活,是一件很复杂的事,这里可以借鉴一下巴拉德(Barad 2007)提出的衍射理念。衍射理念源于物理学,能够帮助我们拓展思维,着眼于促使性别主观意识形成的具有多向性和内部活跃性的作用力,关注其细微的客观细节。在衍射性分析模式中,语言不再是一种能够揭示真实世界(性别歧视、弱势、无特权、从属化)的透明工具,其目的在于找出在此过程中起作用的力有哪些,以及其如何相互影响。

作用力相当于海里的浪花。每朵浪花都有促使其生成的作用力；浪花之间相互影响、彼此内部互动——不断变化以为其他浪花的形成创造条件；每朵浪花都是动态的，是更大一朵浪花的组成部分。作用力包括口头或书面文字、反复性的社会实践行为、物质产品、情感、强度等。

衍射性分析法摒弃了传统的反射分析思维，后者不足以支撑我们完成性别分析任务，因为性别分析要求我们必须思考众多作用力的相互影响。在与反射性分析作比较时，巴拉德(Barad 2007)指出"衍射分析不会预先确定客体和主体对象……而是在相互关系中解读彼此，以此来揭示呈现出的差异：差异如何形成、有哪些因素被排除在外、这些被排除因素有何作用等"(p.30)。因此，衍射性分析法对将事物分门别类的类别化差异不感兴趣，其着眼的是各种差异产生或受到压制的运动轨迹是事物间的碰撞，即某种运动轨迹或作用力或强度——其具有独特性，同时又是整体不可分割的组成部分——与另一种运动轨迹或作用力或强度相碰撞，彼此产生影响的过程(Davies 2014；Davies and Gannon 2009)。

无论是从个体还是集体层面上看，我们所有人都是这些碰撞的产物；我们是一个多元体，处于一个不断变化的过程中。用德勒兹和加塔里(Deleuze and Guattari 1987)的话来说：

> ……自我是两者间的一道门槛、一扇门、一种成为。每一个多元体都有一道界线以为分界……但存在着一系列界线，即众多界线(纤维)组成的长串，使得多元体发生变化。每道门槛或每扇门代表了一个新的契约？(p.249)

跨越门槛——个体和他人之间——的任何一个运动轨迹都有可能促成个体以及整个社会群体的革新。

柏格森的升降轨迹

从这个角度看，世界处于不间断的运动中，因着种种碰撞而变化，然而性别秩序却有着保持恒稳不变的能力。柏格森(Bergson 1998)在阐释社会变化对既定社会秩序的作用时，提出了升降轨迹之说。下降轨迹因自发性重复行为形成，而上升轨迹则指向未知的人和事。一方面，他强调这两种作用力轨迹具有必要的相互依存性；而另一方面，他认为生命进化和革新的源头不在于对已知性别规范的顺从遵循——下降轨迹，而在于突破创新——上升轨迹。常规性和重复性——下降轨迹——造就了一个熟悉、适宜居住的世界，这个世界中的所有人和事都秉承相同的法则和规范，但促成人们新的思维和存在方式的飞跃——上升轨迹——则赋予生命以能量和创新的生命力。上升轨迹是生命构成的必要条件，但有时也是危险因素，往往会在特定的环境中重新同化，再次与下降轨迹重合。这是一个不间断的动态变化过程。

这就指明了我们的第二重挑战。一方面，我们的研究策略必须具有可重复性，才能使我们的研究被认可为是研究；而另一方面，研究策略必须能够帮助我们找到突破点，找出可能的错误轨迹，从而促成我们和研究对象对未知领域的开创式跨越。

领域化运动或下降轨迹

德勒兹和加塔里（Deleuze and Guattari 1987）在柏格森升降轨迹说的基础上加入了去领域化和再领域化等概念，对前者作了拓展。我们可以在孩子的游戏和学习过程中看到无止境的重复行为，这些重复行为使得孩子对自己在性别秩序中应处的位置变得习以为常，从而完成了性别秩序所期待并且所要求的规范性主体的塑造。言语和思想的二元规范模式使得性别二元意识以及个体在性别秩序中的位置变得言之有理，关于女孩应该有"女孩样"，应该玩一些创造、强调商店和厨房里的物质和关系秩序相关的游戏，而男孩应该有"男孩气"，应该玩一些能够培养他们的冒险精神、跟部落战事相关的团队游戏等认知变得正常而自然。不管是独自一人还是在与他人的内在互动中，每个主体按思想认知和行为模式行事，使得经过完美驯化的主体在贯穿整个群体的性别化作用力轨迹中变得可以识别。

个体被要求遵守群体秩序，因而使得每个主体的思想和行为变得领域化——在既有认知模式中获得意义。我们绝不能轻视创造秩序的作用力。如果出生时孩子的性别被"搞混",两岁后强行纠正的话,会让孩子在情感上很难以接受(Kessler and McKenna 1978; Davies 1989/2003)。关于赋予自己的性别身份是什么等自我意识一旦形成,无论是在认识论还是在本体论层面上都会很快就被当成真相全盘接受。

在观察孩子游戏的过程中我们可以发现他们会不断演练能够确保他们在性别秩序中识别自我的一些技能,这些技能帮助他们在二元分化模式中实现自我识别,不断演练自己在性别秩序中所处的独特位置。他们的领域化作用力轨迹不仅仅——甚至不主要是——一种压迫性体验,相反,这些轨迹"具有安抚性:他们能够把世上的纷乱无序简化成为意义和结构的分立类别。这些轨迹同时具有必要性,因为他们有助于我们与外界社会的交流;与他人建立关系并能够政治'发声'"(Malins 2007, p. 153)。与此同时,他们"缩小了人与外部世界的联系范围;弱化了人的差异化和成为他者的能力 (Malins 2007, p. 153)"。

去领域化运动轨迹

游戏通过重复性行为使得性别规范成为真实,但同时也在去领域化和成为他者的可能化过程中发挥重要作用,这个过程被德勒兹称为分子运动空间——从遵从已知秩序到经由无数次细微变化实现可能转变的过程,在此过程中任一事件的殊异性/唯一性得以确立。"唯一性指的不是个体,而是情形、事件、可能性(潜能),或者说是特定事件的潜能分布[我所强调的重点]"(Deleuze and Parnet 2007, p. 160)。这指出了当下女性主义研究所面临的第三重挑战——跳出个人主义及个人诉求和主观性溯源的框架。德勒兹旨在让我们的目光从个人意图转移到发生的事件上,对什么是事件、事件如何发生发出叩问。

能够预示转变可能性的潜能分布并不具预先确定性。转变通常是分子层面上的转变,其无法终止层级化趋势,但有助于发现层级化过程的可能运动轨迹。就像其他组合体一样,性别组合体也依赖于分子变化使之保持活力,处于动态变化。不管层级化体制看起来如何严缜细密,也需要运动变化。孩子的游戏和学习是一个重复性过程,但同时也蕴含了差异化和成为他者的巨大潜能。孩子可以是神话英雄、妈妈、叔叔、爸爸、公主、动物、发动装置、杂技演员、婴儿、工匠、老师、领袖、发明家——可以衍生出无限的可能性(想象的、真实的、妥协的)。

柏格森指出创造式革新取决于抛弃现状的能力。抛弃意味着不再有固定的身份和模式将所有人和事视为同一，从而为新的可能性打开了大门；在大门背后的新天地里，我们通过自己或他人所获得的认知不是一个固定不变的内容，而是与发生事件紧密相关的物质呈现(Bennett 2010)。从这个意义上看，生命"本身就成了一种动态存在"(Bergson 1998，p. 127)。在这样一种动态存在中，在这样一种内在活跃的成为过程中，对事件中被人为选定的重要因素作道德层面的讨论，是我们不可推卸的义务。

新生性倾听

第四重相关挑战是我们的倾听不是为了获得已知，而是要调动全身感官倾听新发事件，倾听未知(Nancy 2007)。我们一般所理解的倾听，尤其是成人对儿童的倾听，主要呈现出下降轨迹；我们倾听的目的是为了把我们所听到的与我们的已知体系相匹配，据此对其作出判断，而那种呈现出上升轨迹或者使规范化假设和行为去领域化的倾听行为是新生性倾听，这种倾听在某种程度上意味着推翻自我，推翻其他一些习惯行为，从而建构起"这是我""这是你"的相关认知。这对关于人是什么的自由人文主义和现象学建构构成了重大挑战，因为在自由人文主义和现象学框架中，人的建构始于自我的实体性概念，这个实体以一个假想的理念为标准不断经受评判并发现其诉求目标(Deleuze 1980；Davies and Wyatt 2011)。

新生性倾听"要求我们中止评判，特别是偏见行为"(Rinaldi 2006，p. 65)，但它更意味着拓展了我们以新的方式审视生活及人与生活关系的崭新空间。新生性倾听可以从已知开始，遵循下降轨迹，但它具有极大的开放性，能够开创式发展成为新的模态，呈现出上升轨迹。新生性倾听为获知和存在开创了新的可能方式，不仅对于倾听者，而且对于被倾听者都是如此。"倾听兼顾了里和外，无和有，因此是一个从此到彼以及从彼及此的过程。"(Nancy 2007，p. 14)运用了新生性倾听法的研究通向的是不可预知，是孩子在过程中展现出的内在互动的细微的客观细节。

知识和技能的转化是新生性倾听的构成要素。善于倾听的研究者并不假装已经知晓孩子知晓或应当知晓的内容。

特罗伊特的故事

在特罗伊特幼儿园的操场上,老师们同时也是孩子们的玩伴,是为游戏出谋划策的成年人,是解决争端、维持游戏秩序的领导者,并在察觉游戏变得危险或无法容忍时出手干预——利用秩序化语言对开始发生的事件再领域化。他们也是细心的观察者,为孩子们的独立解决问题留出空间。我先讲一个关于弗朗西丝卡的事例。

> 当弗朗西丝卡第一次来到特罗伊特时,她看上去跟她姐姐和妈妈非常相像,留着长长的金色头发,穿着非常精致的女孩裙装。但她现在很不一样了。当我第一次看到她时,她正跑着穿过树林,留着短发,穿着蓝色的牛仔裤和紫色的条纹T恤,我当时甚至把她错当成了男孩。她妈妈告诉老师们她曾经亲眼看到弗朗西丝卡剪掉一头漂亮的长发,让她很是伤神。她还为此特地带弗朗西丝卡到发型师那里修剪了一个很时尚、雌雄难辨的发型,从这面看像个女孩,而换面看又像个男孩。我第一次见她的那天,她还涂着粉色的指甲油。

这次弗朗西丝卡、弗朗西丝卡妈妈和发型师都有份参与剪发事件,用巴拉德(Barad 2012)的话来说,是一个极具代表性的事件:剪断的不仅是头发,更是性别的二元对立——剪发剪断了弗朗西丝卡和她妈妈和姐姐公主式女性形象之间的关联,使得弗朗西丝卡身上兼具了男女的形象特征。

在这一思想模式中,主观能动性并不在于弗朗西丝卡或她妈妈或那位发型师的个人意图——而在于事件本身——各种交缠因素的内部作用:崇尚公主式女孩装扮模式的家庭;欣赏健壮型女孩的学校;为女孩提供足够游戏空间的幼儿园操场——女孩可以玩高高的秋千,可以攀登巨石,可以在树林中找树枝玩战争游戏;女孩可以像男孩一样穿牛仔裤和T恤——男孩的穿着体现了男子气概、胆量和力量;一把剪刀;能够不引起人注意剪掉头发的私密空间;母女之间关于梳洗打理头发的摩擦史等。所有这些因素可能一起作用,导致了女孩一时兴起的剪发之举,造就了一个不再女孩气十足的女生,导致了妈妈气急神伤一再唠叨一头卷发对于女性气质的重要意义,导致了在同一个身体上男女特征并存的创造式解决方法。

第二个来自特罗伊特幼儿园的事例发生在野餐日。我在野外记录本上写道:

> 我们要去的地方是一座"大山",从特罗伊特走过去大约10分钟。我们排成两列纵队,一路既有开阔的平地,也有灌木丛,有些孩子手拉着手,有些帮着拿野餐席和果汁。有一名稍大点的女孩手里拿了一根树枝、一块石头、一张席子,还拉着一名稍小些女孩的手。这些她一路都做得妥妥的,直到快到山脚时,因为这时她们落在了后面,所以这名女孩就放开了稍小些女孩的手,让她自己跑着追上大部队,那名女孩十分乐意地照做了。
>
> 等爬到山顶,老师和孩子们在老师们铺成的半圆形的席子上坐下,老师分发饮料和食物。大家一起指手画脚地交流着所看到的事物。有些孩子两个一组,相互交谈——其中就包括弗朗西丝卡和她最好的伙伴利亚姆。弗朗西丝卡又同一名老师谈笑了一会儿。卢克和其他三名男孩在玩面包皮,面包皮已经变成了野兽。
>
> 有一名老师把水壶当成了鼓来敲,三名小孩跟着唱起了歌。突然有七名孩子一窝蜂地冲下山,他们发现了一根很粗大的断枝。这下挑起了一场跑山游戏,孩子们在山上来来回回地跑上跑下,他们似乎知道自己能跑多远,就在山道靠近山一侧的并不可见的范围内活动。
>
> 有两名女孩突破了活动范围,她们穿过山道,进入了旷野平地。一名老师把她们叫了回来,重新划定了野餐的空间范围。
>
> 有三名男孩缠斗在一起,底下的那名男孩发出尖叫。老师过去叫停,告诉他们不能再这样打闹。四名男孩在玩狮子和龙的游戏,利亚姆扮狮子,负责追赶其他三名一边尖叫一边在树林里四处奔窜的男孩,他们甚至还跑出了树林,跑到了山下。另外三名男孩听到尖叫声也加入进来,于是变成了"狮子"被另外两名男孩追着跑,最后又陷入了打斗。
>
> 弗朗西丝卡独自一人来到树林里,正玩着一根树枝,那些男孩跟她一起玩。他们跑出了树林,弗朗西丝卡跑在最前面,手里拿着树枝,看上去

十分霸气。

弗朗西丝卡又拿着树枝一个人回到了树林里,利亚姆跟在她后面跑得气喘吁吁。他想小便,所以老师把他带到一棵树的后面。这时弗朗西丝卡和另外三名拿着树枝的女孩在一起。

一头"狮子"咆哮着冲向女孩们,但没人害怕,女孩们对扮演狮子的男孩视若无睹。

弗朗西丝卡正领着另外一名穿着紫色T恤的女孩穿过树林。她们手里都拿着树枝,利亚姆也提着一根树枝加入了她们,还提议玩枪战!你必须拿枪指着人,大声喊出"就是你"。

但野餐时间结束了。弗朗西丝卡还在树林里收集树枝,一名老师让她拿起夹克,她回说"我这辈子都不会这样做"。她看着我的样子就像是在说"我知道你可以帮我拿夹克"。我帮她拿了夹克。

野餐突破了幼儿园的领域范围,出了校门,延伸到了山上、树林里,还有开阔的原野。分两列纵队手拉着手行进、野餐席铺成半圆形、老师分发食物和饮料、再次强调山道旁的活动范围、对男孩粗暴游戏的干预,这些行为无一不是现状——限制和层级分化——的作用表现。显现飞跃轨迹或去领域化性质的表现有用面包皮压出野兽的形状、水壶当鼓、女孩跑到山道的另一边延伸了活动范围、男孩扮成野兽、玩的游戏具有危险性、玩游戏者身处危险之中、男孩们的角力缠斗、树枝成了枪支、拒绝拿夹克等。

游戏就像根茎一样快速从一种可能场景转化成为另一种场景。尽管老师们划定的不安全范围被突破以后很快就重新领域化,但野餐的领域范围可以是任意范围。有几个瞬间,弗朗西丝卡成为男孩的领头羊,手里拿着树枝跑在前头。在那些瞬间,她实现了成为男孩领导者的潜能,但那种潜能很快就消失了。她重新回到了女孩的队伍中,似乎她的霸气瞬间也随之消退了。但其实并没有,当一个男孩大叫着跑过来装成狮子吓唬女孩们时,女孩们对此完全不屑一顾,她们展现出了集体的霸气,那头"狮子"很快就撤退了。弗朗西丝卡的好伙伴利亚姆加入了女孩们,他们对(男孩子气的)枪战游戏作了再领域化。最后,弗朗西丝卡的"我这辈子都不会这样做"可以被视为她刚刚体验过的霸气瞬间的进一步体现。

弗朗西丝卡所处的位置跟我所讲的澳大利亚幼儿园孩子和性别问题的书里面

的乔安妮很相像(Davies 1989/2003)。乔安妮想成为男孩群体中的一员,但她告诉我说他们几乎从来不让她担任领导者,而总是要她扮演等待被救的公主。她强硬地表示了拒绝,还诱哄她的好伙伴托尼离开男孩群体跟她一起玩,他们俩玩的游戏往往都会占据地位较高的处所,例如新树屋,使之成了他们的专属领地。

我们对自己在性别秩序以内及以外的可识别性有何诉求,这个问题既无关文化,也无关本性:"就诉求而言,重要的不是法则的假意替代——自发性、天性——欺骗,而是领域性、再领域化和去领域化运动轨迹的各自呈现。"(Deleuze and Parnet 2007, p. 99)剪发事件使得弗朗西丝卡的身体同时实现了去领域化和再领域化,实现了难以预期的男性/女性的一剪而合/断。这次事件并不一定就会在弗朗西丝卡成为弗朗西丝卡的日常生活中留下深刻印记,但在与树林、树枝、男孩的内在互动中,她能够成为男孩们的领导者——即使只是瞬间,她可以在与女孩们的内在互动中全然无视男孩们/"狮子"们的威武,她可以召集其他女孩和她的伙伴利亚姆玩男孩常玩的权力游戏。

冒险、扰乱社会秩序往往是男孩会作出的行为,这些行为为可能的飞跃创造了条件,这种飞跃对生命和生活具有重要意义。因此,对生命和生活具有重要意义的实践行为往往与男性密切关联。而女孩的冒险行为——例如剪发事件中的行为——收获的是不赞同,让她们意识到自己的冒险行为与她们的——应该具有的——女孩身份是不相符的,从而使女孩与下降轨迹相并列,迫使她们实现作用和成为轨迹的领域化而不是去领域化。

如果说冒险和去领域化行为是赋予生命意义的行为——生命"本身就是动态变化的"(Bergson 1998, p. 127),这一差异具有重要意义。现如今,我们总是鼓励女孩变得果断勇敢一些,鼓励她们对公主式的超级女性气质说不;这种斩断可能会引发巨大的精神压力,以及可能的权力流失。儿童群体的女性和男性气质的切断和整合是一个亟待进一步研究的领域。

男孩的主观作为使得男性气质与生命获得了整合;冒险行为为他们创造了一个男性的世界。女孩的主观作为往往指向切断生命和冒险行为与女性气质之间的联系,这种行为会给女孩带来压力,需要不断的调节和决心才能使得女孩顺利地主动或被动适应世界。这种压力具有"重要意义";它是一种客观存在,其道德启示也具有"重要意义"。"反复的内在活动配置或重新配置交缠因素[并]⋯⋯交缠因素是时空-重要意义元素的交织。"(Barad 2012, p. 41)儿童游戏及其呈现出的性别秩序内在作用机制既强调了世界的性别化,同时也为时空变化打开了大门;这些是重要的变化;作为成年人的我们需要注意阻碍这些变化形成的因素、其物化表现及其作用方式。

结语

在我所畅想的儿童早期女性主义研究中,我们对主流话语和行为的压迫性作用轨迹有着更清晰的认识,了解它们对我们的影响以及以我们为媒介的作用机制。与此同时,我所畅想的研究还能够抓住创造式发展的瞬间,这些瞬间在衍射性碰撞中攫住了我们,或是以个人的身份或是以群体的身份,使我们打破沉闷乏味、一味重复的陈词滥调和性别化个人主义——这种性别化个人主义是21世纪的主要作用力——的束缚。在我所畅想的研究中,研究者和研究对象之间的碰撞具有内在的交互性,能够让我们沉浸于新生性倾听,其间每个人都敞开心胸接受他人的影响。这样的一种倾听能够帮助我们摆脱将我们禁锢在无休止的重复或下降轨迹中的是非式判断,转向对他人的道德认可及对差异的情感包容,开怀接纳他人的碰撞。这里的他人不仅指其他人类成员,也指表现形式纷繁复杂的客观世界——我们与之共存的物质和社会世界。这样的女性主义不但知道是非对错,而且具有实证性,是勇敢、开放、不断蜕变的女性主义,时时对他人——包括人和非人——的存在保持关注。

References

Barad, K. (2007). *Meeting the universe halfway: Quantum physics and the entanglement of matter and meaning*. London: Duke University Press.

Barad, K. (2012). Nature's queer performativity. *Kvinner Køn Forskning*, 1-2, 25-53.

Bennett, J. (2010). *Vibrant matter. A political ecology of things*. Durham: Duke University Press.

Bergson, H. (1998). *Creative evolution*. Mineola, NY: Dover Publications Inc.

Davies, B. (1989). *Frogs and snails and feminist tales. Preschool children and gender*. Sydney: Allen and Unwin. 2nd ed. (2003). NJ Cresskill: Hampton Press.

Davies, B. (2014). *Listening to children. Being and becoming*. London: Routledge.

Davies, B., & Gannon, S. (Eds.). (2009). *Pedagogical encounters*. New York: Routledge.

Davies, B., & Wyatt, J. (2011). Ethics. In J. Wyatt, K. Gale, S. Gannon, & B. Davies (Eds.), *Deleuze and collaborative writing: An immanent plane of composition* (pp. 105-129). New York: Peter Lang Publishing Inc.

Deleuze, G. (1980). 'Cours Vincennes 12/21/1980'. Retrieved February 10, 2010 from http://www.webdeleuze.com/php/texte.php?cle=190andgroupe=Spinozaandlangue=2.

Deleuze, G. (1992). *The fold: Leibniz and the baroque* (T. Conley, Trans.). Minneapolis: University of Minnesota Press.

Deleuze, G., & Guattari, F. (1987). *A thousand plateaus: Capitalism and schizophrenia*. London: Athlone Press.

Deleuze, G., & Parnet, C. (2007). *Dialogues II revised edition*. New York: Columbia University Press.

Kessler, S., & McKenna, W. (1978). *Gender: An ethnomethodological approach*. Chicago: University of Chicago Press.

Malins, P. (2007). City folds: Injecting drug use and urban space. In A. Hickey-Moody & P. Malins (Eds.), *Deleuzian encounters. Studies in contemporary social issues* (pp. 151-168). Houndmills: Palgrave Macmillan.

Nancy, J.-L. (2007). *Listening* (C. Mandell, Trans.). New York: Fordham University Press.

Rinaldi, C. (2006). *In dialogue with Reggio Emilia: listening, researching and learning*. London: Routledge.

St Pierre, E. A. (2014, 2 December). Post qualitative inquiry. Keynote lecture presented at the *Australian Association for Research in Education and the New Zealand Association for Research in Education Conference*, Brisbane, Australia.

第七章 加强教育政策、机会和行动力度促进肯尼亚的女性主义发展和儿童教育

默西·穆索米 贝西·布鲁·斯瓦登那

摘要 本章是基于第一作者在肯尼亚为争取儿童和青少年权益的实践和第二作者关于儿童权益的跨国对比研究而作的讨论。据估计,全球约有6700万小学适龄儿童未能入学,其中54%是女孩,另外初中适龄儿童未能就读者达7400万(UNICEF 2014)。为了支持、提升、尊重儿童权益,我们必须致力于实现普及初等教育机会平等。本章讨论了肯尼亚儿童教育领域的女性主义、政策和实践等关联主题,分析了肯尼亚儿童教育、法律、政策等领域的女性主义以及为促进公平和身份平等而采取的提升女孩权益的措施,介绍了相关教育政策的利处和推行阻碍,并分享了两位作者的个人观点。

关键词 儿童权益;女童;普及初等教育;肯尼亚

M. 穆索米,女童在线,奈俄比,肯尼亚,e-mail:mercy.mmm90@gmail.com.
B. B. 斯瓦登那,亚利桑那州立大学,坦佩,美国,e-mail:beth.swadener@asu.edu.
  斯普林格自然新加坡有限公司,2017.
K. 史密斯等(编),《儿童早期教育和女性主义理论》,儿童和青少年视角 4,DOI 10.1007/978-981-10-3057-4_7.

引言

本章主要基于在肯尼亚推行的研究项目以及女童在线（GCN）——一个由312家儿童权益机构和关注性别问题的非政府组织（NGO）组成的联盟——的相关工作，讨论了肯尼亚儿童和教育机会相关的女性主义、政策和措施等内容。GCN领导层采用了可概括为非洲女性主义的理论作为指导。

我们将从非洲女性主义的理论视角出发分析肯尼亚儿童教育中的性别问题，并介绍肯尼亚的教育、法律和政策及为促进公平和身份平等而采取的提升女孩权益的措施。本章将重点讨论推行教育政策的利处及其阻碍，并分享两位作者的个人观点，两位作者都曾参与过一个国际项目的儿童权益相关工作（Una 2011），并曾就"全民教育"联合发表过见解（Bloch and Swadener 2007；Brock-Utne 2000；Mukundi 2004）。

据估计，全球约有6700万小学适龄儿童未能入学，其中54%是女孩，另外，初中适龄儿童未能就读者高达7400万人（UNICEF 2014）。为了支持、提升、尊重儿童权益，我们必须致力于实现普及初等教育机会平等。而此举反过来也能促进女童的身份平等，扩大其在发展和决策空间的参与度。受UNICEF及其他发展伙伴支持的各国政府在促进教育机会平等以实现普通初等教育方面已经取得了较大进展，所推行的免费初等教育政策极大促进了教育机会的均等，教育的持续性和质量都有了较大改善。

为了实现社会的可持续发展，促进收入差距不过分悬殊的健康社会和经济体的建设，必须要推动妇女和女童的权益保护，这要求社会要转变思想意识并采取相应行动，能够让更多的女孩进入学校就读，有时间玩耍，能够健康成长，能够获得来自家人以及爱心社会的关爱和鼓励，能够保证女孩可以无忧无虑地生活，可以远离暴力、欺凌和压迫，能够主宰自己的命运。本章主要基于第一作者借助GCN平台以推动肯尼亚儿童和青少年权益保护的实践和第二作者关于肯尼亚儿童权益和早期教育的跨国比较展开讨论。

第七章　加强教育政策、机会和行动力度 促进肯尼亚的女性主义发展和儿童教育

肯尼亚的儿童权益和女童在线(GCN)的意义

女性主义在不同的文化背景中有不同的定义,其发展历史也颇为复杂——其中包括了南半球妇女的发声,主张的一系列问题大都涉及女童和妇女权益,如后殖民主义理论和第三世界女性主义等(Herr 2014; Mohanty 2003; Jackson 2011)。就根本而言,女性主义者们关于妇女和女童权益的主张是希望能够实现妇女、女童与男性、男童在政治、社会和经济层面的平等,她们开展了一系列运动,对妇女和女童平等参与社会和国家发展的平等人权作出定义,确立理念并确保其实施。这同时也意味着保护女孩摆脱早婚、生殖器切除、性虐待等陋习。

在肯尼亚,约有 600 万儿童需要特殊关爱和保护,其中约有 240 万是孤儿(UNGASS 2010)。关于儿童保护的国家统计数据十分有限。但是,众多研究和媒体报道表明针对儿童的暴力和欺凌在肯尼亚十分严重。翻看 2007/2008 年度肯尼亚大选过后的暴力事件报道可以发现关于女性遭受暴力和体罚,童工、儿童遭受漠视等的报道屡见不鲜,儿童成了最弱势群体,是内部冲突的受害者。肯尼亚人口健康调查(2013)显示 5 岁以下儿童的年死亡率呈下降趋势,这与儿童的出生率趋势相近。但是,5 岁以下儿童中婴儿死亡率是肯尼亚公共卫生保健领域一个十分严重的问题,15~19 岁女孩中有 34%被割除阴蒂,而东北省份这一比例高达 98.9%(Kenya Demographic Health Survey 2013)。

GCN 成立于 1995 年,是一家非政治、非宗教、非营利性的独立机构,在肯尼亚注册成立,其业务范围主要针对非洲本土,旨在捍卫儿童——包括孤儿和其他一些弱势儿童群体——权益,尤其是女童权益,主张妇女和女童享有与男性和男童平等的政治、社会和经济权利。GCN 是肯尼亚公民社会组织(CSO)在参加完第四届北京世界妇女大会之后成立的,旨在促进《北京宣言和行动纲要》,尤其是其中第十二条(United Nations 1995)的实施,协调肯尼亚的儿童权益法案起草,其关注重点是女童权益。它是一家由众多机构组成的联盟组织,其成员机构背景广泛,涵盖的议题包括儿童保护、性别、民主和统治、研究、政策倡议、教育、卫生保健、能力发展、HIV/AIDS、紧急事件应对等。GCN 在改善儿童福利、促进女孩接受教育、参与公民社会等方面积累了丰富的经验。

在国际层面,GCN 积极开展关于女童社会地位的国际研究,并积极协助 CSO

准备提交给非盟和联合国的相关报告。GCN还就起草《联合国儿童权利公约》(UNCRC)实施缔约国报告向政府提供技术支持。在洲际层面,GCN是CSO论坛的成员机构,与非洲儿童权益与福利宪章专家委员会(CoE—ACRWC)——该委员会旨在确保CSO积极贯彻落实《非洲儿童权益与福利宪章》(ACRWC)——建立了合作关系,并向CoE—ACRWC提供建议。

在国家层面,自其成立之日起,GCN就积极动员各利益方和责任方,促使其为推进教育、儿童保护和性别暴力相关立法和政策的颁布、评估和实施出钱出力,极大促进了肯尼亚儿童权益的发展。在立法层面,GCN是国家性侵犯法案工作小组的成员,促成了性侵犯法案先期实施纲领的制定(2006)。在教育层面,GCN积极游说,呼吁教育法案应该体现性别和儿童权益倾斜(2013),积极动员利益相关方提出了制定《教师服务委员会法案》(2012)、《女性生殖器割除废除法案》(2011)——这是对反女性生殖器割除运动和教育性别政策(2007)的直接回应——等倡议。

在社会层面,GCN积极感化相关社会群体,促使其成为女童教育的支持力量,推进了文化陋习的废除,提高了妇女的社会参与度,推动了学校基础设施的发展——极大改善了教学和学习条件。由于部分社会群体,特别是男性,极力反对捍卫女童权益、取消早婚、女性生殖器割除、性虐待等举措,有时甚至会做出一些出格行为以抑制,GCN的工作有时具有极大的危险性,出现过GCN工作人员遇袭事件,有一名员工失踪,至少有一名员工遇害。虽然本章主要侧重政策变化和倡议策略,但必须认识到这样的工作其实有较高风险,有时甚至面临生命威胁。

我们会在后面重新回到GCN的主张和倡议上来,介绍其所促成的政策变化和相关故事,但我们想先给读者介绍一下旨在提升肯尼亚儿童(女童)权益的教育政策。

肯尼亚教育政策和"全民教育"

UNCRC(1989)和《消除对妇女一切形式歧视公约》(1979)明确女孩接受基础教育是一项基本人权。非洲儿童的权益还在ACRWC(1999)中被强调了。因此,过去几年间,女孩教育问题成了世界范围内性别平等的首要问题。各国政府纷纷

第七章 加强教育政策、机会和行动力度 促进肯尼亚的女性主义发展和儿童教育

承认公约,积极立法以确保这些全球化目标能够顺利实现。据 UNICEF 统计,1970—1992 年期间,发展中国家小学和中学教育女孩入学率从 38% 上升至 68%,其中非洲小学和中学教育女孩入学率最低,分别是 47% 和 12%。因此,2000 年非洲的发展目标就是实现全民基础教育,其中完成小学教育的比率至少达到 80%。千年发展目标 2 将普及初等教育设为截至 2015 年世界各国要完成的主要目标(Republic of Kenya 2003)。免费初等教育被认为是实现该目标的关键举措。有鉴于此,包括肯尼亚在内的各国政府制定颁布了各种政策和法律并对其进行评估,以促进肯尼亚的教育机会均等、提升教育质量。

同南半球的许多国家一样,肯尼亚的"全民教育"目标并没有完全实现,尤其是对于牧民等边缘化背景、高度贫困的城市非正规背景和许多农村地区的儿童来说。2003 年,肯尼亚政府开始实行"小学教育免费(FPE)"政策,这意味着所有 6~14 岁儿童必须接受小学教育。自此,据 UNICEF 统计,肯尼亚的小学入学人数从 2002 年 5900 万上升至 2006 年的 7500 万,2010 年达到 8800 万;而中学入学人数从 2007 年的 86 万上升至 2008 年的 140 万,净入学率从 2002 年的 77% 上升至 2006 年的 86%,小学毕业率也从 2002 年的 62% 上升至 2006 年的 77.6%。现在,有更多的孩子读完小学后会选择升入中学就读(UNICEF 2014)。

2003 年 FPE 政策的颁布实施意味着肯尼亚政府及其发展伙伴需要向小学提供学费、教材、科学器材及其他教学材料等经费支持,政策并没有要求家长和社区建立新校舍;学校修缮、使用社区和宗教建筑等既有设施。FPE 政策的推行扩大了儿童受教育的机会。近年来,肯尼亚更是有意把中等教育也纳入免费教育的范围。然而,这些政策措施适逢私有化和政府放权大行其道,以适应新自由主义经济发展时代的全球经济模式(Wachira et al. 2011;Swadener et al. 2007)。教育机会迅速扩大,再加上缺乏必要设施以吸纳入学或重新入学的大批学生,导致教育质量下滑。

为了更好推行 FPE 政策,肯尼亚政府颁布了肯尼亚教育、培训和研究政策框架会议文件(Republic of Kenya, Kenya Ministry of Education 2005),认为教育是发展民主制度及人权保护的核心所在,是政府国家经济发展规划,特别是 2030 远景规划成功实现的基础。

虽然这些政策为扫除障碍创造了条件,但依然存在一些阻力,尤其是在女性的受教育权方面,限制了女性参与社会、经济和政治发展的程度。这些因素既有文化

和宗教方面的原因,也涉及不同利益群体的态度,他们有意阻挠政策的贯彻落实,从而使得目标难以实现。很多社会活动家认为只要各项法律和政策能够真正落实,肯尼亚一定可以在男女平等、教育机会均等、男女同工同酬等方面取得重大飞跃,能够有效激发妇女的工作热情,能够无视种族、教义、经济或教育状况、样貌或能力、性取向等因素实现女性的权利平等。这意味着社会能够转变思想意识并采取相应措施以实现男女平等。

性别问题:经济和社会边缘化

哈勒(Hale 2013)认为社会排斥或边缘化是个人的贫穷、不平等及其在家庭、社会和国家层面的权威性等因素的作用体现,这表明一个社会,尤其是资本主义社会中存在权力和不平等。边缘化削弱了个体与存在社会排斥的社会之间的联系。女孩接受教育能够通过公民整合、自我管理和权力获得等方式帮助女性树立权威和影响力。教育还能帮助女性实现经济整合和资源流动。边缘化人士的权益大多惨遭无视,缺乏支持和上升空间,他们的社会参与度小,也缺乏担负其相应责任、与其权益相匹配的能力。教育可以促进一个人的能力发展,帮助其获得社会和经济资本,从而打破贫穷和苦难之间的恶性循环——在世人眼中,家庭苦难的主要责任在于妇女。

来自以及关于南半球的女性主义文献(Herr 2014;Mohanty 2003;Spivak 1999)让我们对妇女在"发展"、相关研究领域的去殖民化、南半球或底层背景女性主义写作中后殖民史的地位认可等过程中的多元角色有了重新认识(Spivak 1999)。在关于全民教育和女童教育权利的讨论中,有很多人对传统文化和西方影响下的后殖民化教育之间的相互作用作了细致的研究。例如,斯维泽(Switzer 2010)采访了98名马塞族在校就读女生,并对她们的社会群体作了定性研究。该研究分析了女孩入学所带来的实际影响,指出这是"当今肯尼亚马塞族群中的新兴社会类别,颠覆了主流发展对女童的形象认定"(Switzer 2010, p. 1)。她在关于卡基奥朵马塞族群的研究中发现"这些在校就读女生关于教育及其日常生活发展的描述体现出了一种对传统性别规范和社会规范的矛盾性反抗"(Switzer 2010, p. 1)。

第七章　加强教育政策、机会和行动力度 促进肯尼亚的女性主义发展和儿童教育

斯维泽(Switzer 2010)认为"这些描述背后蕴含了更高层面的问题,即后殖民时代肯尼亚的边缘化原住民群体身份建构过程中民族和性别的跨国界交叉"(p. 137),我们对此表示赞同。在开展对女孩受教育予以物质支持的项目时,作为女性主义者,我们同斯维泽(Switzer 2010)一样渴望"让人们意识到正规教育是中立的公共产品这一看似完美表述背后的谬误,以发起关于当今南半球教育机会和成果的复杂对话"(p. 137)。

边缘化和社会排斥是大部分肯尼亚人社会生活的真实写照。据 2010 收入基尼系数,肯尼亚在全球 169 个国家中排名 128 位(Forti and Maina 2012)。根据 GCN 的实地探访,肯尼亚的农村妇女由于传统的性别角色分工,主要依附男人为生,在社会地位、经济和政治上都处于从属地位。尽管肯尼亚的法律规定男女平等,但对妇女的法律保护主要取决于她们与丈夫或其他男性家庭成员(在离异或丧偶的情况下)的关系。传统的性别角色分工使得女性地位低于男性,女性无权从事农活或获得其他经济资源,因而限制了她们维护自我的能力和谋生能力。由于农村妇女社会地位低下,其生活主要依赖以耕地为生的男性,因此其享有的土地权极其有限,往往成为被压迫的对象。

不过,虽然缺乏资源,但肯尼亚妇女却是养家的主力。据世界银行(World Bank 2009)统计,33.9%的肯尼亚家庭都是女性当家,其中很多家庭生活在肯尼亚大城市的贫民区,或是妈妈带着家里老小生活在农村,而爸爸离家到城镇或城市打工。超过 68%的城市穷人从事非正规产业,以零售为主(World Bank 2009)。后殖民时代肯尼亚的有偿劳动机制依然奉行性别隔离,女性的从业率低于男性。例如,男性占到全部正规劳动力的 79.4%,而女性的占比仅为 20.6%(World Bank 2009)。男人去到城市或商业化作物工厂打工,留下女人耕种严格说来归男人所有的农田,她们的付出不受任何法律保护。这一差别对待可以历史溯源到殖民时代,当时的职业培训体现了男女的不同分工,并成为制度被确定下来(Chege and Sifuna 2006; Kiluva-Ndunda 2001)。一旦遇上财政紧缩、经济不景气等情况,会对妇女造成巨大影响,因为女性几乎没有受过教育,而造成这一现象的原因包括教育的歧视性历史政策、妇女的高怀孕率、关于妇女角色的社会文化认知(如妇女应该依附于男性)、文化预期和价值理念(如担心女孩受教育程度高会找不到丈夫或无法成为一个"好妻子")、不适合女孩的学校课程等。

此外,女性往往还遭受其他方式的压迫,特别是那些依附于男性的女性,因为

男性在肯尼亚社会中享有更高的经济和社会地位。女性无权继承财产、殴打妻子、强奸、妻子成为可继承的财产、童婚、强制性生殖器割除等，都是肯尼亚一些少数民族妇女真实的生活写照（Kilbride et al. 2001；Ombuor 2001）。基尔布莱德等人（Kilbride 2001）发现未婚生子可能会导致女孩受到父母或亲戚的惩罚，还会被开除学籍。

在这样一个妇女经济和社会地位极其低下的文化背景下，《儿童法案》（Government of Kenya 2001）规定非婚生子女由母亲单方抚养，除非父亲愿意承担责任并且在法庭中提出诉求，父亲对抚养私生子女不承担任何法律责任（Amisi 2001）。不过，2010年《肯尼亚宪法》第53节(1)(e)条款规定了"父母双方的关爱和保护，母亲和父亲对抚养孩子承担相同的责任，无论父母双方成婚或未成婚"。这一事例清晰表明了在肯尼亚的政策背景上主张儿童、女孩和妇女权益有多么复杂和困难。

GCN在倡议和立法方面所起的作用

GCN相信女性主义的法律公正性，秉承两性政治、经济和社会平等的法律理念。因此，GCN的宗旨是促使社会支持、提升、尊重女童权益，天时地利人和使得GCN成了肯尼亚改革倡议和立法的先锋，在引导舆论，推进肯尼亚的立法和政策制定、评估和实施等方面发挥了重要作用。GCN呼吁政府锐意改革，改革议题大到教育、性暴力、家庭暴力、校园不平等、虐待问题的性别化区别对待，小到性暴力事件中的女孩承担骂名。GCN总能准确识别规范化和文化接受度高的法律条文和实践行为中的性别相关因素及其启示意义。

GCN积极呼吁国家和地方政府修正那些有关教育、青少年生殖健康、针对女性暴力行为的法律条令。所有这些都得益于在男性统治和领导的社会中对女性主义法律公正性的分析和洞察，以确保男性制定的政策中有维护女性的立场和声音出现，能够体现人性、性别潜能和社会规划等理念。GCN通过指出法律条令中的缺陷，促使法律条令能够使用恰当的语言，遵循恰当的逻辑和法治结构，强化可以接受的社会价值观。GCN扮演的是自由主义者的角色，坚信女性和男性一样富有理性,主张女性应该获得与男性同等的自由选择的机会。GCN 鼓励支持女性挑战社会文化认知与实践,通过政策手段引发社会对性别问题的广泛关注,以实现男女平等。

GCN 是社会倡议的主力军,积累了丰富的经验。它的联盟成员几乎遍布全国各个角落,成了倡议和影响政策的有力同盟军。所有 GCN 成员都要接受儿童权益,法律和政策,游说和倡议策略,监督政府是否遵守国际、国家和地方儿童保护法律条令等方面的培训。本章提及的倡议主张大多与政府政策相关,但也有一些实用性的倡议主张,主要涉及判断、消除边缘化社会群体中女童入学的障碍等。GCN 开展的社区工作包括为因为生理期而连日没有上学的女孩提供卫生巾和内衣,为男孩和女孩建造厕所和私密空间等。在这些工作方面,GCN 赢得了很多全球伙伴,策划了很多人类发展和卫生教育项目,保证了女生的到校出勤率,促进了对全体学生的理解。

在国家层面,GCN 一直致力于《儿童法案》(2014 修正法案)的相关工作,希望使法案获得与 2010 年的新《肯尼亚宪法》(下文简称《宪法》)同等的法律效力。这两个法律文本将儿童权益视为人权,明确规定义务方有责任推进并支持这些权益。《儿童法案》(2001)提出儿童享有发展、生命、保护和参与的权利,这些权利男女共享。父母的最根本义务是为孩子提供基础素质教育。《儿童法案》(2001)依据 UNCRC 和 ACRWC 规定了肯尼亚政府的职责和义务:规定父母责任,包括儿童的抚育、收养、抚养权、生活维系、监护、关爱、保护等;规定儿童机构的管理制度;保证儿童在法律上人人平等。

肯尼亚的最高法律是《宪法》。《宪法》规定每个孩子自出生起拥有姓名权和国籍权;有免费接受义务性基础教育的权利;有获得基本营养、庇护和卫生保健的权利等。《宪法》规定国家在任何情形下都不得因种族、性别、怀孕、婚姻状况、健康状况、民族或社会出身、肤色、年龄、残疾、宗教、道德、信仰、文化、着装、语言或出生直接或间接歧视任何人。《宪法》中的《权利法案》一章第 53 节对女童的教育和权益作出了明确的规定。第 53 节(1)(d,e)规定任何儿童都有获得保护,免遭虐待、漠视、文化伤害、各种形式的暴力、非人对待和惩罚、危险性或剥削性劳动的权利;有获得父母关爱和保护的权利,父母平等承担抚养孩子的责任,无论其是否成婚。

《基础教育法案》(2013)促成了《宪法》的第 53 节中的条款及其他规定的生效,推动了免费义务基础教育政策的实施和管理,并规定了肯尼亚基础教育机构的授权、登记、管理等事宜。整体而言,该法案保障了每个儿童接受免费义务基础教育的权利,规定任何家长/监护人不让孩子入学将受到处罚。基础教育指基础教育机构向个人提供的教育项目,包括成人基础教育和学前教育机构和中心提供的教育。所有儿童都应该接受教育,这就意味着教育机构应该提供差异化课程,这些课程在内容、教学方法、教学材料、替代性交流媒介、授课周期等方面都有所不同,以适应学习者的不同需求,消除学习者的社会、思想、智力、生理或环境障碍。

《性侵犯法案》(2006)是肯尼亚针对妇女儿童权益、教育、保护妇女儿童不受性侵犯等权利的致以直接威胁而制定的基本法律。为了减少这些侵害行为,《性侵犯法案》——也被称为《2006 第 3 号法案》——于 2006 年正式颁布。该法案对肯尼亚的性侵犯行为作了全面立法,成为自独立以来肯尼亚议会通过的首个与性别相关的法案。法案对 14 种性侵犯行为的处理作了具体规定,规定了犯罪人员的最小刑期,提出了成立 DNA 数据银行和恋童癖者登记制度。

其他还包括在提出的《公益组织法案》修正意见中保留 CSO 的一席之地。在此过程中,GCN 代表的是儿童权益联盟——CSO 指导工作组领导下的一个工作组——一方。此外,GCN 还参与公民社会工作组,为起草《2015 后发展纲要和可持续目标》出力,重点负责儿童权益、性别和教育等相关问题。GCN 还是权力下放和规划部性别指导委员会技术委员会的组成机构,负责起草《消除对妇女一切形式歧视公约》缔约国报告。

除了以上这些,GCN 还成功促成了其他一些重要政策和立法的颁布和审定。GCN 参与颁布制定的重要法律和政策包括但不限于:《婚姻法案》(2014);《教师服务委员会法案》(2013);教育性别政策(2007);《国家特殊需求教育政策框架》(2009);参与国家 SOA 工作组,完成《性侵犯法案》(2006)先期实施纲要的制定,并实现其与《教育法案》的主体对接;《体外受精法案》(2015)。这些立法提议或明或暗揭示了女性主义在直接关乎女性的相关政策中的显现,清晰表明了 GCN 倡议主张的效力和影响。GCN 还与本章前面提到的非洲女性主义相关联,对压迫、排斥女性的体制性问题作了讨论,起到了解除女性生活殖民化的目的和效果。

结语和未来挑战

历史告诉我们女性的边缘化对其所属社会群体和国家都产生了负面的客观影响,同时兼具工具性和结构性效应。争取女童权益可以看作对文化规范的挑战,但最终有助于改善地方社群的生活质量,促进国家建设。仔细研究一下千年发展目标(MDG)和可持续发展目标,可以发现大多数目标直接指向妇女和女童。因此,MDG 减少一半贫困人口的目标和 2030 远景规划的目标,必须依靠推进女童教育、赋能女性才能实现。

女性主义运动为实现这些目标打开了全新的思路,从肯尼亚的妇女自助小组到国家和全球行动方案,无不体现了这一点。GCN 直接参与政策制定,使得女性主义运动能够以更有力的方式对肯尼亚针对妇女的负面态度和行为发起冲击;激励女性在社会体制中占有一席之地,能够做传统上只有男性才能做的事(Anderson 2003;Gergen 2001a, b)。《儿童保护纲要》旨在建立一个完整的儿童保护体系,涵盖从防止儿童遭受暴力和家庭解体到应对[包括剥削、女性生殖器切割(FGM)]的整个流程。要达成这个目标,只有同肯尼亚政府、公民社会、私营企业和社区通力合作才有可能实现,因为整个流程需要信息流、协调和财政预算的全面支撑。

肯尼亚迫切需要加强教育政策、机会和行动力度以促进女性主义和儿童教育的发展,正表明了对新的运作方式的需求。这种新的方式能够反映并尊重妇女群体的知识成果,这些妇女在肯尼亚等南半球国家一直被迫噤声,甚至成为暴力对象。本章旨在援引 GCN 的工作实例,以帮助读者更好地理解肯尼亚近年立法和政策层面性别问题的相关体现以及教育在肯尼亚妇女和女童实际和文化改革中所起的重要作用。我们还试图向读者展示向深受性别不平等的历史、文化和社会传统影响的对性别平等持矛盾观点的个人灌输性别平等理念有多么复杂和困难。GCN 长期致力于保障肯尼亚妇女和女童的合法权益,为促进儿童早期发展和儿童早期教育提出实践方案和参考模式,侧重女童的个人发展及国家在创建、推行权益保护机制中的作用,通过政策和立法,有助于保障可持续、逐步取得进展。随着女性的变强和赋能,会有更多的女孩有机会接受基础素质教育,成为倡导加强教育政策制定和推行力度的有机力量。

倡导制定女孩教育政策的过程并不是一帆风顺的,面临的挑战主要如下:

- 确保女孩接受基础素质教育的理念是建立在法律和政策框架内的;
- 最大程度发挥女性赋能倡议的影响;
- 依据儿童友好和性别恰当原则公正对待儿童受害者、证人和犯罪者;
- 确保暴力受害者能够获得完整的应对处理,包括性侵犯;
- 增强政府应对特定需求的能力;
- 针对社区层面不良社会规范的沟通策略;
- 《儿童法案》(2001)的修正为加强肯尼亚儿童的法律保护提供了机遇,而肯尼亚当前的社会保护运动也为聚焦儿童保护提供了机遇。

我们希望能够分享GCN在肯尼亚的工作策略、经历、困难等,因为我们相信这些与促进全球背景下的儿童教育密切相关,而且能够启发我们女性主义应该采取何种策略以促进儿童教育的发展。

References

Amisi, O. (2001, September 12). A tale of hard work, courage and generosity. *Daily Nation*. Retrieved November 12, 2006 from http://www.nationaudio.com/news/dailynation/12092001/index.html.

Anderson, E. (2003). Feminist epistemology and philosophy of science. *The Stanford Encyclopedia of Philosophy*. Retrieved October 20, 2003 from http://plato.standford.edu/archives/fall2003/entries/feminism-epistomology/.

Bloch, M. N., & Swadener, B. B. (2007). "Education for all"—Social inclusions and exclusions: Introduction and critical reflections. *International Journal of Educational Policy, Research & Practice: Reconceptualizing Childhood Studies*, 7(1): 1–12.

Brock-Utne, B. (2000). *Whose education for all?: The recolonization of the African mind*. New York: Falmer Press.

Chege, F., & Sifuna, D. N. (2006). Girls' and women's education in Kenya: Gender perspectives and trends. UNESCO report. Retrieved June 25, 2015 from http://library.unescoiicba.org/English/Girls%20Education/All%20Articles/General/Girls%20and%20womens%20education%20in%20Kenya.pdf.

Children's Act. (2001). Nairobi: Kenya National Council for Law Reporting. Retrieved from

第七章 加强教育政策、机会和行动力度 促进肯尼亚的女性主义发展和儿童教育

http://www.kenyalaw.org:8181/exist/kenyalex/actview.xql?actid=CAP.%20141.

Constitution of Kenya. (2010 Revised). Retrieved January 6, 2016 from http://www.kenyaembassy.com/pdfs/the%20constitution%20of%20kenya.pdf.

Forti, D., & Maina, G. (2012). *The danger of marginalisation: Analysis of Kenyan youth and their integration into political, socioeconomic life*. Umlanga Rocks, South Africa: African Centre for the Constructive Resolution of Disputes (ACCORD).

Gergen, K. J. (2001). *Social construction in context*. London: Sage Publications.

Gergen, M. (2001). *Feminist reconstructions in psychology: Narrative, gender and performance*. Thousand Oaks, CA: Sage Publications.

Government of Kenya. (2001). Children's Act. Kenya Gazette Supplement No. 95 (Act No. 8). Nairobi: Government Printer.

Hale, C. (2013). Economic marginalization, social exclusion, and crime. In C. Hale, K. Hayward, A. Wahidin, & E. Wincup (Eds.), Criminology (3rd ed., pp. 289–307). Oxford, UK: Oxford University Press.

Herr, R. S. (2014). Reclaiming third world feminism: Or why transnational feminism needs Third World feminism. *Meridians: Feminism, Race, Transnationalism*, 12(1): 1–30.

Jackson, S. (2011, October 20). Feminism in the global south hasn't come from the north. Retrieved June 21, 2015 from http://www.theguardian.com/global-development/poverty-matters/2011/oct/20/feminism-south-women-development-response.

Kenya Demographic Health Survey. (2013). Nairobi: Kenya National Bureau of Statistics.

Kilbride, P., Suda, C., & Njeru, E. (2001). *Street children in Kenya: Voices of children in search of a childhood*. Westport, CT: Bergin and Garvey.

Kiluva-Ndunda, M. (2001). *Women's agency and educational policy: The experience of the women of Kilame*. Albany: State University of New York Press.

Mohanty, C. (2003). *Feminism without borders: Decolonizing theory, practicing solidarity*. Durham and London: Duke University Press.

Mukundi, E. (2004). Education for all: A framework for addressing the persisting illusion for the Kenyan context. *International Journal of Educational Development*, 24: 231–240.

Ombuor, J. (2001, September 12). Rape and terror rule over the land. *Daily Nation*, 4.

Republic of Kenya. (2003). *Millennium development goals: Progress report for Kenya 2003*. Nairobi: Ministry of Planning and National Development.

Republic of Kenya, Kenya Ministry of Education. (2005). *Sessional Paper No 1 of 2005 on*

Policy Framework for Education, Training and Research. Nairobi, Kenya.

Sexual Offences Act. (2006). Nairobi: Government of Kenya. Retrieved January 6, 2016 from http://www.chr.up.ac.za/undp/domestic/docs/legislation_40.pdf.

Spivak, G. C. (1999). *A critique of postcolonial reason: Toward a history of the vanishing present*. Cambridge: Harvard University Press.

Swadener, B. B., Wachira, P., Kabiru, M., & Njenga, A. (2007). Linking policy discourse to everyday life in Kenya: Impacts of neoliberal policies on early education and childrearing. In A. Pence (Ed.), *Africa's future: Africa's challenge. Early childhood care and development in Sub-Saharan Africa* (pp. 407-426). New York: World Bank.

Switzer, H. (2010). Disruptive discourses: Kenyan Maasai schoolgirls make themselves. *Girlhood Studies*, 3(1): 137-155.

Una. (2011). *Children's rights in cultural contexts: Tensions and complexities of the UNCRC. Working paper* #2 of the Children's Rights Learning Group, Una (Joint Learning Initiative on Children and Ethnic Diversity). Belfast, Northern Ireland.

UNGASS. (2010). *United Nations general assembly special session on HIV and AIDS*. National Aids Control Council: Kenya Country Report.

UNICEF. (2014). *Annual report*. New York: UNICEF.

United Nations. (1979). Convention on the Elimination of All Forms of Discrimination against Women. United Nations. Retrieved June 25, 2015 from http://www.ohchr.org/Documents/ProfessionalInterest/cedaw.pdf.

United Nations. (1989). *Convention on the Rights of the Child*. Retrieved June 25, 2015 from http://www.unicef.org/crc/.

United Nations. (1995). *Fourth World Conference for Women, Beijing*. Retrieved from http://www.un.org/womenwatch/daw/beijing/platform/.

Wachira, C. W., Mwenda, E., Muthaa, G. M., & Mbugua, Z. K. (2011). Impact of free primary education. *International Journal of Business, Humanities and Technology*, 1(2). Retrieved September, 2011 from http://www.ijbhtnet.com/journals/Vol_1_No_2_September_2011/20.pdf.

World Bank. (2009). *Data: Kenya*. Retrieved from http://data.worldbank.org/country/kenya.

第八章 平等之谬？对儿童早期关怀和教育行业条件平等观念的批判性理解

寇莱特·穆里

摘要 西方社会对保育工作的态度十分矛盾(hooks 2000)。保育主要被看作个人的私事，而这其实无视了关怀和团结是人类生存和儿童早期关怀和教育(ECCE)实践的重要构成要素这一事实。在爱尔兰，ECCE政策体制的特殊属性、ECCE儿童和成人教育领域的质量和平等概念解读，以及ECCE工作者供不应求等现象都能让我们注意到该领域的性别化本质以及女性是保育队伍的主力军这一事实。近来，有人提议在政策和实践层面取消爱尔兰ECCE行业名称中的"关怀"一词（ECCE代之以ECE——儿童早期教育），这个提议实际上与"关怀"一词所承载的价值理念和ECCE工作者同教育和小学教师的地位对比密切相关。这就可以解释为什么有些ECCE工作者开始自称为儿童早期教育者。这可以视为是ECCE工作者拉近自己与主流舆论的距离、为改善工作环境以获得社会认可和地位的一种努力。本章借助女性主义和平等主义理论对爱尔兰ECCE政策文件中的"机会均等"原则提出批判。我在本章中引入了一个更有力的平等理论——条件平等(Baker et

---

C.穆菲，布兰查德斯镇技术学院，都柏林，爱尔兰，e-mail: colette.murray@itb.ie 和平等和

多样性儿童早期教育国家网站(EDeNn)，都柏林，爱尔兰。

斯普林格自然新加坡有限公司，2017.
K.史密斯等(编)，《儿童早期教育和女性主义理论》，儿童和青少年视角4，DOI 10.1007/978-981-10-3057-4_8.

al. 2004），借此对 ECCE 行业和小学的从业条件作了对比。我的主要关注点在于 ECCE 领域的爱、关怀和团结（Baker et al. 2004）。

关键词 平等；条件；爱；关怀；儿童早期关怀和教育

引言

> 关怀有无数种表现形式，是人类为满足基本需求而进化出的基本能力（Nussbaum 2000）。

西方社会对保育工作的态度十分矛盾（hooks 2000）。保育在很大程度上被认为是个人的私事，而关于团结，公众对此的意识十分淡薄。这其实无视了关怀和团结是人类生存和儿童早期关怀和教育（ECCE）实践的重要构成要素这一事实。在爱尔兰 ECCE 的政策文件中，"关怀"和"爱"都是以名词的形式出现的（对儿童的关怀、关爱行为、对学习的喜爱），而从来没有被用作动词用以形容人类的基本活动和需求：关心爱护人类同伴。虽然会有一些与家长通力合作之类的讨论，但从来没有提到过"团结"一词。海耶斯（Hayes 2007）的书中有关于育儿方法的讨论，内容涵盖了关爱和教育，但整体而言，主要谈论的还是与学习质量和儿童教育成果相关的政策目标等内容。近来有人提议在政策和实践层面取消爱尔兰 ECCE 行业名称中的"关怀"一词（ECCE 代之以 ECE——儿童早期教育），这其实更加突显了以促进社会经济发展为目标的教育理念的狭隘性（Osgood 2006a）。人们不光是经济发展的工具，还是有道德感、彼此关联的存在体（Lynch et al. 2009；Sayer 2007）。只重教育、无视关爱的做法有失偏颇，忽视了关爱在创造、维系一个有爱社会中的重要作用。

在本章中，我希望构想一个以平等关爱和团结为核心的 ECCE 政策和教学理念，并就女性主义和平等主义理论（MacNaughton 1997；hooks 2000；Goldstein 1998；Noddings 1984；Baker et al. 2004）如何支撑 ECCE 行业中平等概念思考和建构的转变展开更多热烈的讨论。跳出"机会均等"的框架，引入更加稳健的平等机制，能够帮助 ECCE 工作者们从更广泛的平等视角正视自己的需求。

爱尔兰作者贝克等人（Baker et al. 2004）提出了一个更加全面的理论框架用

以分析社会不平等。他们指出提供平等机会并不足以弥补体制造成的不平等(Baker et al. 2004)。借助条件平等理论(Baker et al. 2004),我对爱尔兰 ECCE 体制中需要克服的一些障碍作了分析,并提出质疑,以确保 ECCE 为成人和儿童提供"优"质的平等服务。在无意造成行业对立的前提下,我借鉴贝克等人(Baker et al. 2004)的理论模式对 ECCE 和小学从业人员的工作环境作了分析。

在教育和 ECCE 深陷新自由主义的泥沼,一味强调个人成果、竞争和表现的今天,关爱他人显得尤为重要(Osgood 2006b)。正如诺丁斯(Noddings 1984)所说,"关爱他人意味着走出个人的坐标范围而进入他人的坐标范围"(p. 24)。在作出课程决策时能够多以关爱他人为念,而不是只想着最大程度掩饰传统的性别化角色和行为(Goldstein 1998),会不会使 ECCE 行业积极认识到关爱理念才是实现 ECCE "优"质表现的基础?ECCE 从业人员可以在工作中践行斯瓦登(1992 年转引自 Goldstein and Lake 2000, p. 867)所说的"和气霸权",这有助于把边缘化和弱势群体也接纳进来。在本章中,我将主要讨论关爱和团结意识(Baker et al. 2004)对营造一个于 ECCE[①] 工作者和儿童都更加平等氛围的作用和意义。

条件平等

条件平等(Baker et al. 2004)是针对社会整体不平等提出的一个概念,侧重于体制——包括资本主义、男权主义、种族歧视、残疾歧视和其他压迫机制——所造成的不平等,其关注焦点在于群体而非个人的权利和利益,以及社会因素对成败结果的影响。条件平等认为社会因素会通过评判再分配机制(如福利待遇)和公私分立从而影响人们的选择和行为,指向的是社会经济、政治、文化和情感层面的不平等再现。贝克等人(Baker et al. 2004)提出了五个层面的平等:

- 获得尊重和认可的平等
- 获得资源的平等

[①] 请注意在爱尔兰 ECCE 的名称说法可能会有出入。通常,儿童和青少年事务部(DCYA)会用"儿童保育"和/或"儿童早期关怀和教育"等说法,往往包含有校外内容。"儿童早期教育"(ECE)是教育和技能部(DES)沿用的说法,托斯拉儿童和家庭机构则使用"早期"这一称谓。再近来,一些有权授予儿童早期教育学位的主要大学采用 ECE 的说法。在本文中我会沿用 ECCE 这一称谓以强调关怀的重要性。

- 权力的平等
- 工作和学习的平等
- 获得关爱和团结的平等

一个社会的意识形态和信仰可以揭示社会的行动和决策导向及其管理机制。政治、经济、文化和情感等方面的信仰可能维系不平等，也可能促进平等。关于这些体制的信仰和理念会影响政府决策，而政府决策又会影响社会的各个层面。ECCE行业只是国家决策影响幼儿、家庭及相关从业者的一个缩影（Murray and Urban 2012）。

儿童早期关爱和教育：体制

> [爱尔兰]提供儿童保育服务的机构过于零散，情况十分复杂，管理难度十分大（European Commission 2015, p. 60）。

背景

过去20年里，爱尔兰的ECCE发展成为如今这样一个庞大但零散的行业。虽然ECCE行业的政策导向看起来有违于其注重全面发展的"以质取胜"的发展规划（Urban et al. 2011, 2012），不可否认的是爱尔兰的ECCE产业已经为无数儿童和家庭送去了服务，帮助他们取得发展，特别是在服务的量方面。20世纪90年代，儿童早期教育还没有成为政策关注的内容，政府多把儿童保育视为个体性事业。ECCE奉行私营市场化制度，没有被当成公共服务产品而获得政府的大力扶持，时至今日情况依然如此（Lloyd and Penn 2012）。政策要求保育机构的经理人/所有人调整机构运营模式，与各个政府部门打交道（至少有十个[1]），以确保其机构运营

---

[1] 儿童和青少年事务部；教育部；财政部；公共支出和改革部；卫生部；司法、平等和法律改革部；卫生服务、执行机构；艺术、遗产和爱尔兰语区部；环境社区和地方政府部；社会保护部。

符合各项新的规章制度,同时有足够的财力可以支付员工酬劳。这些调整措施很大程度上并没有考虑 ECCE 员工工作环境上的不平等,包括性别化现象严重、没有工会组织、兼职较多、工作薪酬低等。这些情形导致 ECCE 员工的工作稳定性比较差。这与公立小学教师的情况形成了鲜明对比,后者一般工作较稳定、薪酬较高,而且有自己的工会组织。

ECCE 行业的发展背景

1997 年,所有 ECCE 相关人士(志愿代表、私营机构代表、政府代表)首次齐聚一堂,就爱尔兰 ECCE 行业中的儿童护育问题展开讨论,打出的旗号是"促进女性平等,尤其是促进就业机会均等"(Department of Justice Equality and Law Reform 1999, p. 4)——这是 ECCE 行业与机会均等的一次有趣碰撞。然而,这俨然是一个笑话,从 ECCE 行业发展以及本文主旨都可以感受到这一点。自那以后,ECCE 行业兴起了一轮又一轮的政策改革,两大部门开始对 ECCE 行业进行大规模的投资。儿童部长办公室(OMC,成立于 2005 年,是 JELR 的后替机构),即如今的儿童和青少年事务部(成立于 2011 年)与教育和技能部(DES,前身为教育和科学部),形成了二元体制:DCYA 抓儿童保育服务的公私属性,如为服务设施(如建筑)提供资金支持,而 DES 抓质量发展,制定了《Siolta 质量标准体系》(CECDE 2006)、《Aistear 课程纲要》(NCCA 2009),以及最近的《Aistear/Siolta 实践指南》(NCCA 2015)。

对 ECCE 行业来说,有一项重大的政策举措就是 2009 年"免费学前年(FPSY)"制度的推行,政策规定 3~4 岁儿童在上小学前一年可以享有每周有限小时数的免费就读幼儿园福利,费用由政府拨款。法律规定的小学入学年龄是 6 岁,但 4~5 岁大的孩子就可以上公立小学。虽然 FPSY 制度大受欢迎,但也给 ECCE 这个早已不堪政府监管重负的行业又添上了一道紧箍咒,使其面临着更多的制度规则、义务和约束,同时还使得 ECCE 就业人员本就已经如临深渊、毫无平等性可言的工作环境变得更加糟糕。

2015年的时候,政府推出了四大举措旨在改善 ECCE 行业的服务质量[①]。这些举措获得了 DES(2015)和 DCYA(2014b,2015b；OMC 2006)的大力支持。受聘于这两大部门的 ECCE 就业人员——如早期教育检查员(DES 2015)和早期教育专家(DCYA 2014b),其工作条件与一般 ECCE 人员相比大相径庭,形成 ECCE 行业的两极分化局面。

2015年7月,《爱尔兰儿童保育业不同部门间组群对比和未来投资报告》(DCYA 2015a)出台,就政府拨款提出建议和政策选择意见,但报告没有就 ECCE 工作条件以及行业的职业化——这是一个重要的关乎"质量"和平等的问题——给出建议。

ECCE 行业间的一个重大差异在于从业的资格认证。在2013年以前,幼儿园管理规定对员工的要求就是"合适、有能力"(DCYA 2006,p. 6)。而随着公众舆论对 ECCE 服务质量的不满,自2016年9月起,政府对 ECCE 从业人员资格作出了硬性的规定要求(5级)(DCYA 2015c),而签署过 FPSY 协议的 ECCE 机构的从业人员的资格条件更加严苛(6级)。如果从业人员获得 ECCE 7级或8级荣誉学位,可以获得按人头算的财政拨款奖励。

简而言之,爱尔兰的 ECCE 行业十分复杂,因为二元体制而存在行业割裂的情况,这个二元体制对爱尔兰的 ECCE 行业和工作条件的概念建构和发展都有着深远的影响。

概念、理解和实践：没有平等何谈质量

> 生活中很多东西都没有名称；还有很多东西,虽然有名称,但从来没有人对它们作过描述。(Sontag 2011, p. 275)。

虽然不尽完美,但政府出台的政策举措也是对促进 ECCE 行业健康发展有效途径的积极探索。不过,关于在追求质量的前提下实现平等这一方面的理论讨论

[①] 最近,RTE 国家电视台《黄金调查》栏目对 ECCE 行业作了暗中调查,调查重点为行业服务质量和从业人员,并发表了题为《愧对信任》的调查报告 (Journal 2013),披露了 ECCE 行业中的漠视、虐待儿童等一些违规行为。

和实践还远远不够。平等有不同的定义方式。西方社会一般会使用"条件平等"(Wilkinson and Pickett 2009)这个表述,指人们有平等的机会竞争社会优势条件,能够获得、参与特定服务并从中获益(Lynch 2010a)。爱尔兰的政策文件中都包含平等的理念,ECCE行业也遵循平等原则(CECDE 2006;NCCA 2009)。爱尔兰的政策和ECCE行业对平等的定义不尽相同,但都与条件平等的内涵相一致,往往指向机会、参与和收益。在某些情况下,政策和行业制度都认识到有必要为最需要或弱势的群体提供支持或目标化服务。在ECCE政策文件中,平等的定义很大程度上指向的是应该如何对待儿童,应该提供怎样的机会和参与帮助儿童发展潜能,而没有指向那些行业从业人员。例如,《Siolta质量标准体质》(CECDE 2006)中的平等原则作如是说:

> 它要求每个儿童的个人需求和能力自出生起就获得认可和支持,从而帮助儿童实现其独特潜能。这意味着所有儿童应该能够在平等的基础上获得、参与早期服务并从中获益(p.7)。

《Aistear课程纲要》(NCCA 2009)中的平等原则表述如下:

> 促进平等就是在创造一个更加公平的社会,人人可以平等参与社会的一切活动,获得发展潜能的平等机会(p.8)。

《国家儿童发展战略 创造更佳表现 迎接更美好未来》(DCYA 2014a)就"平等"作了如下表述:

> 在贯彻国家儿童发展战略的过程中应该把消除不平等当成改善结果、促进社会团结的重要手段。所有需要帮助的孩子都能平等获得并参与一系列优质的公共服务(p.20)。

有意思的是,Aistear提到了有必要创建一个更加公平的社会,但没有说明该如何实现这一目标。另外两个政策文件则主要集中于平等获得机会和参与的前提下儿童的发展结果。没有一个文件对儿童和家庭平等获得服务的条件或ECCE从业人员支持儿童实现平等发展的条件作出讨论。

针对ECCE从业人员的政策文件《爱尔兰儿童早期关爱和教育行业从业人员发展规划》(DES 2010)对改善从业资格和服务质量两个方面展开了讨论。改善从业资格旨在帮助从业人员获得从业所必需的技能、知识、能力、价值观和职业态度,能够向儿童提供优质、丰富的体验,与家长和监护人有效合作,能够实现跨学科的职业化表现,以保证服务保持一贯优质。与此同时,政策文件还提到"从业人员的地位和条件等问题虽然很重要,但不在本政策文件的讨论范围之内"(DES 2010, p. 2)。上文所提到的最近的跨部门工作小组(IDG)报告也提到有必要提升从业人员技能以为儿童和家庭提供优质服务,但同样也没有就从业员的条件和不平等情况作出阐述(DCYA 2015a)。

虽然政策文件中都会提到平等原则,以平等原则为核心,但文件有没有对平等原则作清晰阐述,或者说 ECCE 从业人员能不能在工作实践中真正理解并贯彻平等原则,值得商榷(Smith 2013)。为了在服务儿童的日常实践中实现平等,需要对什么是平等以及如何实现平等有更深入的理解。从以下这位从事 ECCE 行业人员的描述中,我们可以了解爱尔兰 ECCE 行业所践行并纳入其评价体系的高度平等和多元培训(Murray and O'Doherty 2001;Duffy and Gibbs 2013)是指什么:

> 我一直都以为平等指的是相同的准入权限。我从来没有真正想过人们会获得相同的机会或相同的结果。在我看来,这正是儿童保育行业所犯的一个基本错误。例如,有很多保育机构在政策中强调他们对所有孩子敞开大门,但他们从来不讨论参与和结果。他们也不解释会怎么对待具有少数民族背景的孩子。儿童保育工作者也面临相同的境况:他们班上可能会有少数民族背景的孩子,他们也会骄傲于自己对每个孩子都能做到一视同仁,但事实上他们并不知道该如何对待这些孩子,也没有合适的设施、想法和准备。可能会有一些具有不同民族背景孩子的图片贴在墙上,但没有人会跟他们亲近。这是我的亲身经历(从业人员,2009,转引自 Murray and Urban 2012,p. 23)。

理解 ECCE 行业提供服务的平等性

> 平等是社会赋予的人类价值观的一种表现形式(Crowley 2006, p. 17)。

经济、政治、文化和情感层面的机会均等往往侧重于个人而非群体,也没有涉及我们在公共和私人领域的情感依赖和相互依存（Murphy 2011）。它承认社会体制存在不平等，所以会针对弱势群体采取干预措施，对此进行约束。对ECCE从业人员而言，对从业个体的关注使他们无暇顾及他们的工作条件和职业发展中存在的体制性不平等。这些不平等深深植根于爱尔兰ECCE行业的市场化机制。

ECCE从业人员的就业处境十分艰难，工作环境简陋不堪，但另一方面，政府却希望他们在看护孩子时能够践行机会均等，以体现ECCE的"优质"服务（CECDE 2006；NCCA 2009）。但事实上，ECCE行业中的机会均等只是一个内涵有限且并不完善的概念，而且从行业实践和/或劳动力来看，这一原则在ECCE行业的覆盖面仍然有限，也没有得到有效的贯彻实行。穆菲（Murphy 2011）指出那些真正践行平等、包容、健康原则，肩负起关爱使命的人却不得不付出"爱的代价"。ECCE行业采用的是市场化运作模式，因此那些"能够支付世上最高昂'保育'费用"的家庭和那些"……收入低，很多人的收入按时薪算只比最低工资标准高那么一点点"的工薪阶层相比，其获得的ECCE服务肯定是不平等的（Start Strong 2014, p. 5）。社会需要私营保育机构和社区保育机构都可以无视其财政状况而采用同样的运营模式。

不过，如果不践行关爱原则，付出的代价会更大。我们知道从事幼儿保育工作的主要是一些难以找到较好工作的妇女（Murphy 2012）。作为一个性别化明显且不受重视、经济回报较低的行业，ECCE行业中的从业人员和儿童一直都在经受不平等对待。公私分化和机会均等原则限制了行业的发展，因为它一来没有解决社会和体制问题，二来没有聚焦关爱能够给社会带来的利益。

当前，爱尔兰ECCE从业人员开始积极参与政治，行动起来。儿童职业协会[①]的新近发展清晰地揭示了这一点，协会就国家政策层面对ECCE行业提出的以提高行业服务质量和问责机制的新老要求作出回应。

ECCE行业迫切需要转移关注焦点，女性主义和平等主义理论为讨论性别、男权主义、情感因素及其对ECCE从业人员的影响提供了良好的平台。我认为：为了彻底改善ECCE从业人员的工作环境，我们需要一个更加全面的平等理念。

---

① 参见网址：www.acpireland.com。

条件平等:理论框架

条件平等理论(Baker et al. 2004),再加上马克·诺顿(Norton 1997)、胡克斯(hooks 2000)、林奇(Lynch 2009)、戈德斯坦(Goldstein 1998)、诺丁斯(Noddings 1984)等女性主义学者——这些学者对关爱和权力行为的性别化本质作了理论性的阐述,并对关于关爱施行者的所谓"真相"提出质疑——的理论学说,能够帮助我们了解 ECCE 在 ECCE 这个特定行业以及社会中所处的真正位置。

本文的目的并不是为了把教育行业和 ECCE 行业两极对立,这些产业有一些共性,例如性别化倾向明显,更重要的是他们的服务对象都是儿童。

教育和 ECCE 行业的共性正为我们分析 ECCE 从业人员和小学教师的工作环境及两者资金来源公私对比方面的差异提供了一个良好的切入点。如果我们把这些放到条件平等的理论框架中来讨论,会发现差异十分明显且令人忧心。这一对比会引发关于性别化不平等、"关爱"和"教育"的不同价值理念、资金来源公私对比所造成的影响等诸多问题。

应用理论对 ECCE 从业人员的分析

> 条件平等[要求]工作负担和收益能够更加平均分配,而且人们工作的条件在性质上也更加公平(Baker et al. 2004, p. 39)。

有研究指出为 0~5 岁儿童提供优质 ECCE 服务具有重要意义(如 Sylva et al. 2004)。初等教育行业和 ECCE 行业都为幼儿提供关爱和教育,都需要(虽然不是强制性的)针对低龄儿童实施《Aistear 课程纲要》(NCCA 2009)。当然,这两个行业的教师资格存在显著差异,但这并不意味着我们不需要讨论小学教师和 ECCE 从业人员的多样性和权力问题,也并不表示我们不需要关注行业中的性别化不平等现象,如女性之间的从属现象(如中产阶级对工薪阶级、ECCE 从业人员对小学教师)。事实上,关注行业内部的性别化不平等非常有必要。我认为政府的 ECCE 政策必须跳出只关注儿童和服务质量的框架,在期望 ECCE 从业人员给儿童和家庭提供"优质"平等服务的同时,对造成 ECCE 从业人员收入低、工作不稳定的体制性因素能形成深刻认识。

以下是关于 ECCE 从业人员(针对 0～6 岁幼儿)和小学教师(面向 4～12 岁儿童)在条件平等五个层面上的情况对比。DCYA 和 DES 两大部门共同负责 ECCE 行业的政策要求的制定及对其的财政拨款,而小学的政策制定和拨款主要由 DES 负责。随着 ECCE 行业对教育质量的要求越来越高,需要对儿童早期教育者的工作环境作严格审查(International Labour Organisation 2014)。

下面讨论的贝克等人(Baker et al. 2004)提出的平等理论的五个层面彼此之间并不相互独立,它们相互联系,必须作为一个完整图式的组成部分来看才有意义。但是,我下面的讨论还是将它们拆开来,向大家展示每一个层面都可以作为一个视角(即分析工具)来进行分析,这可以帮助我们更好地理解 ECCE 体制中的不平等。

五个层面

第一个层面是"获得尊重和认可的平等"(Baker et al. 2004),显示了如果社会主流舆论依然把 ECCE 从业人员看成由女性构成的"爱心劳动力",而不是社会发展所必需、有重要价值的育儿工作者,可能会带来的影响。社会对"保育"这个词的理解往往带着贬低的意味,从而使得社会对 ECCE 工作者的价值认同要低于小学教师。无论是在国家政策层面,还是在社会舆论层面,都能清晰感受到对 ECCE 就业者缺乏尊重和价值认同:"你们学习的内容是怎么照看小孩,这是随便什么人都可以做的事,难不成你们还想拿这个作为踏板,希望凭借这个学位证书成为小学老师?"(这是 ECCE 本科生在课堂上经常引用的他们同伴以及社会舆论对 ECCE 工作的认知和态度)而另一方面,国家政策和公众都对小学教师表示出了极大的尊敬和价值认同(Start Strong 2014)。如果我们承认关爱是蕴含在人类关系中的一项社会权利,是 ECCE 工作的必要内容,那我们有必要要求政府政策对关爱工作给予认可、尊重,并提升对其的价值认同。

ECCE 行业和初等教育行业在资源平等层面上的差异清晰地表明了这一点。小学教育工作者有永久编制,能够按时获得薪酬(有些也是合同性质的),还有带薪假期,其职业发展也被计入工作时间,能获得资源支持,学校的基础设施都是政府出资投建。而反观 ECCE 工作者,他们的待遇远远不及小学教师,薪资标准只比最低工作标准高一点,与小学教师资历相当的 ECCE 工作者,其薪酬仅为前者的 33%~66%,他们没有统一的薪资标准,其薪资往往跟他们的工作内容相关,因此呈现出较大的差异。这在一定程度上导致了 ECCE 行业的分化和不够团结,也加深了社会关于"护育"不及教育重要的偏颇之见。ECCE 工作者的工作时间要比小学教师长,很多都是短期合同制员工,没有带薪假期(Start Strong 2014)。

新近推出的两个制度举措——DES 推出的"教育检查员"制度(DES 2015)和 DCYA 推出的"更好的开始——国家儿童早期质量计划"(DCYA 2014b),虽然都要求从业人员有 ECCE 学位和一定的相关从业经历,但在薪资和工作条件方面却有着显著差别。从最近的 IDG 报告(DCYA 2015a)可以看出政府加大了对 ECCE 的扶持力度以促进其发展,但没有一笔钱用于涨薪,也没有出台相应的薪资标准政策。截至目前,还没有关于 ECCE 工作者高质量完成工作所需资源的成本分析。薪资差异表明行业内部存在不平等,对检查和管理工作的价值认同高于为儿童和家庭提供优质的支持性服务。ECCE 行业有些职业发展能够获得政府学习者基金的补助(DCYA 2013),以提升行业从业者的资质,但这些是不算在工作时间里的,很多工作者需要从工作时间之外挤出时间完成职业培训。有部分 ECCE 机构的基础设施(如建筑物)能够获得政府的一次性资金支持(DCYA 2015d)。一方面,政府希望 ECCE 从业人员能够利用业余时间提升职业技能;但另一方面,政府对 ECCE 从业人员花费额外时间提升职业技能的行为没有给予充分肯定,没有意识到从业人员需要投入工作上的时间太长。

基础设施的更新维护不在政府财政统筹范围内。ECCE 从业人员的薪资也会因为职级和资历不同而出现显著差异,但是那些具有较高 ECCE 从业资格(8 级)人员的工作条件十分优越,存在绝对的不平等。在 ECCE 这样一个竞争性很强的市场化行业中,各个职级的从业人员都不能获得永久编制,这也影响了 ECCE 从业人员的内部和外部团结性。

在权力平等层面上,小学教师能够获得工会的支持,职业地位能够获得认可,因此在决策领域能够强力发声,他们的工作条件也较为优越(有固定工资、工作时间较短、有带薪暑假等)。而 ECCE 从业人员一般没有自己的工会组织,获取信息的渠道比较闭塞,他们在行业决策领域没有多少发话的权力,都是通过代表组织发声。他们的工作条件十分糟糕。权力分层也削弱了 ECCE 行业和初等教育行业之

第八章 平等之谬？对儿童早期关怀和教育行业条件平等观念的批判性理解

间的团结性。

工作和学习平等层面涵盖了价值认同和社会认可、薪酬、资源获取等内容。小学教师的从业资格有明文规定，什么资历对应什么工作岗位，拿多少工资，有什么样的工作条件，都有明确的规定。其职业发展也能获得国家的直接资助。他们还享受充分的就业保护。而 ECCE 从业人员一般没有就业保护，如果有，也极为有限。他们的薪资和从业资格都要低于小学教师。还有就是 ECCE 人员的职业发展也比较特殊，虽然有学习者基金的支持，但一般需要学习者自费完成（DCYA 2013）。个人的工作满意度也是工作和学习平等层面的内涵之一，其体现在工作完成质量较差，ECCE 行业和初等教育行业都存在这样的现象，但 ECCE 行业更为突出，有部分 ECCE 从业人员感觉自己做这份工作只是因为别无选择。

最后，在一个对不同职业存在不同价值认同的分化的行业中，关爱和团结的平等会受到较大限制。一个行业被认为是实施关爱和教育的廉价劳动，而另一个行业受到极大的认可和奖励；一个行业高度市场化，而另一个行业是公共事业单位：这两个行业之间必然不可能实现关爱和团结的平等。因此，我们可以说政府对 ECCE 从业人员缺乏关爱和团结意识，直接受害者是那些最需要关爱和团结的人——儿童。政策文件对这些问题的文字表述正体现了实践行为的可行范围。

在 Aistear（NCCA 2009）和 Siolta（CECDE 2006）等 ECCE 政策中，关怀和爱护是以被动性名词的形式出现的。在小学教师职业行为守则中，关爱也被用作名词："教师行为应该以学生的最高利益为准绳，给予他们关爱，具体表现在给予正面影响和职业化判断、在教学实践中富有同理心。"（Teachers Council 2012, p. 4）

受 NCCA 委托完成的旨在改善 Aistear 课程体系的题为"儿童早期领域教育和关爱之间的关系"（Hayes 2007）的研究报告指出，"关于理解关爱本质及其对创建健康平等社会作用和地位的研究越来越多"（Hayes 2007, p. 9）。海耶斯（Hayes 2007）进而指出这场讨论"实际上是一场关于关爱和情感平等之社会意义的广泛讨论"，但（可惜的是）海耶斯最后说"这个不在本报告的讨论范围以内"（p. 9）。

在我看来，这是一次趁 ECCE 行业蓬勃发展纠正人们对 ECCE 行业的偏见的绝佳机会，但就这么错过了。如果这样一份重要的研究报告能够强调关爱和护育是一项社会权利，是人类关系的基础，我们在 ECCE 领域相互依存，必将会对未来的政策制定产生导向意义。正如诺丁斯（Noddings 1984）所指出的，"每一次关爱都是关爱给予者和关爱接受者之间的一次互动:一个是关怀者,一个是被关怀者"(p. 30)。这也正是 ECCE 的职业内容。但是,社会依然还理所应当地认为关怀者的角色应该由女性充当,而没有对此予以尊重(Goldstein 1998),没有认识到 ECCE 从业者的工作很有价值,他们是爱的使者,积极回应他人的需求(Faragher and MacNaughton 1998),这些是支撑幼儿发展的重要人类能力。

正是因为 ECCE 职业没有获得社会的价值认同,妇女没能获得经济、文化和情感上的平等,造成 ECCE 从业者的收入和社会地位偏低,影响了他们参与决策的能力。一个更加平等的社会应该能正确认识保育工作的价值和重要意义(Goldstein 1998; MacNaughton 2000; Osgood 2006a; hooks 2000; Crowley 2006; Murphy 2011; Lynch 2010b)。ECCE 行业是社会正常运转不可或缺的组成部分。

结语:条件平等——深化讨论

本章从女性主义视角分析了 ECCE 行业的性别化本质,最后我想从爱、关怀和团结平等层面对情感范畴作一个更为广泛的讨论,以为结语。随着社会对 ECCE 从业人员的责任感、职业表现和规范性提出更高的要求,有部分 ECCE 人员有意识地把自己往教育者的角色上靠,其目的可能是为了提高自己的社会地位和工作境遇,摆脱"关怀者"这一角色所承载的社会污名和压迫。正如林奇(Lynch 2010a)指出的:

> 一个社会如果不重视保育行业,就无法真正实现政治、经济或社会正义;人是兼具理性和感性(情感和道德)的具有主观能动性的存在体,并不是各自独立的个体。相互依存,有时甚至是深度依赖,是人类生活的一个重要现象(p. 4)。

为了消除上面所提到的这些不平等,ECCE 必须获得关于其职业化的社会认可:"ECCE 必须具备就业资格、薪资、工作条件、职业发展途径——以及公众尊重——等一个职业所必须具备的要素。"(Start Strong 2014, p. 9)我认为实现该目标的一个可行途径就是 ECCE 从业者重新回归"关怀者"的角色,提升"关怀伦理"意识,把亲密、承诺和团结当成职业身份的重要内容,这可以帮助我们思考怎样让

第八章　平等之谬？对儿童早期关怀和教育行业条件平等观念的批判性理解

条件平等体现在政策和资金层面，成为服务质量和社会平等的首要条件。

胡克斯（hooks 2000）指出我们所受的教育让我们相信我们学习用的是脑子，而不是心。她认为在以儿童为对象的职业中说什么爱和关怀之类的，是不合适的，是虚弱甚至是不合理性的行为。戈德斯坦（Goldstein 1998）在诺丁斯（Noddings 1984）的理论基础上提出了另外一种观点，即 ECCE 从业者可以"重新摆正关怀理念的位置，把它从一种个人品质转化为一种有意的确定性行为"（p. 247）。给予从业者关怀，让他们意识到关怀和爱护是课程决策的坚实基础，而不是一种自然的或传统性别化的角色行为（Goldstein 1998）。

其他一些需要从女性主义视角作进一步反思的领域包括：以公然的姿态重新摆正 ECCE 行业中关怀和爱护理念的位置并作重新建构；重新强调关怀和爱护的道德意义；依据条件平等五个层面解构 ECCE 从业者是廉价关怀劳动力的思想，实现 ECCE 行业的赋能；最后，宣扬 ECCE 行业的关怀、爱护和团结平等对公民社会的重要意义。

为了建立关怀伦理，促进一个有爱、平等社会的发展，我认为还需要 ECCE 行业上上下下，从管理层面到实践层面，都对平等的理解持更加批判性的态度，或至少能够对平等有更全面的理解，能够承认其对从业者和儿童的意义。这意味着不能光从 ECCE 从业者的角度来思考问题；在实践中以条件平等理论为指导，是 ECCE 从业者真正理解其工作与儿童、家庭和社会及自身平等关系的必要前提。条件平等能够帮助 ECCE 从业者拓展视角，跳出机会均等理论的框架分析问题，如条件平等如何帮助他们实现 ECCE 的行业平等。虽然条件平等（还）没有获得政策层面的认可，但 ECCE 行业可以而且应该利用这个理论阐明他们对改善工作条件的具体诉求。

在 ECCE 行业中引入条件平等理论，为从更直观更实际的角度对 ECCE 从业人员的工作条件和工作实践平等作更深入分析提供了一个有力的切入点。ECCE 行业需要跳出机会均等的理论框架，以更加有力的条件平等理论为指导。ECCE 行业和初等教育行业之间的体制性差异，以及 ECCE 行业的性别化属性，揭示了 ECCE 行业所面临的权力零落、缺少价值认同、缺乏支持和尊重等现状。对平等概念的理解是为儿童提供平等服务的前提，同时能够促使 ECCE 从业者评估自己在整个就业队伍中的状况。从五个平等层面和女性主义视角出发分析 ECCE 行业的平等性，有助于我们对尊重、认可、权力、工作和学习、爱、关怀和团结形成全面的认识,认识到不平等依然存在。ECCE 的 Siolta 和 Aistear 纲领对相关问题作了有力具体的阐述,把平等和儿童权益放在了首位,但其所阐述的原则并不能有效下达到相关团体。ECCE 的政策文件没有把改善工作条件列为优先考虑事项,也没有提到情感平等,对教育的强调影响了 ECCE 保育工作的开展。要改变保育工作者社会地位低下的现状,使他们成为自由的关怀者,是一项巨大的挑战,在当前的社会背景下,甚至可以说是痴人说梦。女性主义和平等主义理论、认识论为提升女性地位、帮助女性自信发声要收复属于她们的行业提供了空间。建构起女性主义、平等主义和儿童早期关怀和教育之间的关联,既有利于理论发展,也有利于 ECCE 行业发展。

References

Baker, J., Lynch, K., Cantillon, S., & Walsh, J. (2004). *Equality. From theory to action*. New York: Palgrave Macmillan.

Centre for Early Childhood Development and Education (CECDE). (2006). *Síolta*. Retrieved from http://www.siolta.ie/about.php.

Crowley, N. (2006). *An ambition for equality*. Dublin, Portland, Oregon: Irish Academic Press.

Department of Children and Youth Affairs (DCYA). (2006). *Child care (preschool services) (No. 2) regulations 2006 and (preschool services) (No. 2) (amended) regulations 2006*. Retrieved from http://www.dcya.gov.ie/documents/publications/Child_Care_Pre-_School_Services_Regs_2006.pdf.

Department of Children and Youth Affairs (DCYA). (2013). *Learner fund*. Retrieved from https://www.pobal.ie/News/Pages/Learner-Fund.aspx.

Department of Children and Youth Affairs (DCYA). (2014a). *Better outcomes brighter futures: National policy framework for children and young people 2014 - 2020*. Retrieved from http://www.dcya.gov.ie/documents/cypp_framework/BetterOutcomesBetterFutureReport.pdf.

Department of Children and Youth Affairs (DCYA). (2014b). *Better start*. Retrieved from https://www.pobal.ie/BetterStart/Pages/Home.aspx.

Department of Children and Youth Affairs (DCYA). (2015a). *Report of interdepartmental working group: Future investment in childcare in Ireland*. Retrieved from http://www.dcya.gov.ie/documents/earlyyears/20150722IDGReportonEarlyYrsInvestmentReport.pdf.

Department of Children and Youth Affairs (DCYA). (2015b). *Supporting access to the ECCE programme for children with disability report of interdepartmental group*. Retrieved from http://nda.ie/nda-files/Supporting-Access-to-the-Early-Childhood-Care-and-Education-for-Children-with-a-Disability.pdf.

Departmentof Children and Youth Affairs (DCYA). (2015c). *Qualification requirements for ECCE*. Retrieved from http://www.dcya.gov.ie/documents/eccescheme/20150617ECCEQualificationRequirementsNEW.PDF.

Department of Children and Youth Affairs (DCYA). (2015d). *Capital funding launch for 2016*. Retrieved from http://www.dcya.gov.ie/viewdoc.asp?DocID=3727.

Department of Education and Skills (DES). (2010). *Workforce development plan for the early childhood care and education sector in Ireland*. Dublin: Department of Education and Skills.

Department of Education and Skills (DES). (2015). *Early years education focused inspections in early years setting participation in the early childhood care and education scheme*. Dublin: DES.

Department of Justice Equality and Law Reform. (1999). *National childcare strategy. Report of the partnership 2000 expert working group on childcare*. Dublin: The Stationary Office.

Duffy, M., & Gibbs, A. (2013). *Preschool education initiative for children from minority groups evaluation report*. Retrieved from http://edenn.org/wp-content/uploads/2013/05/zdocs_Evaluation-Report-on-the-Pre-school-Education-Initiative-for-Children-from-Minority-Groups.pdf.

European Commission. (2015). *Country report Ireland 2015*. Retrieved from http://ec.europa.eu/europe2020/pdf/csr2015/cr2015_ireland_en.pdf.

Faragher, J., & MacNaughton, G. (1998). *Working with young children: Guidelines for good practice*. Melbourne: RMIT Publishing.

Goldstein, L. S. (1998). More than gentle smiles and warm hugs: Applying the ethic of care to early childhood education. *Journal of Research in Childhood Research*, 12(2): 244–261.

Goldstein, L. S., & Lake, V. E. (2000). Love, love and more love for children: Exploring pre-service teachers' understanding of caring. *Teaching and Teacher Education*, 16(8): 861–872.

Hayes, N. (2007). *Perspectives on the relationship between education and care in early childhood: A research paper*. Retrieved http://www.ncca.ie/en/curriculum_and_assessment/early_childhood_and_primary_education/early_childhood_education/how_aistear_was_developed/research_papers/education_and_care_full.pdf.

hooks, b. (2000). *All about love: New visions* (1st ed.). New York: William Morrow.

International Labour Organisation. (2014). *Policy guidelines on the promotion of decent work for early childhood education personnel*. Geneva: International Labour Organisation.

Journal. (2013). *Did you miss the prime time crèche expose? Here's what happened*. Retrieved from http://www.thejournal.ie/a-breach-of-trust-prime-time-creches-929270-May2013/.

Lloyd, E., & Penn, H. (2012). *Childcare markets: Can they deliver an equitable service?* Bristol: Policy.

Lynch, K. (2009). Affective equality: Who cares? *Development*, 52(3): 410–415.

Lynch, K. (2010a). *From a neo-liberal to an egalitarian state: Imagining a different future*. Dublin: TASC Annual Lecture Royal Irish Academy.

Lynch, K. (2010b). Carelessness: A hidden doxa of higher education. *Arts and Humanities in Higher Education*, 9(1): 54–67.

Lynch, K., Baker, J., & Lyons, M. (2009). *Affective equality: Love, care and injustice*. London: Palgrave.

MacNaughton, G. (1997). Feminist praxis and the gaze in the early childhood curriculum. *Gender and Education*, 9(3): 317–326.

MacNaughton, G. (2000). *Rethinking gender in early childhood education*. London: Paul Chapman.

Murphy, M. (2011). Making Ireland a caring and equal society. *Studies. An Irish Quarterly Review*. Retrieved from https://studiesirishreview.ie/catalogue/back-issues/2011-volume-100/spring-2011/making-ireland-a-caring-and-equal-society.

Murphy, M. (2012). *Careless to careful activation making activation work for women*. Dublin: National Women's Council & SIPTU.

Murray, C., & O'Doherty, A. (2001). *'éist': Respecting diversity in early childhood care, education and training*. Dublin: Pavee Point.

Murray, C., & Urban, M. (2012). *Diversity and equality in early childhood: An Irish perspective*. Dublin: Gill & Macmillan.

National Council for Curriculum and Assessment (NCCA). (2009). *Aistear. Creatchuraclam na luath-óige. The early childhood curriculum framework. Principles and themes*. Dublin: National Council for Curriculum and Assessment.

National Council for Curriculum and Assessment (NCCA). (2015). *Aistear and Síolta Practice Guide*. Retrieved from http://www.ncca.ie/en/Practice-Guide/.

Nussbaum, M. C. (2000). *Women and human development: The capabilities approach.* Cambridge: Cambridge University Press.

Noddings, N. (1984). *Caring.* Berkeley, CA: University of California Press.

Office of the Minister for Children (OMC). (2006). *Diversity and equality guidelines for childcare providers.* Dublin: The Stationary Office.

Osgood, J. (2006a). Deconstructing professionalism in early childhood education: Resisting the regulatory gaze. *Contemporary Issues in Early Childhood*, 7(1): 5-14.

Osgood, J. (2006b). Professionalism and performativity: The feminist challenge facing early years practitioners. *Early Years*, 26(2): 187-199.

Sayer, A. (2007). Moral economy and employment. In S. C. Bolton & M. Houlihan (Eds.), *Searching for the human in human resource management: Theory, practice and workplace contexts* (pp. 21-40). London: Palgrave.

Smith, K. (2013). A rights-based approach to observing and assessing children in early childhood classrooms. In B. B. Swadener, L. Lundy, J. Habashi, & N. Blanchet Cohen (Eds.), *Children's rights and education: International perspectives* (pp. 99-114). New York: Peter Lang Publishing Inc.

Sontag, S. (2011). *Against interpretation: And other essays.* USA: Picador.

Start Strong (2014). *Childcare: Business or profession?.* Dublin: Start Strong.

Sylva, K., Melhuish, E., Sammons, P., Siraj-Blatchford, I., & Taggart, B. (2004). *The effective provision of preschool education (EPPE) project: Final report.* London: Department for Education and Skill.

Teachers Council. (2012). *Code of professional conduct for teachers.* Retrieved from http://www.teachingcouncil.ie/en/Publications/Professional-Standards/Code-of-Professional-Conduct-for-Teachers.pdf.

Urban, M., Vandenbroeck, M., Van Laere, K., Lazzari, A., & Peeters, J. (2011). *Competence requirements in early childhood education and care. Final report.* Retrieved from http://download.eiie.org/Docs/WebDepot/CoReResearchDocuments2011.pdf.

Urban, M., Vandenbroeck, M., Van Laere, K., Lazzari, A., & Peeters, J. (2012). Towards competent systems in early childhood education and care. Implications for policy and practice. *European Journal of Education*, 47(4): 508-526.

Wilkinson, R. G., & Pickett, K. (2009). *The spirit level: Why more equal societies almost always do better?.* London: Allen Lane.

第九章 幼儿园里的恋爱与核心家庭：对异性恋正统思想的批判性分析

玛塞拉·蒙特塞拉特·丰塞卡·布斯托斯

摘要 本章旨在讨论儿童早期教育和关怀（ECEC）领域的异性恋正统思想及其存在的问题，对恋爱和核心家庭概念中隐含的男权主义及规范化认知发起冲击。为了反思 ECEC 领域的社会正义性，"异性恋正统思想"这个词我用了复数，并且把表示复数的 s 标成大写。这是受了瑞丁-琼斯（Rhedding-Jones 2005a，b）的启发，以此种形式表达对一个固化思想的认识论层面的批判。虽然异性恋正统思想在幼儿园情境中普遍存在，但它并不是一个固化不变的概念，其表现形式变化多端，有时甚至完全令人意想不到，因此有必要在幼儿园的日常实践中对其作批判性的反思。今时今日的挪威儿童对家庭概念有着丰富而复杂的体验，对异性恋正统思想存在质疑。本章中，我要讨论的不是异性恋正统思想是怎样的一种思想，而是通过儿童读物关于恋爱和核心家庭理念的表达来分析它可能会是什么，在 ECEC 领域会有怎样的表现。

关键词 异性恋正统思想；"同时"；浪漫爱情；核心家庭；儿童读物

M. M. F. 布斯托斯，儿童早期教育部，奥斯陆＆阿克斯胡斯，大学应用科学学院，奥斯陆，挪威，e-mail：Marcelamf. Bustos@hioa. no.

斯普林格自然新加坡有限公司，2017.
K. 史密斯等（编），《儿童早期教育和女性主义理论》，儿童和青少年视角 4，DOI 10. 1007/978-981-10-3057-4_9.

第九章　幼儿园里的恋爱与核心家庭：对异性恋正统思想的批判性分析

引言

本章旨在讨论儿童早期教育和关怀(ECEC)领域的异性恋正统思想及其存在的问题，对恋爱和核心家庭概念中隐含的男权主义及规范化认知发起冲击，以反思 ECEC 领域的社会正义性。在本章中，"异性恋正统思想"这个词我用了复数，并且把表示复数的 s 标成大写。这是受了瑞丁-琼斯(Rhedding-Jones 2005a，b)的启发，以此种形式表达对一个固化思想的认识论层面的批判。虽然异性恋正统思想在幼儿园情境中普遍存在，但它并不是一个固化不变的概念，其表现形式变化多端，有时甚至完全令人意想不到，因此有必要在幼儿园的日常实践中对其作批判性的反思。本章中，我要讨论的不是异性恋正统思想是怎样的一种思想，而是通过儿童读物关于恋爱和核心家庭理念的表达来分析它可能会是怎样的一种思想，在 ECEC 领域有哪些表现形式。

异性恋正统思想引发我们对以下问题的思考：异性恋是如何成为规范模式的？异性恋行为模式为什么能够凌驾于其他行为模式之上，使得异性恋和异性组成的小家庭成为恋爱和家庭的标准模式？这样一种规范化思想的问题在于它使得一些行为模式成为特权模式，而其他行为成为不同于规范的异化行为。诺丁-赫尔特曼(Nordin-Hultman 2004)指出"差异和不同不仅是差异和不同，而且背离了标准[我的翻译]"(p. 165)。如果异性恋模式以外的恋爱和家庭模式不是被界定为不同而是背离了标准的行为模式，在 ECEC 实践和研究中必须对此予以批判。从解构哲学的角度来看，"规范"的地位在语言的作用下受到了挑战。本节的讨论是受了法国哲学家雅克·德里达(1930—2004)的启发，他认为语言问题与其他问题不一样，语言永远不可能让意思变得纯粹、单一(Derrida 1976)。受这些观点的启发，我也想对语言可以反映独一无二的固化思想的观点发起挑战。语言并不透明纯粹，它不仅反映现实，而且建构事实。因此语言成为一个权力工具，建构起关于性别、恋爱以及"标准"家庭的权变层级和话语真相。圣·皮埃尔(St. Pierre 2000)指出世界存在于我们的话语中，我们用话语描绘世界，因此会形成一个层级结构。有些话语和意思会凌驾于其他话语和意思之上，正因为如此，我们每天的语言和行为描述都不是透明纯粹的；语言并不仅仅描述已存在的人和物，还会通过不断生成、复制关于恋爱和家庭的话语来控制、赋予、取消个人的主体地位。与此同时，这些话语并不是固定不变的,语言无法营造一个与所代表的人或物完全同质的空间;因此,总会有一些可为替代的人或物零零散散地出现。这个"与此同时"正是揭露 ECEC 日常实践中隐含的异性恋正统思想的难点所在。虽然有可以替代的人或物,但必须首先找出那些占据主导地位、层级化的人或物并将其拉下马,替代的人或物才能登台露面。为了揭示 ECEC 领域异性恋正统思想的表现机制,我会对 ECEC 课本中关于性别、恋爱和家庭的描述作出分析。但同时,我要指出我对异性恋正统思想的批判并不等同于对异性恋行为模式的批判。本文要批判的不是异性恋或异性组建而成的家庭生活模式,而是恋爱和家庭标准模式层级结构背后的真相和话语体制。

我会从讨论异性恋正统思想入手,重点讨论恋爱和家庭的概念建构,接着对挪威 ECEC 领域的儿童读物作出分析,最后对当今 ECEC 领域的异性恋正统思想作出批判性反思。

儿童早期教育和关怀领域的异性恋正统思想

异性恋正统思想是一个重要话题,但在关于 ECEC 的国际研究和实践中却鲜有讨论(Gunn et al. 2004;Robinson 2002,2005b;Robinson and Dias 2006;Surtees 2003)。本章的讨论以挪威为坐标,而在当今挪威的儿童早期教育领域同样鲜少有关于这个话题的讨论(Askland and Rossholt 2009;Bustos 2007,2011;Jacobsen 2009,2010;Røthing and Aarseth 2006)。这给实现社会正义、让儿童和家庭获得 ECEC 领域的归属感造成了不小的障碍。此外,这个话题能够引发关于日常实践中恋爱和家庭生活模式的不同理解和践行方式的职业化和伦理性思考。主流认知和话语模式代表了等级分化的权力。圣·皮埃尔(St. Pierre 2000)指出我们无法脱离个人义务和日常实践的范畴来谈论道德义务,道德义务存在于我们使用的语言中,存在于日常实践中。本章的目的就是让大家意识到这个问题。

异性恋正统思想与性别身份息息相关。本章从女性主义解构哲学的角度对性别身份作了阐述,指出性别身份并不是固定不变的,而是话语构建的产物,因为个人可能获得的主体地位为个人接受或摒弃(Taguchi 2004;St. Pierre 2000;

Weedon 1997)。性别身份通过巴特勒(Butler 1999)所构建的异性矩阵——认为性别是一种自然属性,以异性恋模式为标准形成各种性别行为——实现与异性恋正统思想的亲密接触。因此,性别身份是女性属性和男性属性话语二元对立的产物,正是在"性别化的过程中,儿童成为异性恋的追随者"(Robinson 2005b, p. 19)。瑟蒂斯(Surtees 2005)也持相同的观点。儿童受到异性性别身份主流话语的影响,运用这种认知指导自己在 ECEC 机构中的性别化行为。但他们运用认知的方式并不唯一。布莱斯(Blaise 2005a, b)和奥克斯纳(Ochsner 2000)揭示了孩子们如何根据自己对异性恋的理解实行并管理自己的性别,而戴维斯(Davies 2003)和泰勒、理查德森(Taylor and Richardson 2005)揭示了孩子们如何实施对异性矩阵构成挑战的性别行为。由此可见,不管是职业层面还是道德层面,幼儿教师都有义务对孩子们在幼儿园的性别行为进行引导,孩子们所接触的话语会对他们的性别身份定位产生重要影响(Robinson 2002)。儿童的异性恋正统思想显然与关于恋爱和核心家庭的话语密切相关,这些话语把异性化的性别身份、异性恋和异性组成的家庭模式奉为自然的标准模式。

围绕幼儿时期的都是一些关于异性矩阵范畴以外话语的错误认识和假设性认知,这可能正是异性恋正统思想会在儿童早期教育领域遭到噤声的原因所在(Bustos 2007)。罗宾逊和瑟芒(Robinson and Semann)采访了 ECEC 员工,询问他们关于开展克服恐同症和反对性别歧视工作的情况,有人回答说:"除非我们告诉孩子们什么是种族歧视和性别歧视,否则他们对此毫无概念。只有成年人才有种族歧视或性别歧视意识。"(Robinson 2005a, p. 184)正是像这般的假设和陈述导致了异性恋正统思想的噤声,使得关于异性恋正统思想的调查和研究难以开展,这给他们在 ECEC 领域创造复制异性恋正统话语、使之合法化创造了空间。其他促成 ECEC 领域异性恋正统思想蔓延的假设性认知包括儿童应该生来就有异性化倾向,他们有异性化父母,生长的家庭和周边环境都是成人间的异性化组合(Gunn et al. 2004;Robinson 2002;Robinson and Diaz 2006;Surtees 2003)。由父母和孩子组成的核心家庭成为标准的家庭模式,其背后有异性矩阵的作用。把异性恋视为规范的话语体系使得核心家庭的地位得以延续和复制,而核心家庭的地位又使这种单一模式成为特权模式并得以复制,而其他家庭模式遭到无视。因此,这构成了当今社会很多孩子的日常生活。但现如今,挪威儿童对什么是家庭、家庭的组建方式有着丰富而复杂的体验,这些体验有些来自他们自己的家庭日常,有些来自他们周围关系亲近的家庭和朋友的日常。在挪威,关于有孩子家庭的组成方式以及孩子们作为家庭成员有怎样的生活体验还没有官方统计。但是,已婚夫妻离婚率约达45%(同居男女分开的比率更高)(Ekteskap og skilsmisser 2016),据估计,在单亲家庭中长大的孩子约有1～2万人(Fjær and Backe-Hansen 2013)。在这种背景下,要推翻核心家庭模式的普遍性,并不需要在幼儿的生活中灌输一些"新"的东西,而只要把已经存在、构成儿童日常生活体验的实践和结构模式纳入进来即可。

异性恋正统思想在儿童日常生活中的表现形式之一就是家庭角(Bustos 2006;Taylor and Richardson 2005)。家庭角是挪威以及其他地区 ECEC 机构常见的一个空间领域。它是一个被打造成迷你家庭的游戏空间,涵盖所有的家庭元素,有迷你厨房,有洋娃娃,还有各种衣服,可以设计不同主题操演家庭生活。在家庭角孩子们玩家庭主题的游戏、扮演男朋友和女朋友、假装举行婚礼等,很少有 ECEC 机构质疑这么做的合理性。为什么没有人质疑或关注到这些性别化或性倾向明显的游戏,一个原因是关于小孩纯洁的认知。人们都觉得小孩纯洁无邪,如果没有大人向他们灌输性别歧视的意识,他们不可能成为性别歧视者。人们还觉得他们天性就有异性化倾向。因此,孩子们在家庭角扮演妈妈和妈妈或爸爸和爸爸而不是妈妈和爸爸,可以视为是儿童早期教育的一大威胁(Gunn et al. 2004;Robinson and Diaz 2006;Surtees 2003)。从这个角度看,儿童在家庭角扮演同性别父母的角色可以算是儿童的性倾向启蒙。这种恋爱和家庭观是基于这样一种思想:异性恋是一种中立纯粹的恋爱模式,只涉及爱,没有其他东西掺杂其中,而同性恋跟爱无关,其指向的是性倾向或性。从教学法和社会正义的角度看,这种恋爱观有很大问题。它强调我们和他们的分化:我们——以浪漫爱情为主题的正常的异性恋模式,而他们——不以浪漫爱情为主题,以性为目标的非异性恋的异化模式。异性恋正统思想还掩盖了以下这样一个事实,即男女结合组建家庭、生儿育女,也跟性有关,而并不是纯粹的浪漫之爱。所以说,如果家庭角的同性家庭组合代表了儿童的性倾向,那异性家庭同样如此。这是一个关于异性恋正统思想的实例,揭示了异性恋思想过于隐晦,人们很难察觉。

儿童和青少年生活在异性恋正统思想的氛围中,这会导致他们在生活中践行这种认知(Haldar 2006;Quinliwan 1999)。哈尔达(Haldar 2006)采访了一批12岁的孩子,询问他们对恋爱和家庭生活的理解。结果表明孩子们对恋爱的理解五花八门,但他们所说的恋爱指的都是核心家庭模式中的异性之爱。但是,当他们有机会接触不同声音时,也会对异性化恋爱和家庭正统模式产生怀疑。一方面,家庭角游戏可以是异性恋正统思想的一个隐秘的宣传阵地,但另一方面,也可以揭露异性恋正统思想的存在,并引发人们对其合理性的质疑(Bustos 2006；Rhedding-Jones 2003；Taylor and Richardson 2005)。在以下这个事例中,幼儿园教师开启了异性恋标准模式以外的可能性：

> 在游戏室里,四岁大的女孩们在玩扮装游戏,她们披着垂地的白色布帘,头上盖着白色的面纱。"我们需要一个男孩来完成婚礼。"有一名女孩说道。女老师说："不需要。现如今,也可以两个女的结婚,或者是两个男的结婚。""或者也可以一辈子不结婚。"旁边另一名女老师补充说。女孩："哦!"她蹦蹦跳跳地跑走了,高高兴兴地和其他女孩一起完成了一场没有男性的婚礼(Rhedding-Jones 2003, p. 6)。

女孩们玩婚礼游戏,一开始是以异性恋模式为基准的,但当老师告诉她们还有其他模式时,婚礼的游戏方式就转向了,开启了恋爱和婚姻的多元模式。异性恋正统思想不是单一的一个思想,要对它作出定义并不容易,而是有着不同的作用方式,令人难以察觉。为了帮助大家更好地理解异性恋正统思想的多元变化本质,认识到它不是一个单一稳定的概念模式,受瑞丁-琼斯(Rhedding-Jones 2005a, b)的启发,我在下文中都会使用异性恋正统思想的复数形式,并且把表示复数的 s 标成大写以示区别。ECEC 机构质疑异性恋正统思想,提出其他可作选择的思想和行为模式,有助于创造一个更加平等的社会。

挪威的儿童读物

本节主要分析挪威儿童读物中的恋爱和家庭理念呈现方式,讨论异性恋正统思想在故事中的体现,并对不以异性化模式为范本、展现恋爱和家庭"异化"模式的故事作出梳理。分析挪威文学作品中的异性恋正统思想具有重要意义,因为挪威的幼儿园教育指导纲要强调在 ECEC 实践中多以故事方式开展教学活动(Kunnskapsdepartementet 2011)。这意味着幼儿园孩子每天都有与故事相关的教学内容。因此,孩子们所接触故事的内容能够反映挪威幼儿园里话语建构和范化情况。通过分析儿童读物中的恋爱观和家庭观,可以发现这些读物在挪威的儿童早期教育领域起到了宣扬异性恋正统思想的作用,促成了异性恋和核心家庭主导模式的确立。儿童早期教育和关怀领域需要对这个问题作更多的思考。没人质疑儿童生活中文学作品的重要性,我们质疑的是文学作品会向儿童灌输异性恋正统思想。

分析所用到的例子摘自挪威的儿童读物。这些摘选主要出自适合1~6岁儿童阅读的关于家庭主题的三本绘本[①],分别是《佩特拉希望人人都有朋友》[②](Bringsværd and Holt 1996)、《佩特拉想成为兽医》[③](Bringsværd and Holt 1993)、《我的第一本百科全书》[④](Landsem and Kaasa 2004)。前两本关于佩特拉的绘本出自一套系列绘本读物,这套系列绘本的主人公是卡斯滕(男孩)和佩特拉(女孩),他们是一对好朋友。这套书主要讲述他们的友谊和生活日常,在挪威很受小朋友喜爱,还改编成了系列电视剧和三部电影,最新一部电影于2015年公映。《我的第一本百科全书》是一本写给儿童的百科全书,2004年出版时打出的宣传语是"1~6岁孩子的第一本百科全书",书的第一章的标题是"什么是家庭"。

我先介绍摘选的内容,然后对其作出分析和讨论。所有内容都是我从挪威文翻译过来的。

儿童读物中的恋爱观

本节对三段节选作出分析,主要侧重儿童读物中的浪漫爱情观。

摘选1:图上画着卡斯滕(男孩)和佩特拉(女孩)在幼儿园里一起玩,在他们旁边有另外一位男孩也在玩。

这是卡斯滕,5岁。

这是佩特拉,快5岁。

他们上同一所幼儿园。

[①] 本文中的所有节选和分析都出自我的硕士论文,有所改动(Bustos 2007)。
[②] 这是我从挪威文翻译过来的,原文标题为 Petra vil at alle skal ha en venn (Bringsværd and Holt 1996)。
[③] 这是我从挪威文翻译过来的,原文标题为 Petra vil bli dyrlege (Bringsværd and Holt 1993)。
[④] 这是我从挪威文翻译过来的,原文标题为 Mitt første leksikon (Landsem and Kaasa 2004)。

第九章 幼儿园里的恋爱与核心家庭：对异性恋正统思想的批判性分析

他们是最好的朋友。

他们的友情十分深厚……

……其他孩子都觉得他们是一对。

有些孩子会拿他们开玩笑。

(Bringsværd and Holt 1996，n. p.)

在这个摘选中，卡斯滕和佩特拉在幼儿园里一起玩，全班孩子都知道他们是好朋友，有些孩子还开玩笑说他们是一对。这背后的假设就是因为他们是异性好朋友，所以他们很可能是一对。这其实就是异性恋正统思想的影响，认为所有的孩子都是异性化的，异性间的友谊不会是纯粹的友谊，而是恋人关系。卡斯滕和佩特拉十分抗拒别人这样看待他们之间的友谊，因为他们就是纯粹的好朋友，不是男女朋友的关系。但是，还是会有一些孩子拿他们开玩笑，说他们就是男女朋友的关系。卡斯滕和佩特拉不喜欢别人把他们凑成一对，他们对自己和他们之间友谊的定位突破了异性恋正统的思想范畴。不过，与此同时，他们对被凑成一对的抗拒和不满在一定程度上深化了异性恋正统思想；在他们对其他孩子嘲弄自己的行为表示不满的同时，其实也承认了称他们是恋人是一种合理的说法，只是这种说法他们不认可。绘本同时揭示了幼儿园孩子的异性恋正统的恋爱观：孩子们知道浪漫爱情发生在异性之间。卡斯滕和佩特拉都有一起玩的同性伙伴，但这些同性间的友谊并没有让孩子们觉得有何不妥。当卡斯滕和另外一个男孩一起玩耍时，没有人嘲笑他们是恋人；这个假设认知只针对卡斯滕和佩特拉，一对异性好朋友。

摘选2：爷爷和他新交的女性好友来幼儿园接佩特拉，当他们进到幼儿园的操场时，卡斯滕问佩特拉跟爷爷一起来的那个女的是谁。

"是爷爷新交的好朋友，"佩特拉说。

"她叫艾丝特。"

"我想他们是恋人。"

"是的，我也这么认为，"卡斯滕说，"因为他们牵着手。"

(Bringsværd and Holt 1996，n. p.)

在第一段摘选中，卡斯滕和佩特拉对自己被当成恋人非常排斥，因为他们是异性好朋友。而在这段摘选中，他们却运用他们在第一段中大加排斥的认知模式得出艾丝特不仅仅是像佩特拉妈妈告诉她的是爷爷新交的好朋友的结论。爷爷和艾丝特是异性好朋友的事实已经足以让卡斯滕和佩特拉得出他们是恋人的结论,尽管佩特拉的妈妈告诉过佩特拉,爷爷和艾丝特是好朋友。为了确认这一推断是正确的,卡斯滕还补充说肯定是这样,因为他们正牵着手。在第一段摘选中,卡斯滕和佩特拉对因为他们是异性好朋友就认为他们是恋人的认知模式十分排斥,但在第二段摘选中,他们却运用了相同的认知模式对佩特拉爷爷和艾丝特的关系作出论断,这不能不说很有意思。这也正是异性恋正统思想形成和扩散的方式之一。孩子们对爱情形成某种认知,然后运用这种认知模式对年幼或年老之人之间的爱情加以排斥或作出推断。这个文本可以用于 ECEC 的课堂环境中,成为有趣的研究素材,帮助我们了解我们对爱情和人际关系的态度、理解和讨论其实十分复杂而矛盾,并不是固定不变的。

在分析儿童读物中恋爱观的同时,我也对卡斯滕和佩特拉的家庭构成作了仔细观察。卡斯滕和爸爸妈妈还有妹妹生活在一起,而佩特拉和妈妈一起生活。我觉得这个设定很有意思,所以想着能不能找到佩特拉家人的相关线索,分析出这个设定向绘本读者传达了怎样的恋爱观。在《佩特拉想成为兽医》一书中我找到了一些线索。

摘选3:佩特拉和妈妈站在公交车旁边。

妈妈和佩特拉住的地方离市中心有一段距离,她们需要坐公交车去上幼儿园。公交车一小时只有一班,妈妈和佩特拉总说要有辆小汽车就方便多了。爸爸还在世时,他们曾经有一辆小汽车。妈妈现在想学开车,但她总没有时间……

(Bringsværd and Holt 1993,n. p.)

佩特拉的爸爸以前跟她和妈妈生活在一起(那时他们有一辆小汽车),但他去世了。绘本没有告诉我们佩特拉的爸爸因为什么事去世了,只是提了这么一句。这里本可以出现一些排斥或质疑异性恋正统思想和模式的设定,但书中隐隐流露出的思想意识还是孩子和异性父母一起生活的异性恋正统化思想。佩特拉不跟爸爸一起生活,只是因为爸爸去世了。

我已经分析了异性恋正统思想可能存在的表现形式及其在儿童读物中的体现和传播。下节中,我们来看一下儿童读物中的家庭观以及核心家庭成为(异性化)规范模式的话语生成。

第九章　幼儿园里的恋爱与核心家庭：对异性恋正统思想的批判性分析

儿童读物中的核心家庭观

本节包含三段摘选，侧重对儿童读物中的家庭话语生成作出分析。

摘选4：文本配图是一幅由一男一女和三个孩子构成的图片。

什么是家庭？

家庭可以有不同的组合形式，但一般由一个妈妈、一个爸爸和孩子组成，可以是一个孩子也可以是几个。在一些家庭中，妈妈或爸爸和男朋友或女朋友一起生活，孩子有时跟妈妈一起生活，有时跟爸爸一起生活。还会有孩子和两个爸爸或两个妈妈一起生活，组成一个家庭的情形。上了年纪的丈夫和妻子也可以是一个小家庭。

在这个家庭中，妈妈和爸爸结婚生育了三个小孩（指一开始提到的那幅配图）。

(Landsem and Kaasa 2004, p. 7)

这本百科全书围绕各种话题给孩子作了事实性讲解，其中包括家庭这个话题。这个摘选对家庭概念作了解释。文字解释没有拘泥于单一的家庭模式，而是提到了多种家庭模式，既有异性家庭，也有同性家庭。但是，配图上还是传统的核心家庭模式。本书的读者对象是幼龄儿童，他们的识字能力还处于启蒙阶段，所以书中会有一些配图帮助孩子在自行"阅读"或跟其他小朋友一起"阅读"时理解文字内容或者通过配图形成自己的理解。德里达(Derrida 1976)认为不存在所谓的外文本，文字和配图都是同一文本的组成内容，文字内容并不就比配图更加重要。在异性恋正统思想的话语生成问题上，甚至可以说儿童读物中配图比文字内容有更重要的意义，因为幼龄儿童在没有成人帮助的前提下可能无法完成文字的阅读和理解。因此，上面这段摘选中，虽然文字部分提到了家庭的多元建构模式，但配图体现的还是异性家庭模式。这形成了异性核心家庭模式高于其他家庭模式的思想意识。

摘选5：每个表述都配有一幅小插图，对文字作出解释说明。

其他家庭模式：

同儿子一起生活；

丈夫和妻子；

妈妈、爸爸、少年和婴儿；

妈妈和女儿；

男人和男人；

祖父、祖母、媳妇、儿子和两个孙子。

(Landsem and Kaasa 2004，p. 8)

摘选5中也提到了其他家庭模式。摘选4中所用的表述是"什么是家庭"，配了一幅核心家庭的插图，而在摘选5中，所用的表述是"其他家庭模式"，配的家庭插图都不是核心家庭。这些表述还有配图向我们传递了关于"我们"和"他们"的分化：我们——核心家庭模式，他们——其他家庭模式。异性恋正统思想假定所有孩子都在异性父母家庭中长大，而"其他家庭模式"一节的配图也再次表明了这一点。"其他家庭模式"一节总共配有六幅插图，分别代表了六种家庭模式，其中四幅配图中出现孩子：同儿子一起生活，妈妈、爸爸、少年和婴儿，妈妈和女儿，以及祖父、祖母、媳妇、儿子和两个孙子组成的大家庭。从多元文化角度看，有一个很有趣的发现：只有一种家庭模式出现了明显的少数民族背景，那就是大家庭模式。这个家庭中的男性成员长着黑头发，留着胡子，而插图中的女性戴着希贾布（穆斯林女性戴的头巾）。这幅插图展现了移民家庭的组成模式，这种模式与挪威人的家庭模式大相径庭。沿着这个思路往下分析，会很有意思，但那样就跟本文主旨无甚关联了。再回到"其他家庭"的插图：四个家庭模式中出现孩子，两个家庭模式中没有孩子。这两个没有孩子的家庭模式，第一个是丈夫和妻子的组合，配图上画了一对老年夫妇，头发都花白了，丈夫手里拄着一根拐杖；第二个是两个男人的组合，配图上两个男人手牵着手，相视而笑，看上去非常甜蜜。摘选4中的文字部分有提到孩子可以跟两个爸爸一起生活，这对孩子和异性父母一起生活的异性恋正统意识构成了挑战。但是，在有两个爸爸的家庭插图中，没有出现孩子的身影。虽然文字部分告诉我们孩子可以跟两个爸爸一起生活组成家庭，但文字配图却打破了这种可能性。这表明关于家庭的讨论可能存在前后矛盾的现象，异性恋正统思想的表现形式并不单一且明确，事实上，它以多元，甚至矛盾的方式经历着重新建构。

异性恋正统思想的话语生成是本章的一个核心话题，百科全书中有一节关于家庭模式的内容对异性恋正统思想提出了质疑，并予以了重新建构。有鉴于此，下面我想讨论一下百科全书其他章节流露出的家庭观。摘选6是对文字内容和配图的一个综述。

> 摘选6：本章的话题是健康食品和体育锻炼。这里没有摘录书中的文字内容，而只是对文字和所配插图作一个描述。
>
> 该章重点讲解了健康食品以及口渴时饮用洁净水和体育锻炼的重要性。文字部分所配插图是一家人围坐在餐桌前食用健康早餐，图上有爸爸、女孩和正在给婴儿喂奶的妈妈。
>
> (Landsem and Kaasa 2004，p. 18)

在这本书中，健康食品和体育锻炼一节就跟在家庭一节后面，关于健康的文字所配插图是一家人坐在桌前吃健康食品，这个家庭是异性化家庭的模式。虽然书中由两个男人组成的家庭模式中没有出现孩子，但有一些家庭插图在一定程度上对异性正统模式予以了颠覆。不过尽管如此，与家庭无直接关联的其他话题所配插图中，我们可以看到家庭模式仍以核心家庭为主。这正是关于常规家庭的异性正统思想和核心家庭的主导地位在儿童读物中得以再现的形式之一。

结语：对儿童读物中的恋爱观和家庭观的一些批判性反思

我已经对异性正统思想通过儿童读物中的恋爱观和家庭观念建构得以确立的机制作了阐释。儿童早期教育领域的异性恋正统思想在国际学术界仍然是一个研究盲区。本章旨在引起大家对这些话题的关注，希望大家能够对ECEC领域中的异性恋正统思想及其在日常实践中的渗透给予专业的批判性反思。在挪威，儿童读物是ECEC课程的一个重要组成部分，因此反思儿童读物中的主导思想在实践中的表现是对ECEC行业发展作批判性反思的一个重要内容。在其他文化环境中，可能会有其他一些方式分析并撼动异性正统思想的主导话语权。如果一种文化重"同"大于"异"，不合乎规范的边缘化的主体地位就会遭到无视。这对ECEC的行业发展会是一个较大的阻碍，因为在诺丁-赫尔特曼(Nordin-Hultman 2004)看来，关于"规范"的话语建构会导致差异不再是简单的差异，而是背离的情形发生。通过质疑日常实践中的规范模式，我们可以为进入儿童早期教育机构接受教育的孩子和家庭创造更多的可能性。

从解构哲学角度看,语言并不反映现实,而是建构现实。我们需要对 ECEC 日常实践中的语言应用作批判性分析,以观察恋爱观和家庭观的话语形成机制。这样的批判性反思是一种道德行为,也是儿童早期教育行业发展的重要组成内容。话语的意思会有变化,因此本章中的儿童读物中的恋爱观和家庭观分析,既是对异性恋正统思想的重新建构,也是对其发起的挑战,但其背后的逻辑仍然是非此即彼的逻辑,在这种逻辑框架中,一些行为会凌驾于其他行为之上,"同"重于"异"。鉴于主体地位和话语建构的作用,批判性反思挑战被视为理所应当、占据主导地位的人或物的行为,是一种道德责任,也是儿童早期教育行业发展的重要组成部分。本章旨在督促儿童早期教师对日常实践持批判性态度,以撼动、瓦解异性恋正统思想的主导地位。

References

Askland, L., & Rossholt, N. (2009). *Kjønnsdiskurser i barnehagen: mening, makt, medvirkning* [Gender discourses in the kindergarten: Meaning, power and participation]. Bergen: Fagbokforlaget.

Blaise, M. (2005a). A feminist poststructural study of children "doing" gender in an urban kindergarten classroom. *Early Childhood Research Quarterly*, 20(1): 85 - 108.

Blaise, M. (2005b). *Playing it straight: Uncovering gender discourses in the early childhood classroom*. London, New York: Routledge.

Bringsværd, T. Å., & Holt, A. (1993). *Petra vil bli dyrlege* [Petra wants to be a vet]. Oslo: J. W. Cappelens Forlag.

Bringsværd, T. Å., & Holt, A. (1996). *Petra vil at alle skal ha en venn* [Petra wants everyone to have a friend]. Oslo: J. W. Cappelens Forlag.

Bustos, M. M. F. (2006). Hun leker at det er to mammaer. Har du lagt merke til det? [She is playing that there are two moms. Have you noticed?]. *Barnehagefolk*, 22(3): 37 - 39.

Bustos, M. M. F. (2007). *Virkeligheten Virkeligheter: heteronormalisering som kritisk tema i barnehagefaglige teorier og praksiser* [Reality Realities: heteronormalisation as a critical issue in early childhood theory and practice] (Unpublished Master's thesis). Oslo: Oslo

University College.

Bustos, M. M. F. (2011). Heteronormalisering i barnehagen [Heteronormalization in the kindergarten]. In A. M. Otterstad & J. Rhedding-Jones (Eds.), *Barnehagepedagogiske diskurser* (pp. 158 – 171). Oslo: Universitetsforlaget.

Butler, J. (1999). *Gender trouble: Feminism and the subversion of identity*. New York: Routledge.

Davies, B. (2003). *Frogs and snails and feminist tales: Preschool children and gender*. Cresskill, New Jersey: Hampton Press.

Derrida, J. (1976). *Of grammatology* (G. C. Spivak, Trans.). Baltimore, London: John Hopkins University Press.

Ekteskap og skilsmisser [Marriage and divorce]. (2016). *Statistics Norway* (SSB). Retrieved February 2016 from http://www.ssb.no/ekteskap/.

Fjær, E. G., & Backe-Hansen, E. (2013). *Å ha foreldre av samme kjønn—hvordan er det, og hvor mange gjelder det?* [To have parents of the same gender—How is it and how many does it concern?]. Oslo: NOVA.

Gunn, A. C., Child, C., Madden, B., Purdue, K., Surtees, N., & Thurlow, B. (2004). Building inclusive communities in early childhood education: Diverse perspectives from Aotearoa/New Zealand. *Contemporary Issues in Early Childhood*, 2(3): 293 – 308.

Haldar, M. (2006). *Kjærlighetskunnskap: Tolvåringers fortellinger om romantikk og familieliv* [Love knowledge: Twelve year olds telling about romance and family life]. Oslo: Oslo University.

Jacobsen, E. T. (2009). *Ikke kul, men vakker: en casestudie om barn som oppfører seg som det annet kjønn* [Not cool, but beautiful: A case study about children who behave like the opposite sex] (Unpublished Master's thesis). Oslo: Oslo University College.

Jacobsen, K. (2010). *Lesbiske mødres fortellinger fra barnehagen* [Lesbian mothers stories from the kindergarten] (Unpublished master's thesis). Oslo: Oslo University College.

Kunnskapsdepartementet. (2011). *Rammeplan for barnehagens innhold og oppgaver* [National framework plan for early childhood education and care in Norway]. Oslo: Kunnskapsdepartementet.

Landsem, I., & Kaasa, M. (2004). *Mitt første leksikon* [My first encyclopedia]. Oslo: Kunnskapsforlaget.

Nordin-Hultman, E. (2004). *Pedagogiske miljøer og barns subjektskaping* [Pedagogical *environment and children's construction of subjectivity*]. Oslo: Pedagogisk Forum.

Ochsner, M. B. (2000). Gendered make-up. *Contemporary Issues in Early Childhood*, 1(2): 209–213.

Quinliwan, K. (1999). 'You have to be pretty, you have to be slim, and you have to be heterosexual, I think': The operation and disruption of heteronormalizing processes within the peer culture of two single sex girls' high schools in New Zealand. *Women's Studies Journal*, (Special issue): 51–69.

Rhedding-Jones, J. (2003). *Complexity in research: The risky business of including it.* Referred paper for New Zealand and Australian Associations in Education, Combined Annual Conference, 30 November–3 December. Paper number: RHE03254.

Rhedding-Jones, J. (2005a). *What is research? Methodological practices and new approaches.* Oslo: Universitetsforlaget.

Rhedding-Jones, J. (2005b). Questioning diversity. In N. Yelland (Ed.), *Critical issues in early childhood education* (pp. 131–145). Berkshire: Open University Press.

Robinson, K. H. (2002). Making the invisible visible: Gay and lesbians issues in early childhood education. *Contemporary Issues in Early Childhood*, 3(3): 415–434.

Robinson, K. H. (2005a). Doing anti-homophobia and anti-sexism in early childhood education: Moving beyond the immobilizing impacts of 'risks', 'fears' and 'silences'. Can we afford not to?. *Contemporary Issues of Early Childhood*, 3(3): 175–188.

Robinson, K. H. (2005b). 'Queering' gender: Heteronormativity in early childhood education. *Australian Journal of Early Childhood*, 30(2): 19–28.

Robinson, K. H., & Diaz, C. (2006). *Diversity and difference in early childhood education. Issues for theory and practice.* Berkshire, New York: Open University Press.

Røthing, Å., & Aarseth, H. (2006). Kjønn og familie [Gender and family]. In J. Lorentzen & W. Mühleisen (Eds.), *Kjønnsforskning: en grunnbok* (pp. 169–176). Oslo: Universitetsforlaget.

St. Pierre, E. (2000). Poststructural feminism in education: An overview. *Qualitative Studies in Education*, 13(5): 477–515.

Surtees, N. (2003). Unraveling the woven mat: Queering Te Whāriki. *Waikato Journal of Education*, 9: 143–153.

Surtees, N. (2005). Teacher talks about and around sexualities in early childhood: Deciphering an unwritten code. *Contemporary Issues in Early Childhood*, 6(1): 19–21.

Taguchi, H. L. (2004). *In på bara benet. En introduktion till feministisk poststrukturalism* [*Down to the bare bone: An introduction to feminist poststructuralism*]. Stockholm: HLS Förlag.

Taylor, A., & Richardson, C. (2005). Queering home corner. *Contemporary Issues in Early Childhood*, 6(2): 163-174.

Weedon, C. (1997). *Feminist practice and poststructuralist theory* (2nd ed.). Oxford: Blackwell Publishing.

第三部分

女性主义理论重构实践

第十章 时间和关系:教师访谈中的父亲模式和母亲模式之冲突

桑娅·L. 加杰斯

摘要 格鲁梅特(Grumet 1988)对父亲行为模式的描述——"宣称对孩子的所有权,并教会孩子掌握父亲的语言、规则、游戏和姓名"(p. 21)正是当前标准化课堂模式的真实反映。事实上,课堂活动体系中的外部节点(工具、规则、分工)(Engestrom 1999;Engestrom and Miettinen 1999)高度反映了格鲁梅特的父亲模式。同时,格鲁梅特(Grumet 1988)对母亲行为模式的描述是"对孩子放手,让母亲和孩子彼此更加独立"(p. 21),这正与教师对学生的希望相一致——老师希望学生在课堂上表现得更加自立,知道自己要学什么,有学习的自觉性,能灵活规划学习时间。本章记录了8名幼儿园到二年级教师的发声,听取了他们的意见,对这一过于简单化的二元模式提出了质疑。这些教师的讲述为我们呈现了一个复杂的相互关系,有力地证明了父亲模式和母亲模式之间的相互促进。

关键词 女性主义的角度;行为理论;儿童早期教育;教师体验

L. 加杰斯,亚利桑那大学,图森,美国,e-mail:gaches@email.arizona.edu.
　斯普林格自然新加坡有限公司,2017.
K. 史密斯等(编),《儿童早期教育和女性主义理论》,儿童和青少年视角 4,DOI 10.1007/978-981-10-3057-4_10.

引言

> 我认为一个最大的挑战可能在于,作为一名教师,你跟孩子有着最紧密的联系。你是孩子的任课老师,在学校里你是跟孩子接触最多的人,你会觉得你真正了解孩子:了解他们的个性,熟悉他们的学习情况,知道他们有着怎样的社交技能。你是真正了解他们的人,所以有时当你觉得自己所做的决定是为孩子们好,而其他一些高层管理决策者却并不这般认为时,你会觉得很为难(Redminne)。

莱德明妮觉得自己对孩子们的了解远远超出管理决策层。她是直接跟孩子们打交道的人,她了解孩子们,知道怎么教导他们。但是有时她却会陷入一种两难境地,一边是她认为孩子们真正需要的,一边是并不熟悉孩子的管理者们希望她做的,对此她表示很无奈。这种"教师-管理者"的二元对立正是权力关系的表现之一,在这个关系结构中,一方比较强势,另一方则表现出顺从(Tobin 2000)。我对8名小学教师做了一次访谈,坐标是美国西北部的一个大城市,我们聊了与孩子和家长打交道过程中的一些喜怒哀乐,在谈话中,他们不止一次提到与上面情况相似的权力关系结构,特别是在时间管理安排方面。

格鲁梅特的女性主义理论和恩格斯托姆的行为理论都侧重于人际关系,能够帮助我们了解人际关系中的冲突和权力机制。格鲁梅特(Grumet 1988)的女性主义理论的核心是人际关系,而恩格斯托姆(Engestrom 1999)的理论侧重于行为模式,在这个访谈案例中指的是课堂行为模式。本章先介绍这两个理论,然后从这两个理论出发阐述小学[①]教师访谈内容如何有助于我们理解教师身陷的权力关系结构,最后呼吁突破权力的传统对立,认识到权力关系结构中各方彼此之间的相互影响(Foucault 1980),并找到促进课堂行为模式的有效方法。

---

① 小学1~3年级,孩子年龄为5~8岁(美国 K-2 年级)。

理论介绍

格鲁梅特（Grumet 1988）提出了关于人类关系的客体关系和精神分析说。首先，母亲和孩子之间存在一种相互建构的生理关系。母亲和孩子共享一个躯体，共同经历孩子出生后从胎儿到婴儿的转变，母亲给孩子提供乳汁和母体的营养。但随着孩子慢慢长大，父亲在亲子关系中的影响日益扩大，其主要目的在于打破孩子对母亲的依赖，"强调对孩子的所有权……建立一个双项的因果关系模式，父亲是因，孩子是果"（Grumet 1988, p. 16）。在教学体系中，这是一个"宣称对孩子的所有权，教会孩子掌握父亲的语言、规则、游戏、姓名"的父亲行为模式（Grumet 1988, p. 21）。这种父亲行为模式正是当代标准化课堂模式的缩影，这种课堂模式要求教师能够快速有效教会孩子读和写，能做数学题，能够在重大责任性测试中取得高分。同时，格鲁梅特（Grumet 1988）还对母亲行为模式作了描述，这种模式旨在"对孩子放手，让母亲和孩子彼此更加独立"（p. 21）。

恩格斯托姆（Engesrom 1999）的行为理论突破了格鲁梅特女性主义理论中的二元化机制。行为理论承认主体和客体之间的辩证关系（与格鲁梅特的母子/亲子关系相类似），但它基于维果斯基（Vygotsky 1978）的理论认为这些关系会受到工具的调节，特别是语言和符号的调节。不过，列昂基耶夫认为这种"主体—客体—工具"调节机制在更大的历史和文化语境中才会发生，并与后者相互影响（Barab et al. 2004; Wells 2002）。基于这些理念，恩格斯托姆拓展了维果斯基的三角关系模式，把规则、社区和分工的额外节点都包含了进来（图10.1）（Engestrom 1999; Engestrom and Miettinen 1999; University of Helsinki 2004）。所有这些节点在（基本）课堂活动体系中彼此关联，其目的就是结果。在基本课堂活动体系中，主体—客体关系表现为师生之间的关系，行为指向的是"学习"的结果（Barab et al. 2004）。学校课程设置、所采用的课程体系、教学策略、评估等都构成了教师和学生调节学习结果的工具和手段。恩格斯托姆拓展三角模式中的其他节点包括支撑学校管理的规章制度，学校和由家长、纳税人和其他利益人组成的社会团体，课堂内外教师工作和活动优先化分工等（图10.1）。

此外，行为体系具有动态变化性，往往受到其他行为体系变化及其与当前行为三角中任一节点互动的影响，同时该行为体系变化也会引起其他行为体系的变化。

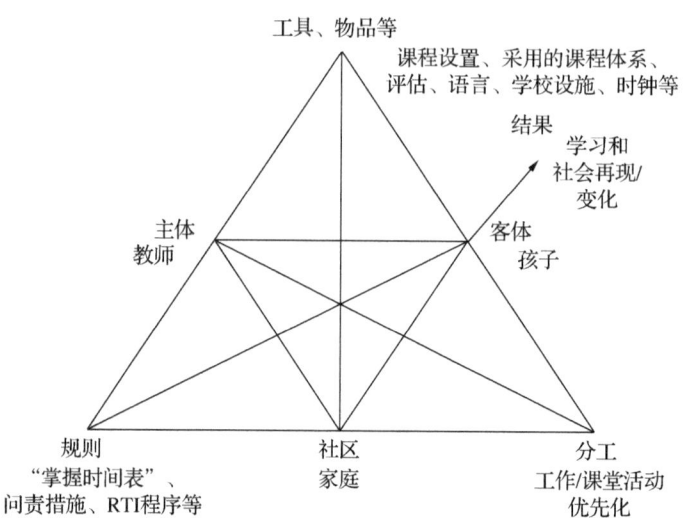

图 10.1　学校行为体系(Engestrom 1999)

这指向了女性主义理论和行为理论之间的另外一个相似之处。两个理论都不仅关注社会形成,而且关注社会变化(Barab et al. 2004;Engestrom 1999;Engestrom and Miettinen 1999;Grumet 1988)。行为理论试图阐明两个层面的变化:内化层面和外化层面(Engestrom 1999;Engestrom and Miettinen 1999)。内化层面指向的是文化再现。人类通过各个三角节点彼此产生关联,以适应特定的社会文化历史制度。当相关的行为体系(如政府机构、教材公司、社会资源)试图对基本行为三角模式的节点施加影响以促成其变化时,就产生了外化效应,例如,创造出新的工具、实施新的规则等。这些新工具或规则与三角中的所有元素相联结,从而引发整个体系的变化。不仅行为理论中的主体和客体之间存在辩证关系,各个节点(内化)和行为体系(外化)之间也存在辩证关系,表现为新工具的创造和新规则的实施。此外,内化过程和外化过程之间也存在辩证关系,表现为人们试图既维持又变革当前的社会文体历史制度。变革的动力来自对行为体系内部以及行为体系之间的冲突分析。

格鲁梅特(Grumet 1988)使用了"社会再现"一词对此作出解释。她指出"我们作为生活在这个星球上的两性,最本质的共同生活体验就是自我再现"(Grumet 1988, p. 4)。在生理层面,这种再现表现为繁衍后代;在社会层面,这种再现表现为通过改变社会和文化意识、价值理念和实践行为(类似于行为理论中的"内化")改造社会;而在批判层面,这种再现表现为我们努力为孩子创造一个比自己更加美好的童年、生活和生存方式（类似于行为理论中的"外化"）。我认为学校改革的实质正在于社会再现的批判层面。我们致力于为现在的孩子创造一个比"跟自己一样"的孩子更加美好的童年和生活，为他们争取更多机会。但是，韦勒（Weiler 1988）指出以前（包括现在）的教育项目，其所能实现的就是复制当前的社会制度，维护男性的权力体制，即关于性别、种族和阶层的社会制度。或许，美国当代社会最有代表性的一个例子就是明确提出以改变现状为目标的国家教育规划了。

《中小学教育法案》——或称"没有孩子掉队"（NCLB）法案明确指出其主要目的就是改变社会，消除少数民族背景孩子和白人中高收入阶层孩子之间的差距（U.S. Department of Education 2002，2005）。为了实现这一目标，该法案对关于重大测试结果的问责机制以及最佳教学实践作了强调（Zemelman et al. 2005）。这些因素的把控机制正与格鲁梅特（Grumet 1988）提出的父亲行为模式相一致。关注重点落在了基础阅读和数学技能（National Institute of Child Health and Human Development 2000）以及以因果技术理性的传统科学思维为指导的教学方法上。如果沿用这些以复制社会和维持现状为内涵的传统的课堂教学方法，不得不让人怀疑他们如何实现改变现在的教育不平等现状。事实上，关于这点，社会上出现了很多批判声音（Darling-Hammond 2007；Freeman 2005；Furumoto 2005；Haas et al. 2005；Hursh 2007；Nichols and Berliner 2007；Ravitch 2010；Welner 2005）。

格鲁梅特（Grumet 1981）的女性主义理论和恩格斯托姆（Engestrom 1999）的行为理论都注意到社会转变，尤其是学校环境中的社会转变，是一个单向的过程。格鲁梅特的女性主义理论区分了公共和私人两个空间，而行为理论也有关于课堂基本行为体系和其他相关行为体系的讨论。女性主义理论指出女性与孩子有关的体验传统上归属私人空间，因为她们的责任是在家抚养子女（Grumet 1981）。尽管她们一度被认为是学校教师的"最合适"人选，那也只是因为她们的"居家、自我牺牲、顺从"等特质（Cannella 2002，p. 141），而不是因为她们过去几个世纪里在家庭领域所作出的表现。此外，传统上，也是女性每天游走于这些公共和私人空间之间。她们在家照顾孩子的起居，然后送孩子去上学，让孩子接受父亲行为模式的教化。这跟教师（主体）在课堂基本行为体系中的行为如出一辙。课堂活动体系成为一个私人领域，在这个领域里，教师一方面疲于应付公共父权体制（如来自外部的标准、既定的课程大纲、政府政策和劳动实践等），并受其影响和控制；而另一方面，他们需要与孩子建立关系，呵护孩子的成长和发展，以保证孩子毕业后（如果不是在这之前）能够获得公共领域的成功。

因此，从女性主义的角度来看，这场学校改革其实只是从科学、计算和最佳实践的父亲理论角度出发所作的改革（Osgood 2006）。如果教师实行母亲行为模式，关心呵护孩子，努力为孩子营造一个他们可以自由选择、树立他们能力和信心的学习环境，情况又会怎样？在为孩子们创造有爱环境的同时，教师仍然不得不完成标准和政策化目标。

课堂环境中的这种私人行为模式只能局限于私人范围，学校里的母亲行为模式是"不能见光的行为"，有着"不能言说"的内涵（Grumet 1988, p. xi）。格鲁梅特等人（Kozol 2007; Ladson-Billings 1994; Miller 1990, 2005）号召教师及其课堂亲身体验成为学校改革的主体对象。恩格斯托姆（Engestrom 1999）也呼吁研究者们能够进入"正在发生变化的真实的行为体系"（p. 35）中，以揭示变化如何发生。本章就是基于8名小学教师的课堂活动体系所作的研究，研究针对以下这些问题对他们作了访谈：教师如何调节政策和职业行为的本地化实践？教师日常生活中会有哪些举措帮助自己把握课程、政策、社会、分工等公共空间和课堂活动体系私人空间之间的界限？

研究方法

本研究所采访的8名教师，4名是幼儿园教师（其教学对象是5～6岁的孩子），3名是一年级教师（其教学对象是6～7岁的孩子），还有1名混合年龄的蒙特梭利班级教师（其教学对象为5～9岁的孩子）。其中3名教师任教的学校位于较高收入阶层居住区，3名教师任教的学校位于经济、文化和语言背景差异较大的人员聚居区，学校获得联邦政府部分财政补助，还有2名教师任教的学校属于为低收入、低需求群体开办的获得政府全额财政补助的学校。8名教师中有7名是女性，1名在较高收入阶层居住区幼儿园任教的教师是男性。当然，这8名教师所讲述的关于他们自己的故事和经历并不一定能够涵盖所有情况中的所有教师，但能够帮助我们理解在当前学校改革环境中教师们的体验和感悟。

第十章　时间和关系：教师访谈中的父亲模式和母亲模式之冲突

我对每位教师采访了三次：一次是学年开始时，另两次是在我每次完成课堂观摩以后，每次访谈都以一个开放问题开始，例如"请告诉我你上课过程中经历的快乐和挑战"。课堂观摩的目的是为访谈对话提供背景和谈话内容，同时也为我提供了关于访谈数据可信度的价值三角函数数据。我对访谈作了录音，然后转录成文字以供分析。

在分析数据时，我先对与研究问题相关的教师讲述内容作了一个大概的分类梳理，然后对这些分类作仔细分析以寻找重要的相关细节内容。分析还采用了文本"斜视"策略（Tobin 2000；Zizek 1991），以判断文本是否存在语义不明、行为化文本、互文、跳漏、二元化和省略等现象。在此基础上，我采用吉（Gee 2005）的26个任务建构问题模式，特别是那些与"建构行为"相关的问题（p. 111），对访谈文本模式和主题作了梳理，然后以上文提到的理论为指导对这些模式和主题作出分析，得出工作假设，接着再把工作假设与研究问题、其他一般主题、背景以及其他文本元素作比较，直到假设和数据相匹配。

在这之后，我重新回到数据大类，观察小数据的典型性，以及这些数据能否支撑或推翻新的工作假设。接下来的任务是找出大类数据中的其他事例和反例并加以分析。这个过程一直持续到分析结果变得一致，关于本研究项目中的研究问题没有再出现新的假设、事例或反例。

关于时间和关系的教师讲述

这些教师的最大生活乐趣之一就是和孩子在一起。在回答"与孩子和家长接触的过程中最开心的事是什么？"这个问题时，茱利卡罗尔[①]的回答十分简洁："了解这些孩子。"阿特肖普给出了类似的回答："我认为是孩子，你慢慢了解他们，他们也慢慢了解你，整件事都因此变得很不一般。"这两名教师所阐述的正是格鲁梅特（Grumet 1988）所描述的母亲和孩子之间的关系模式："这是我的孩子。孩子就是我。"（p. 10）茱利卡罗尔想了解她的学生，而阿特肖普不仅想了解学生，而且也想

[①] 研究中的每个教师都编造了一个化名，文中的所有人名和地名都是用的化名。

她的学生了解她。通过渴望获得孩子的回报反馈,她们营造了一种关爱呵护的氛围(Noddings 1984)。

关于这种以回报方式形成的呵护关系,玛丽亚 M8311875 的回答为我们作了进一步的描述:

> 当然是孩子们"开窍"的时刻。他们掌握了十分重要的内容,这时他们的眼睛里似乎有亮光在闪烁。不过,过去几年里,我也接触过好几个厌学的孩子。这是我的个人感受,我真的挺害怕教一、二、三年级的孩子。让孩子感到放松,让家长感到放松,让他们真正喜欢上学,真的是十分不一般的体验。

玛丽亚 M8311875 因为孩子们的"开窍"而感到快乐,但同等重要的是,她也用尽全部心思帮助孩子们克服她孩提时代所面临的恐惧,进一步佐证了格鲁梅特(Grumet 1988)的母亲行为模式。

肯德帕尔和内伊夫克斯[①]也对这个关于与孩子关系的更深层理解和全身心呵护孩子的行为表达了自己的看法:

> 让一个孩子意识到他们关于自己的那些想法都是错误的,他们身上藏着巨大的宝藏,只要他们知道挖掘的方法,就一定能够挖掘出宝藏(肯德帕尔)。

> 可能是我看到孩子意识到自己有潜力、有价值的时候。这个往往来自我和孩子在教室里单独待着的时候(内伊夫克斯)。

这两名教师发现自己的快乐在于帮助"孩子意识到"自己体内所蕴含的潜能,这不由令我们再一次想起格鲁梅特(Grumet 1988)所引用的斯特拉瑟的那段话:"我的思想、我的意识所能达到的可能性取决于'你',你是我存在的意义。"(p. 7)对于肯德帕尔和内伊夫克斯来说,他们的快乐取决于孩子们意识到自己身上蕴藏着巨大的潜能和宝藏。

不过,母亲还有一个责任,那就是为孩子进入父亲的生活世界做好准备(Grumet 1988)。瑞格里妈妈说她的快乐在于知道每一天都"将是新的不同的一天,看到孩子通过艰苦努力迎来豁然开朗的时刻"。这个"豁然开朗"的时刻指获得

---

① 这名教师特别指出她的名字一律小写,读作"任何打网球的人"。

家庭以外的外部世界的技能和知识。格鲁梅特(Grumet 1988)把这些外部世界的技能和知识与父亲行为模式中的"宣称孩子的所有权,教会孩子掌握父亲的语言、规则、游戏和姓名"(p. 21)联系了起来。因此,瑞格里妈妈的最大喜悦与教学过程中的"放手孩子,让母亲和孩子彼此更加独立"(p. 21)的母亲行为模式相关联。

莱德明妮关于快乐问题的回答也映射了教学过程中的母亲行为模式,但她还提到了其他的内容:

> 我最喜欢的就是看到孩子们乐学好问,取得进步,对自己所取得的小小成绩表示庆贺,与家人一同分享自己的喜悦。当然也包括和孩子家人一起努力,以实现课堂上孩子取得进步、回到家里雀跃欢呼的时刻。

莱德明妮以父亲的行为模式庆贺孩子们取得的"小小"成功,并通过与孩子家人分享这些成功使得这种庆贺有了更深的意义。她把孩子的家庭也加入进来,拓展了孩子—教师的关系,创造了一个由教师、孩子和家庭组成的基于母亲行为模式的三角关系(图10.2)。

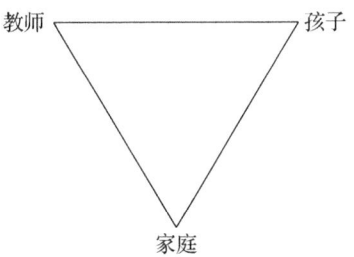

图10.2　基于母亲行为模式的关系图式

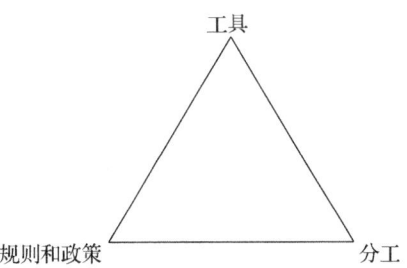

图10.3　行为体系的外部三角图式(教学过程中的父亲行为模式)

再次回到格鲁梅特(Grumet 1988)关于父亲行为模式目的的表述:学校利用课程、教学大纲、教学策略、学校的学术语言等工具帮助孩子学会父亲的语言、规则、游戏和姓名；他们必须针对目标任务制定规则和政策；必须有特定方式实现劳动分工以促成目标最终实现。这些点都与行为理论三角图式中的外部节点相对应 (Barab et al. 2004；Engestrom 1999；University of Helsinki 2004)（图 10.3）。

教师们关于课堂实践的描述包含了基于父亲行为模式的三角图式的很多方面。对于莱德明妮来说，父亲行为模式工具包括课程地图和时钟：

> 我觉得作为老师，你身处一个真实的世界中。我们上课不是在玩（课程）地图游戏，不是"你花五分钟来做下这个"。这些是有血有肉的孩子。

课程地图规定了应该教什么，时钟规定了孩子们学习的时长。在玛丽亚 M8311875 的蒙特梭利课堂上，孩子们利用时间和时钟来管理自我学习时间。

> 选择一项任务，回到桌前仔细研究，然后交差，这并不是做任务的正确模式。要成功完成一项任务，真正学有所获，必须全神贯注一定时间，通常需要 20~30 分钟。如果真正投入进去，所需的时间可能更长。

内伊夫克斯提出有另外一个工具—时间关联体是作业、教学计划和与家长沟通：

> 作业，时间——时间总是不够用——时间不够与同事交流、开展合作，时间不够备课，不管是单天课程还是一个单元，也时间不够打电话给家长。

阿特肖普说课堂工具应用、备课、评估等的快节奏，是她教学的一个主要驱动力：

> 我的课堂活动——不管 DIBELS 中期评估何时进行，所有孩子到某个日期必须达到相应水平的表现。我不想教他们应试之类的东西，但这确实明显促进了我的教学，我觉得还是很有好处的，因为反正测试的标准也正是我想达到的标准。我觉得这变成了一个常态，现在凡事都有严密的计划安排，做事快人一步，才能游刃有余。

阿特肖普还提到了课堂规则。政府、区级和学校政策都要求教师借助特定的课程地图、教学方案和材料实现相应标准的教学，通过特定评估手段评估孩子们的进步情况。事实上，阿特肖普表达了她对落后于学校规定的时间计划表 15 分钟的

第十章 时间和关系:教师访谈中的父亲模式和母亲模式之冲突

担忧之情,已经开始想象她班上的孩子们"正在玩橡皮泥什么的",有人走进教室,质问她为什么没有按"教学大纲"实施教学。

对于简克瑞恩来说,这就是"填鸭式教育"。她说有些政策让她把更多注意力放在了教学上,顾不上再去设计艺术感较强、以游戏为主的趣味活动。

> 没有时间做这些。90分钟的核心阅读,30～60分钟的讲解,要学数学,还有(特定的教学)策略培训什么的。一天感觉过得飞快,一天下来背都是垮的。

这些政策规定了学校一天以及一年的教学/学习计划,进而影响了课堂上的任务分工。一天和一年依据教学大纲必须完成的教学内容被分割成不同的时间段,甚至连休息时间也作了规定。在努力完成课堂内外工作任务的过程中,教师们描述说"人就像被五马分尸一样"(瑞格里妈妈)、"就像从吸管中吃西瓜"(肯德帕尔)、"就像掉入了漩涡……就像一边动一边玩抛掷杂耍"(阿特肖普)、"完全难以平衡"(内伊夫克斯)。

因此,可以说有一个因素把课堂活动体系(教学中的父亲行为模式)中的三个外部节点统一了起来,这个因素就是时间:教师实施相关政策,政策规定了教学管理和学习分工,教学和学习借助课堂工具和材料以达到相应标准。但是,在父亲行为模式要求和孩子关系要求之间往往存在冲突:

> 我希望自己的教学能让孩子们真正受益,同时,我想完成我需要完成的任务,想照着上级规定的良好实践和一切行事。但有时候,我认为对孩子有益的总是与此相冲突……(阿特肖普)

在访谈中,受访教师反复谈到"时间"和工具、规则的纠缠、劳力分配,以及这些时间合成节点如何在与学生和学生家长的关系中交互作用。母亲关系模式和学校环境中的父亲行为模式之间的权力关系呈现阶梯形状(图10.4)。

事实上,如果我们从金字塔的顶部——教学过程中的父亲行为模式所在位置(在这个位置上,工具、规划、分工各个节点通过时间主题相统一),到由主体(教师)、客体(学生)、社会(家庭)形成的位于中间的母亲行为模式三角画线,最后得到的那条线将与福柯(Foucault 1977, 1980)所描述的"圆形监狱"图式极为相似。在这个新的"圆形监狱"图式中,课堂时间控制相当于监视教师、学生和家庭之间母亲行为模式关系牢房的碉楼。在教师的讲述中也可以发现"圆形监狱"理论行为的真实表现,比如,管理者手拿着检查表,随兴走进课堂,视察课堂教学有无按照课程地图规定完成实时教学;学习时间切实用于教学大纲规定的教学活动,采用规定的教学方法;对学生的任务执行行为作出监控,以使得学习的每一分钟都落到实处;阿特肖普对应对质问的假想和准备等。

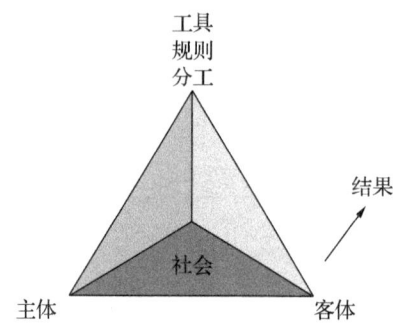

图 10.4　母亲行为模式节点和父亲行为模式中"时间"统一性的结合

前行之路

本章运用格鲁梅特的女性主义理论和恩格斯托姆的行为理论对教师调节当前教学管理政策和地方实践同教师的教学日常——帮助他们在课程、政策、社会、分工和课堂活动体系的私人空间之间把握方向——的行为机制提出质疑。虽然活动理论的一个有利方面在于它摆脱了父亲行为模式中的关系二元对立观点,但关于受访教师讲述的分析重新确立了学校环境中的父亲行为模式和母亲行为模式二元对立的层级分化模式。相反,课堂是实践整个活动体系的场所,各个节点彼此相互作用,不断变化。当前,课程和政策的公共父亲行为模式层面及分工模式规定了教师与孩子的互动方式,这是权力关系的作用表现。当教育改革措施侧重于问责措施——其中大多对课堂行为实施监控——的同时,教师、孩子和家庭之间的关系遭到破坏,变得边缘化,使得活动体系节点彼此冲突,影响了整个活动体系的平衡。可能的一个推动措施是平衡这些作用力,认同教师—孩子—家庭关系的重要意义,在教学日常中帮助教师、孩子、家庭成员实现赋能。

References

Barab, S., Evans, M., & Baek, E. (2004). Activity theory as a lens for characterizing the participatory unit. In D. Jonassen (Ed.), *Handbook of research on educational communications and technology* (pp. 119 – 213). Mahway, NJ: Lawrence Erlbaum Assoc.

Cannella, G. (2002). *Deconstructing early childhood education: Social justice & revolution*. New York: Peter Lang Publishing Inc.

Darling-Hammond, L. (2007). Race, inequality and educational accountability: The irony of 'No Child Left Behind'. *Race, Ethnicity, and Education*, 10(3): 245 – 260.

Engestrom, Y. (1999). Activity theory and individual and social transformation. In Y. Engestrom, R. Miettinen, & R. Punamaki (Eds.), *Perspectives on activity theory* (pp. 19 – 38). Cambridge: Cambridge University Press.

Engestrom, Y., & Miettinen, R. (1999). Introduction. In Y. Engestrom, R. Miettinen, & R. Punamaki (Eds.), *Perspectives on activity theory* (pp. 1 – 18). Cambridge: Cambridge University Press.

Foucault, M. (1977). *Discipline and punish: The birth of the prison*. New York: Random House.

Foucault, M. (1980). The eye of power. In C. Gordon, L. Marshall, J. Meplam, & K. Soper (Eds.), *Power/knowledge: Selected interviews and other writings* 1972 – 1977 (pp. 146 – 165). New York: Pantheon.

Freeman, E. (2005). No child left behind and the denigration of race. *Equity & Excellence in Education*, 38: 190 – 199.

Furumoto, R. (2005). No poor child left unrecruited: How NCLB codifies and perpetuates urban school militarism. *Equity & Excellence in Education*, 38: 200 – 210.

Gee, J. (2005). *An introduction to discourse analysis: Theory and method* (2nd ed.). New York: Routledge.

Grumet, M. (1981). Pedagogy for patriarchy: The feminization of teaching. *Interchange*, 12(2 – 3): 165 – 184.

Grumet, M. (1988). *Bitter milk*. Amherst, MA: The University of Massachusetts Press.

Haas, E., Wilson, G., Cobb, C., & Rallis, S. (2005). One hundred percent proficiency: A mission impossible. *Equity & Excellence in Education*, 38: 180 – 189.

Hursh, D. (2007). Exacerbating inequality: The failed promise of the No Child Left Behind Act. *Race, Ethnicity, and Education*, 10(3): 295-308.

Kozol, J. (2007). *Letters to a young teacher*. New York: Three Rivers Press.

Ladson-Billings, G. (1994). *The dreamkeepers*. San Francisco: Jossey-Bass Publishers.

Miller, J. (1990). *Creating spaces and finding voices: Teachers collaborating for empowerment*. Albany, NY: State University of New York Press.

Miller, J. (2005). *Sounds of silence breaking: Women, autobiography, curriculum*. New York: Peter Lang Publishing Inc.

National Institute of Child Health and Human Development. (2000). *Report of the national reading panel. Teaching children to read: An evidence-based assessment of the scientific research literature on reading and its implications for reading instruction* (NIH Publication No. 00-4769). Washington, DC: U.S. Government Printing Office.

Nichols, S., & Berliner, D. (2007). *Collateral damage: How high-stakes testing corrupts America's schools*. Cambridge, MA: Harvard Education Press.

Noddings, N. (1984). Caring: *A feminine approach to ethics and moral education*. Berkeley, CA: University of California Press.

Osgood, J. (2006). Deconstructing professionalism in early childhood education: Resisting the regulatory gaze. *Contemporary Issues in Early Childhood*, 7(1): 5-14.

Ravitch, D. (2010). *The death and life of the great American school system: How testing and choice are undermining education*. New York: Basic Books.

Tobin, J. (2000). *"Good guys don't wear hats": Children's talk about the media*. New York: Teacher's College Press.

University of Helsinki—Center for Activity Theory and Developmental Work Research. (2004). *The activity system*. Retrieved from http://www.edu.helsinki.fi/activity/pages/chatanddwr/activitysystem/.

U.S. Department of Education. (2002). *Elementary and Secondary Education Act*.

U.S. Department of Education. (2005). Office of Postsecondary Education, *The Secretary's Fourth Annual Report on Teacher Quality*.

Vygotsky, L. (1978). *Mind in society*. Cambridge, MA: Harvard University Press.

Weiler, K. (1988). *Women teaching for change: Gender, class, & power*. Westport, CN: Bertin & Garvey.

Wells, G. (2002). The role of dialogue in activity theory. *Mind, Culture and Activity*, 9(1):

43 – 66.

Welner, K. (2005). Can irrational become unconstitutional? NCLB's 100% presuppositions. *Equity & Excellence in Education*, 38: 171 – 179.

Zemelman, S., Daniels, H. & Hyde, A. (2005). *Best practice: Today's standards for teaching and learning in America's schools* (3rd ed.). Portsmough, NH: Neinemann.

Zizek, S. (1991). Looking awry: *An introduction to Jacques Lacan through popular culture*. Cambridge: The MIT Press.

第十一章 女性主义后结构主义理论与巴基斯坦儿童早期课堂中的性别平等实践

奥德丽·迪索萨·朱马

摘要 本章重在讨论巴基斯坦教师以女性主义后结构主义理论指导儿童早期教育领域的性别平等实践的相关情况。女性主义理论在巴基斯坦备受批评,人们普遍认为这是西方理论,并不适合指导巴基斯坦社会和教育实践。本章旨在表明如果教师有机会以该理论指导性别实践,这就为挑战巴基斯坦儿童早期教育领域的话语实践开创了可能性。本章通过举例阐述了教师课堂实践的转变以及对性别的新的理解。巴基斯坦儿童早期教育的主流话语认为性别是人的一种本质属性,生理性别是决定性别属性的前提,决定了性别的行为表现。此外,巴基斯坦社会和儿童早期教育领域对性别行为并不以为意,灌输给儿童的是一些定势化的性别思维。在巴基斯坦,宗教构成了主流的舆论话语,引导了社会的道德标准,其宣扬的人的存在方式其实较为片面。但在这样的社会背景下,甚至在没有动摇社会核心理念的基础上作出些微变化、提出其他主张,都可能是十分危险的行为。本章以女性主义后结构主义理论为指导,介绍了巴基斯坦教师参与卡拉奇儿童早期教育行动研究的情况,以及其表现出的撼动本质主义理念的巨大能量。以女性主义后结构主

A. 迪索萨·朱马,圣母教育学院,卡拉奇,巴基斯坦,e-mail:audreyjuma@hotmail.com。
斯普林格自然新加坡有限公司,2017。
K. 史密斯等(编),《儿童早期教育和女性主义理论》,儿童和青少年视角 4,DOI 10.1007/978-981-10-3057-4_11。

第十一章 女性主义后结构主义理论与巴基斯坦儿童早期课堂中的性别平等实践

义为指导,有助于启发教师关于在巴基斯坦这样一个男权社会中实现性别平等及意识建构可能性的思考。

关键词 性别平等;儿童早期教育;女性主义后结构主义;教师课堂实践;话语

引言

在巴基斯坦,性别平等问题并没有引起舆论的广泛关注。这是一个仍在以实现女孩的受教育权和国家层面的性别平等为目标的国家,因此教学环境中的性别实践长久以来都遭到无视,关于性别及其对儿童生活意义的理解十分狭隘,在政策和教育文件中完全不见提及,教师教育课程也没有关于性别对儿童生活影响及其应该如何以性别理论指导儿童教育的相关讨论。

本章重在讨论巴基斯坦教师以女性主义后结构主义理论指导儿童早期教育领域的性别平等实践的相关情况,同时介绍教师参与卡拉奇儿童早期教育行动研究而形成的性别理念转变。以女性主义后结构主义为指导,有助于启发教师关于在宗教话语占据人们生活核心的男权社会中实现性别平等及意识建构可能性的思考。

无论以哪种女性主义理论指导教师实践,在巴基斯坦都是一个难题,因为"女性主义"观念在巴基斯坦备受争议,被认为具有反宗教倾向。有学者,特别是女性学者,认为女性主义是一个独立于宗教的社会发展理念,但也有很多人指责女性主义具有反宗教倾向,认为女性主义者们把宗教排在了第二位,由此对女性主义者大加批判(Hashim 1999)。伊斯兰国家对女性主义充满了不信任,大肆叫嚣伊斯兰国家没有女性主义的立足之地,因为女性主义意味着存在性别不平等,这在伊斯兰国家是不存在的。女性主义还被认为是西方理论,是西方妇女的奋斗目标;西方妇女需要奋力摆脱男性加在她们身上的不平等待遇,但是伊斯兰教典籍——《可兰经》《穆罕默德言行录》《圣训》等——中都有关于妇女权益的相关教规,只是因为很多国家的性别实践并不相同,所以西方社会对伊斯兰国家的妇女地位有着误解和偏见。巴拉斯(Barlas 2002)指出正是因为有些"批评家"把《可兰经》看成"宣扬男权或女性歧视的典籍文献"(p. 1),他们才认为其中包含了妇女的性别不平等内容,她宣称"《可兰经》的认识论本质上是反对男权的"(Barlas 2002, p. 2),应该以这个为前提对其作出解读。安瓦尔(Anwar 2006)也呼吁穆斯林妇女"扫除束缚其思想、生活和知识的穆斯林文化中的男权内容"(p. 5)。巴拉斯(Barlas 2002)和安瓦尔(Anwar 2006)都认为伊斯兰教教义的本质就是平等原则,它捍卫妇女权利。安瓦尔(Anwar 2006)指出两性本质上是平等的,这点清晰可见,表现在两性生来平等,拥有相等的拿夫(自我)。因此,"《可兰经》对待女性个体的方式同对待男性个体的方式一般无二"(Wadud 1999, p. 63)。这话的言外之意就是在真主的眼中,一个人的安马尔(行为)才是区分彼此的标准,而非性别。但是,这些关于《可兰经》的理解是边缘化的理解,并没有为社会主流所接受,社会主流对《可兰经》的理解还是其宣扬的男权意识。有鉴于此,安瓦尔(Anwar 2006)进而指出"关于妇女问题的知识生产已经变得性别化了"(p. 24)。在巴基斯坦的历史上,女性主义曾遭受猛烈的抨击。齐亚将军①时期被认为是巴基斯坦历史上妇女遭受压迫最严重的时期,对齐亚政府的严控政策感受最深的是那些思想西化的妇女,她们对男权思想的合理存在构成了极大的威胁(Jafar 2005)。正是在这样的背景下,12 名女性教师联合起来,以寻求促进性别平等的可能途径,对儿童早期教育领域的话语性别实践发起了挑战。

以女性主义后结构主义理论为指导

女性主义后结构主义理论为我们关于"挑战当前两性社会权力关系模式"的思考提供了路径(Weedon 1987, p. 1)。该理论指向语言、社会制度和个体意识之间的有机联系,这种有机联系促成了权力的上下流转,因此,该理论"为理解社会权力机制、思考转变可能性提供了一个有效模式"(Weedon 1987, p. 10)。后结构主义理论的"核心关注就是性别问题和转变"(Blaise 2005, p. 15)。

麦克诺顿(MacNaughton 1998)指出女性主义后结构主义理论所持理念是性别不平等渗透社会生活的各个层面,因为社会认同的是两性的"正确"模式,这种模

---

① 齐亚政府是"拥护伊斯兰教在巴基斯坦国教化的主要政权机构"(Jamal 2005, p. 54),其统治时间为 1977-1988。

式体现男权至上、男尊女卑的"性别秩序"。布莱斯和泰勒(Blasie and Taylor 2012)印证了这一观点的真实存在,他们指出"性别话语不仅是关于两性的思想和信念"(p. 90),认为话语是管控个体的一种方式,这是因为社会所践行的行为是"规范"或"自然"行为(p. 90),个人必须在其中找到自己的恰当位置。

女性主义后结构主义借助后结构主义概念理解性别以及造成性别不平等的原因。麦克诺顿(MacNaughton 2000)指出话语①、权力②、主体性③等概念为摆脱性别本质论提供了可能性,因为这些概念认为性别是一个社会建构理念而非本质主义概念。

以女性主义后结构主义理论指导性别实践

这个参与式行动研究在巴基斯坦的卡拉奇开展,其目的旨在重新认识教师在促进儿童早期教育领域性别平等方面的作用。女性主义后结构主义理论为挑战巴基斯坦儿童早期教育领域的话语实践提供了契机。我们小组有12名幼儿教师,她们在儿童早期教育性别实践中故意"捣乱",以此探讨关于在巴基斯坦"实践"性别的别的可能的"认知"模式。作为一个群体,我们希望能够了解性别对我们及孩子生活的影响,打破我们在实践中观察到的性别不平等。作为一种思想理念,我们对性别平等的理解"不尽完善",我们试图确定在伊斯兰共和国大环境下的儿童早期教育领域可以如何定义性别平等的理念。行动研究为我们提供了方法论的指导,引导我们通过合作促成"社会""组织"和"个人"层面的变化(Brydon-Miller et al. 2003, p. 14)。我们12个幼儿教师每个都负责了一个关于性别平等的个人研究项目。

项目之初,性别本质论占据了主导思想的位置,所有教师都受到这个话语体系的辐射。在我与这些教师的早期讨论中,她们主要有两大真理性认识,这也正是这

---

① 麦克诺顿(MacNaughton 2000)把话语定义为"一个历史和文化范畴概念,通过话语我们赋予生活意义,实践生活,对生活付出情感投资,并形成社会结构"(p. 50)。
② 福柯认为权力是"一种操作性权限,而非所有权限",它无处不在,并不是某个人或群体能够获得或支配的东西,其"表现"和"操作"形式十分多样化(Foucault 1977, p. 26)。
③ 个人在特定话语体系中所占据的"主体地位"。

个话语体系的内涵表现,这两大认识是:① 个人的生理性别决定了其性别属性;② 妇女生来就是弱势的性别群体。这些教师参与了很多性别讨论,讨论关于男性作为强势性别群体是否应该享有特权这个问题都持不确定态度,这些讨论从本质上看其实就是关于宗教的讨论。信奉伊斯兰教的人认为真主创造出了不同的两种性别,一种较为弱势,一种较为强势,社会分工正是基于这种不同,而性别社会秩序的不平等正是这一真理性认识的真实表现。关于性别的不确定性和真理性认识都在儿童早期教育课堂上有所体现。性别本质论认为人出生就有不同的生殖器官,这决定了其性别。教师们认同男尊女卑的思想,认为男性的崇高地位是真主所赋予的,这是宗教思想的体现,而这种宗教思想有着深厚的社会基础,成了真理性认识。教师们接受了女性生来弱势的女性本质论,认为一个人的性别刻印在他/她的身体上,因此,两性有着绝对差异。这一真理性认识衍生出的一个观点就是男女任务分配的依据就是他们的体能和性别。有些任务会因为完成任务的人的性别而被认为完全不可想象。

> 瞧,我们社会有一些工作是无法平等完成的。有一些体力活,即使女性想干,她们也无法胜任,我们的社会还没有树立起某些思想和意识(Naz)。

社会秩序确立并维护可许和不可许的范畴。因此,性别通过身体呈现,划定了男女两性之间的界限。女性作为弱势性别一方需要男性的支持和帮助。男性生来就在体能上强于女性,真主是这一话语体系的书写者,创造出了人类及其身体结构,因此,也在他们的身体上刻录下了可许和不可许的界限。在这种背景下,教师接受了关于男女"差异"是"自然/生理性结果"的观点。这一真理性认识争夺性别话语权力,成为性别建构的主导和基础,不仅在本研究中是如此,在很多伊斯兰国家中均是如此,包括巴基斯坦。对本质论的支持和投资表明不同性别都有自己特定的性别行为表现,这些差异基于自然或生理和具有不同性别特征的身体。大到巴基斯坦整个社会,小到儿童早期教育领域,性别话语对与孩子相关的性别平等教育有着重要启发,它为实现课堂环境中性别平等的可行目标和不可行目标划定了界限。

第十一章　女性主义后结构主义理论与巴基斯坦儿童早期课堂中的性别平等实践

教师教学实践和新的性别理解建构过程中的转变

我们通过行动研究会议的方式,就性别作为社会理念和权力对社会话语的作用方式问题,展开讨论。

在第三次行动研究会议上,纳兹说起有些男性的行事在她看来十分"女性化"。这引发了我们关于"什么是男性""什么是女性"的思考。我们讨论了性别的社会建构,还有为什么男性霸权思想仅存在于特定时期和文化。以下的讨论对这些思想作了阐述:

奥德丽:"男性巴纳"或"女性巴纳"(成为男性或女性)到底是什么意思?这个问题很有意思。

哈斯娜:呀,我也正想问这个;事实上,她(纳兹)说他(被纳兹认为女性化的一位男子)染了(头发),还做脸部美容,他真这么做了。我知道在我们的文化(男子不会有这样的行为)中的确有这样的现象;现在新郎都会去美容院做美容。

(大家笑了起来,谈论开了)

美容院里什么都有,但是在我们的日常生活中,就比如每个月,我们女的会去修个眉、拉个线、去个毛什么的;男的不去——一般不去。(大家都表示同意)只有即将举行婚礼的可怜虫(他们去)(嘲弄的语气)。

(大家又都笑了起来)

奥德丽:近来情况不一样了;男人们也进美容院。

全体:是的,一点不错。

哈斯娜:但这是性别还是生理性别相关的问题?去做美容,这是什么性质的行为?我想问你们,这是性别相关的行为吗?这个方面存在男性平等吗?会有损男人的男子气吗?这么做会有什么问题吗?

奥德丽:我个人认为这是一个特定文化的问题,因为有太多的文化;甚至在过去,你可以看到并不是(只有)女人才追求时尚、化妆等,男人们也会穿带有褶边的衣服(哈斯娜:是的呢)。就是19世纪的时候,我想(哈斯娜:嗯)。穿高跟鞋的是男人(哈斯娜:嗯),化妆的也是男人……(背景:莎士比亚的戏剧,全体表示同意)爱穿衣打扮,留长头发的人不是女人,这并不是女性的专属标记。只是在时代和潮流变迁中，现在，这些才和女性联系在一起。这是值得我们思考的地方。

哈斯娜：我的感受是如果男人这么做是想让自己看起来更光鲜亮丽，我会觉得这是一个问题，但就像这会儿我跟你们说话，我的手四处乱挥；如果现在换成是他，应该不会这样（手乱挥）。

娜兹尼恩：他的样貌也会很不一样。

哈斯娜：（接着说）他想让自己看起来健康一点跟他想让自己看起来光鲜亮丽是不一样的。

米拉：但是，不一定能看出有什么不同。

哈斯娜：看起来像女士，不，看起来脸上干干净净的（开始大笑）。

（每个人都大笑起来）

在另外一次会议上，教师们思考真主为什么在男女生理性别有异的前提下仍然坚持性别平等，她们表示平等往往是一种意识性行为，如果没有平等，两性就会有分别属于自己的天与地：

如果没有平等，男人和女人会有不同的天与地。

但是，性别工作并不是毫无风险的；教师会因为扰乱社会话语实践而面临遭到排斥的风险，特别是那些有着深厚宗教渊源的实践行为。如果性别问题是一个争议性极高的话题，有着极高的宗教敏感性，其危险可能是致命性的。后结构主义理论为 12 名教师和我理解我们作为城市妇女在特定背景中所遭受压迫提供了理论框架，但与此同时，我们也清楚我们只能对部分真理性认识作出设想，还有些认识无法言说，只能在工作中保持不清不楚。

12 名教师接下来开始积极备课以实现平等，对关于男孩/女孩的社会意识发起冲击，实现我们自己的性别建构范畴内或超出该范畴层面的转变。在下文中，我会介绍马哈姆的教学实践，她的目的是打破女性适宜待在家里的女性本质论的限制，就妇女的社会地位提出新的主张。

第十一章　女性主义后结构主义理论与巴基斯坦儿童早期课堂中的性别平等实践

建构"女性形象"

马哈姆的课堂教学利用故事作为促进性别平等的方式。她试图建构关于女孩为男性领域接纳的主题故事,这是打破规范话语体系的重要一步。她还有意打破关于两性的传统定势思维及社会主导话语,试图给孩子们灌输新的两性意识。马哈姆班上的男孩女孩都对两性形成了固定的思维,特别是受他们生活的穆哈拉(社区)的影响颇深,例如男性是掌控一切的人,是决策者,是一家之主,他们能力强,具有冒险精神,是公共领域的参与者;而女性则屈于男性之下,服从男性的意愿,做事被动,需要男性的支持,遇事会害怕,其生活轨迹主要集中于家庭。这些基于生物性别的关于男性和女性定势思维的倾向,清晰地表现在孩子们的回复及其对关于两性的自我认知中。在以下这个场景中,马哈姆班上的女孩认为适合女性的领域就是家庭,坚持认为女性所能做的唯一的事就是"杰哈卢/普插"(扫地和拖地)。

马哈姆给孩子们读了玛丽·霍夫曼的《神奇的格蕾丝》一书,她把主人公格蕾丝的名字换成了雷尼,给孩子讲了雷尼有多么勇敢,她有一颗想干一番大事的心:她想成为蜘蛛侠和人猿泰山,她想参加戏剧演出,在剧中一展歌喉。读完故事后,马哈姆问了孩子们一些问题。以下是相关对话:

> 马哈姆:好的,现在请告诉我,女孩们可以做什么?
> 女孩:杰哈卢/普插。
> 马哈姆:是的,女孩可以做杰哈卢/普插。除了这些呢?
> 女孩:洗碗。
> 马哈姆(有点气急了):还能做什么?
> 女孩:她们能做大事。
> 马哈姆:什么大事?
> 伊奇拉:可以在马戏团里工作。
> 马哈姆:嗯,可以在马戏团里工作……还有吗?
> 女孩:可以出现在电视里。
> (问乌默)
> 乌默:她们可以缝衣服。
> 马哈姆:男孩也可以缝衣服。你们见过男孩缝衣服吗?还有呢?

157

女孩：洗衣服。

马哈姆：男孩也可以洗衣服。你们没见过男孩洗衣服吗？

女孩：她们可以扫地。

马哈姆：还有吗？

女孩：汽车。

马哈姆：她们可以开车。

女孩：她们可以开飞机。

马哈姆（开心）：是的，她们可以开飞机。

全班孩子完全不受马哈姆所讲故事的启发，一味局限于他们的固有认知，这让马哈姆很是挫败。她希望孩子们的认知能有一个突破，但孩子们的反应是排斥。不管是男孩还是女孩都坚持认为女孩所做的事就是打扫、清洁和缝纫。

女性的这种狭隘的主体认知意味着在家务以外的任何范畴内建构女性形象都是一件十分困难的事。孩子们关于女性的认知为什么这么狭隘，教师们把这归因于她们出身贫困、社会经济地位低下。她们觉得如果孩子们有较高的社会阶层出身，就会有更多机会接触不同形式的女性形象，而这些形象是社会经济地位低下的孩子们所无法接触到的。正是由于这个原因，来自较低社会阶层的孩子们，其关于女性角色和职业的思想认知只能局限于他们这个阶层妇女所从事的女性传统角色和职业，如家庭妇女、教师等，而无法想象新的女性形象。

马哈姆继续给孩子们讲关于女性新的形象定位的故事，以此挑战关于女性的本质主义思想。马哈姆选择了芭贝特·克勒的《自作聪明的公主》一书，她把故事主人公的名字换成了"莎扎蒂·索尼亚"。这个故事的主人公是一位含着金钥匙出生的美丽公主，但她不想嫁人，于是公主给她的追求者们设定了不可能完成的任务，这样她就不用嫁人了。马哈姆班上的所有孩子都觉得这个故事太出格了，他们无法接受，他们表示自己长大后会想结婚，暗示了索尼亚最终还是会走上嫁人的路。不管是男孩还是女孩，都接受异性恋婚姻是生活的根本。

在故事最后的讨论中，女孩们纷纷表达了她们对婚姻的向往，而男孩则把结婚看成他们不得不做的事。对于男孩来说，结婚还是一件跟其他物质因素——如买辆电动车——相关联的事。有位男孩把买电动车和结婚放在了一起说，似乎这两者之间有某种必然的关联。孩子们完全没有领会到故事中关于女性独立、女性自主决定婚姻、不依赖男性过活的女性主义思想,相反,在孩子们的话语中充斥着关于女性离了男性无法过活、婚姻是一项重要的责任等传统文化和宗教思想。在孩子们看来,索尼亚有权利对跟谁结婚作出选择/不选择一点儿也不重要,在他们的思想认知中,婚姻很重要,不管马哈姆怎么改变提问方式,孩子们的回答都表现出对婚姻的渴望和向往。在以下这个场景中,我们可以看到男孩们对男尊女卑权力关系的清楚认识。马哈姆在故事最后的讨论环节,问孩子们有谁不想结婚:

马哈姆:好,有谁不想结婚?

孩子们(齐声):我想结婚,我也想结婚。

乌默:老师,老师,(我)已经结了三次婚了。

马哈姆:他已经结了三次婚?

(所有人议论起来)

马哈姆:我们来问下乌默都跟谁结了三次婚。

乌默:是玛姆安排的。

马哈姆:你(三次)是跟谁结的婚?告诉我们她们的名字。你应该能说出她们的名字,她们是跟你结婚的人。(乌默没有回答)

马哈姆:她们住在你家里吗?

乌默:她们住在纳尼家里。

马哈姆:她们不住在你家里?她们是大人还是小孩,你的新娘们?

乌默:是大人。

乌默告诉了我们一个真实的婚姻事例,流露出了他对男尊女卑权力关系的清晰认识,这种权力关系使得男性享有选择婚姻对象的优先权。对于乌默而言,结婚不仅是一件真实发生的事,而且他还能娶不止一个妻子。当我们在后来的讨论环节说起这件事时,马哈姆提到了从小灌输给孩子们的宗教思想,即婚姻是苏拿特(责任),异性恋婚姻(可以不止一段)具有极其重要的意义。孩子们深受这些宗教思想的影响,难以接受除此以外的其他关于婚姻的观点和看法。异性恋思想成为人们普遍接受的真理性认识,从而对主体的思想认知形成了全面的约束,不容他们有异于此的思想认知,如果他们接受了新的思想认知,还会受到惩罚。

在巴基斯坦这样一个文化背景中,马哈姆想要灌输给孩子们诸如不婚等思想是十分有挑战性甚至是危险的行为,因为巴基斯坦的主导宗教思想认为婚姻是理性、正常的男女应该做的事。因此，马哈姆不得不在夹缝中寻找空间，在课堂上通过故事向孩子们灌输新的性别意识和思想，例如，她向孩子们展示了除了婚姻外女性还可以从事其他的事；女性可以成为思维主体，而不是被动屈从于丈夫的人；人们可以选择不结婚等。因此，通过故事，马哈姆在面对已形成的被认为真理性认识的定势思维时，提出了新的性别思想和可能或至少是可以容忍的实践行为。研究小组里的其他教师也都对孩子们的性别认知作了调查和研究。

解构"朋友"和"友谊"

纳兹的课堂教学则试图对异性友谊作出解构。纳兹之前上过一堂关于"朋友和友谊"的课，这堂课让她产生了很多疑问，促使她从一个新的角度来理解朋友和友谊。虽然社会对异性友谊持否定态度，但她坚信男孩和女孩可以是纯粹的朋友，她力图把"朋友"这个词和性暗示相隔绝，鲜明地表达了她的这一立场和观点。她认为孩子们都是天真无邪的，但她发现有像她班上学生一般大小的孩子被灌输了不健康的友谊概念，总拿性的有色眼镜来看待友谊，这让她觉得难以接受。她试图改变人们关于异性间没有纯粹友谊而只有两性关系的看法。在第三次行动研究会议上，她向大家汇报说她的关于重新建构友谊概念的努力全部落空了，她完全没想到家长们会对她所作的努力予以暗中破坏，以维护他们所习惯的性别秩序，保证孩子受到"正确的"教化。她描述了她第一次关于促进性别平等的尝试：

······我们的性别平等实践始于一次关于名词的学习活动。在活动中，我们让他们（孩子们）列举鸟类的名称，还有国家名称等，然后，我突然灵机一动，想着要不问一下孩子们朋友的名字吧。所以，我就问男孩还有女孩，每个人，他们朋友的名字，发现男孩提到的朋友全是男孩，而女孩提到的朋友全是女孩。于是，我和艾莎跟孩子们作了很长时间的沟通，我们还告诉孩子们我们朋友的名字，有女的，也有男的。接着，我又提了班上几个男孩的名字还有几个女孩的名字，他们是朋友。这样之后，孩子们有了一丝触动，开始提到刚才没有出现（漏了）的名字。就这样，那天，我非常高兴，因为孩子们克服了性别障碍把（朋友的）名字都给报出来了。所以,我想着这个活动进行得这么顺利,要不再布置个作业吧。课堂上,孩子们把朋友的名字写了下来;孩子们回家把名单誊写好第二天交上来。

但是,就在我们检查名单作业的时候,发现名单上所有(强调)的名字全都改了。我们十分诧异,就把那些善于表达的孩子——瓦瑟夫、拉贾伯、卡莎芙等——叫过来问问情况;我单独把这些孩子叫过来,说你在课堂上告诉了(我)哪些人是你的朋友,但为什么在作业中没有把这些人的名字写进去,是怎么回事? 卡莎芙告诉我说:"不是我不写,是妈妈说男孩不能是我的朋友。"

(背景中的教师:是的)

瓦瑟夫说:"我的补习老师说这是不好/不对的;你不能和女孩做朋友;你不能写她们的名字。"(纳兹)

在这个小场景中,纳兹指出,在巴基斯坦,"朋友"这个词含有贬义,往往暗示了男女朋友关系。在巴基斯坦,社会各个层面都实行两性隔离,所以"友谊"是一个遭到贬视的词,人们对异性之间的友谊并不持肯定态度①。女性是受保护的对象,家长是女孩的保护人,对有损女孩名声的行为会作出报复,所以写女孩的名字可能会带来麻烦。在这种情况下,"撤销"性别相关任务内容,其实际指向的是孩子关于其社会立场和社会话语实践理解的约束和管教。

纳兹对学生们受控于管教的行为作出的回应是又想出了一个新的点子来给孩子们灌输新的想法。

于是,我对发生的这一切想了很多。有些事错了。于是,有一个想法闪过脑际:我们——事实上,也包括我们自己,如果被社会贴上了"女朋友"的标签,我们不会喜欢这个标签,社会对"女朋友"的态度很不友好。

在这种情况下,我跟孩子们玩起了心理战。我让一些男孩还有一些女孩站起来。我告诉他们说你们要组成小组,需要报出你们伙伴的名字,我告诉男孩说你们的伙伴必须要从女孩中选,告诉女孩说你们的伙伴必须要从男孩中选(纳兹)。

纳兹所采用的策略是一种言语上的屈服策略,对孩子们的合作模式发起了挑

---

① 友谊虽然在社会的特定阶层适用,但社会中的大多数人认为友谊是一种不道德、无法容忍的关系。

战和冲击。她知道语言的应用法则,对其加以了有效利用。她利用"伙伴"这个中性的表述来指坐在边上的人或小组成员。她的策略取得了成功,孩子们和他们的伙伴们达成了合作,这帮助他们克服了一开始的排斥感。因为强调的是"任务",孩子们的互动交流变得可以接受。另外,孩子们被要求自己选择小组成员,这在纳兹看来是她树立孩子们对小组和小组任务责任心的有意之举。她让孩子们用花或水果名称给小组命名,是因为花或水果名称能够用来指称全体孩子。她指出:

> 就像在这件事上,我作出了一个很好的回应。拉贾伯是我班上第一个写下女孩名字的男孩,而卡莎芙,就是那位告诉我说"是妈妈说男孩不能是我的朋友",还说"只有我的兄弟才是我的异性朋友"的学生,她也选择了拉贾伯。我立刻告诉拉贾伯说,你去和卡莎芙一起坐。班上还有一个名叫伊莎的女孩,她说:"我也会选拉贾伯(做我的小组成员)"。所以我就让两个女孩和一个男孩组成一组。还有一名女孩,她不许任何男生坐到她旁边,总会(对男孩)发火。当挑选伙伴的活动开始时,她也并没有选择男孩,但当她的一个朋友选了(她组里的)一个同学,我跟她说,你们(组里)有两个女生,你选一个男生吧,她对此没有表示反对……就这样,全部小组都分好了。现在,我用到伙伴这个词时,孩子们不会再表现出排斥。

这个关于"伙伴"一词的应用实例,表明了不同语言所蕴含的意义所带来的孩子们的转变,用"伙伴"而不用"女朋友"或"男朋友"来称呼彼此,是可以接受的。孩子们之间的伙伴关系是基于工作关系而非异性友谊而形成的关系。孩子们根据学习表现选择自己的伙伴,在此过程中孩子们首要考虑的是小组任务的竞争性和对获得奖励的渴望;物质利益支配伙伴关系。用"伙伴"而没有用"朋友"这个词,改变了孩子们对跨性别小组的意义理解。对此,纳兹的表述是:"他们不再觉得这个词刺耳。"这会引发我们对以下这个问题的思考——在纳兹班上实现性别平等究竟有何意义?并暗示了只有在结合具体语境并从社会的意义理解角度思考性别平等策略,策略才能真正奏效。

第十一章　女性主义后结构主义理论与巴基斯坦儿童早期课堂中的性别平等实践

结语：女性主义后结构主义能够在宗教话语占据绝对权威的文化中打开一片新的空间

对于参与本次研究的教师们来说，打破"本质主义论"意味着他们必须重新释读广为传播的以宗教男权为砝码的"神圣化"思想和话语，而重新释读则意味着教师们必须尽力消除①他们过去所奉行的思想和原则（如男女生而有异）的痕迹。正如我所讨论的，这一话语的根源在于宗教解释。教师们认为如果真主赋予了男人和女人相同的道德责任感，那两性之间必须会存在一些共通因素，这些因素不一定就是相对或两极化的。

但是，教师们也不愿意完全抹杀两性间的"差异"，这从他们积极反对多元化男性属性和女性属性的建构、倾向于男性属性的霸权表现形式中可见一斑。对本质主义论的部分颠覆意味着在给予全体孩子不分性别平等参与课堂活动机会的同时，也会给孩子灌输一些关于男性和女性不同属性的思想。这意味着这些不同束缚了新的多元化思想和认知的形成，因此，在一定程度上限制了孩子们的主体认知的形成，进而限制了女性主义后结构主义在这一语境中的潜能。

此外，正如教师们所引述的，要打破社会话语实践，不是凭借一己之力可以实现的，而是需要转变每个人的思想意识才能实现。这正与沙希德（Shaheed 2010）的表述如出一辙：争取性别平等需要社会大众的配合，而不是"特定范围内以阶层为基础的少数特权阶层人士所能完成的事业"（p. 856），巴基斯坦的历史实践已经证明了这一点。因此，本次研究为巴基斯坦教师挑战特定范围内的话语实践以实现性别平等开辟了新的路径，同时为通过向孩子及其家长灌输关于多元性别理解和"实践"方式，进一步开展性别研究、推动女性主义发展提供了新的可能性，从而使得争取性别平等的事业跨越了"以阶层为基础的少数特权阶层人士"的范畴。

---

① "消除"这个词暗指"一个特定词汇/思想/概念的意思具有暂时性，而不是固定不变的"（MacNaughton 2005，p. 97）。

References

Anwar, E. (2006). *Gender and self in Islam*. London: Routledge Taylor and Francis Group.

Barlas, A. (2002). *Believing women in Islam: Unreading patriarchal interpretations of the Quran*. Karachi: Sama.

Blaise, M. (2005). *Playing it straight: Uncovering gender discourses in the early childhood classroom*. New York: Routledge.

Blaise, M., & Taylor, A. (2012). Using queer theory to rethink gender equity in early childhood education. *Young Children*, 67(1): 88 – 96.

Brydon-Miller, M., Greenwood, D., & Maguire, P. (2003). Why action research? *Action Research*, 1(1): 9 – 28.

Foucault, M. (1977). *Discipline and punish: The birth of the prison*. Harmondsworth: Penguin.

Hashim, I. (1999). Reconciling Islam and feminism. In C. Sweetman (Ed.), *Gender, religion and spirituality* (pp. 7 – 14). Oxford: Oxfam Publishing.

Jafar, A. (2005). Women, Islam, and the state in Pakistan. *Gender Issues*, 22: 35 – 55 (Winter).

Jamal, A. (2005). Feminist 'selves' and feminism's 'others': Feminist representations of Jamaat-e-Islami women in Pakistan. *Feminist Review*, 81: 52 – 73.

MacNaughton, G. (1998). Improving our gender equity "tools": A case for discourse analysis. In N. Yelland (Ed.), *Gender in early childhood* (pp. 149 – 174). London: Routledge.

MacNaughton, G. (2000). *Rethinking gender in early childhood education*. NSW: Allen and Unwin.

MacNaughton, G. (2005). *Doing Foucault in early childhood studies: Applying post-structural ideas*. New York: Routledge Falmer.

Shaheed, F. (2010). Contested identities: Gendered politics, gendered religion in Pakistan. *Third World Quarterly*, 31(6): 851 – 867.

Wadud, A. (1999). *Quran and woman: Rereading the sacred text from a woman's perspective*. New York: Oxford University Press.

Weedon, C. (1987). *Feminist practice and poststructuralist theory*. Oxford: Blackwell.

第十二章 印度尼西亚的女性主义和儿童早期教育：教师反思

斯里·马尔平温　帕特里夏·G.拉姆齐

摘要　本章主要介绍印度尼西亚幼儿教育者和幼教中心管理者对于性别平等培训班的态度，分析性别相关文化和法律冲突在培训班学员的个人和职业生涯中的体现。在过去，印度尼西亚的教育工作者对性别平等一直持排斥态度，因为"女性主义"这个表述被认为是西方理念，与印度尼西亚的本土文化格格不入。有些人还觉得很多培训内容说教意味强，虽然内涵丰富，但与他们的亲身体验却不相符，甚至相矛盾。此外，有些教育者认为性别对他们社会动态化的课堂教学并没有影响。为了应对这些问题，本文第一作者和她的同事们研究出了本章所要介绍的培训策略。第一，把"女性主义"的负面含义从"性别平等"表述中剥离。第二，相对于"政治层面"，培训班主要侧重"心理层面"。这种培训模式鼓励教师们反思自己的生活以及影响他们性别身份的环境，包括使他们变得强大，帮助他们克服性别规范和不平等的经历体验。随着培训班学员慢慢理解自己以往的性别相关经历和身份，他们开始关注他人的特殊经历和观点。他们还开始认识自己的课堂教学中存在的性别偏见行为和教学实践，并开始积极研究教学策略以营造一个性别更加平等的学

S. 马尔平温，女性赋能机构（IWF），牙加达，印度尼西亚，e-mail: marpinjun@yahoo.com & 日惹市儿童早期关怀和发展资源中心（ECCDRC），日惹，印度尼西亚。
P. G. 拉姆齐，霍利约克山大学，南哈德利，美国，e-mail: pramsey@mtholyoke.edu.
　　斯普林格自然新加坡有限公司，2017.
K. 史密斯等（编），《儿童早期教育和女性主义理论》，儿童和青少年视角 4，DOI 10.1007/978-981-10-3057-4_12.

习氛围。

关键词 女性主义；性别平等；幼儿教师培训/培训班；印度尼西亚政治和文化背景

引言：培训班创办背景

在介绍培训班之前，我们想先介绍一下印度尼西亚的地理、历史、国家政策以及和女性主义与儿童早期教育相关的教育背景。

印度尼西亚是一个由约 17,508 座岛屿、300 个不同民族和语言组成的多元化国家，在这样的多元背景下，任何一项教育改革在印度尼西亚都举步维艰。此外，同其他国家一样，文化理念和实践的冲突性为有意开展女性主义实践的教师创造了一个极为复杂的环境。不过虽然障碍重重，印度尼西亚仍然着力推行儿童早期教育，保障人权。

性别、文化和宗教的相互交织在人们的日常生活中清晰可见，往往表现在政策和实践层面，包括儿童早期教育。印度尼西亚的历史和现代政策环境可以通过一些重要政策得窥一二，这些政策既支持又破坏性别平等，本节稍后讨论。本章将主要介绍参加培训班的幼儿教育工作者的经历体验，他们采用"心理启发式"策略对儿童早期教育方法中的性别角色和平等问题作了研究和分析。培训班的创办基于女性主义这个理念：

> 寻求转变，以创造一个能够实现性别平等的全新的社会秩序——在这个社会秩序中，男性和女性能够独立或以集体的形式生活在基于社会和经济平等的社会中，享有所有权利，与自然和睦相处，免受暴力、冲突和战争的威胁(Batliwala and Friedman 2011, p. 61)。

参加培训班的教师们在培训过程中反思了自己童年和成人时期的经历，以及这些经历对自己的性别理念和教学实践的影响。他们的很多记忆和当下的思想观点正是印度尼西亚政策、价值观和实践冲突性和复杂性的真实反映。

1945 年 8 月 17 日，印度尼西亚脱离荷兰和日本的殖民统治独立。在准备这一历史性过渡的过程中，开国者们拟定了"建国五原则"作为国家创立的指导原则。其主要内容为：

1. 相信有且只有一位上帝(印度尼西亚文是 Ketuhanan Yang Maha Esa)。

2. 公正、文明的人性(印度尼西亚文是 Kemanusiaan Yang Adil dan Beradab)。

3. 印度尼西亚的统一(印度尼西亚文是 Persatuan Indonesia)。

4. 以内在智慧为引导、代表讨论后的全体一致意见为基础的民主;确保达成一致意见的公正程序(印度尼西亚文是 Kerakyatan Yang Dipimpin oleh Hikmat Kebijaksanaan, Dalam Permusyawaratan dan Perwakilan)。

5. 面向印度尼西亚全体国民的社会正义(印度尼西亚文是 Keadilan Sosial bagi seluruh Rakyat Indonesia) (Pancasila n. d.)。

印度尼西亚宪法 Undang-undang Dasar(UUD1945)对这些原则作了详细阐述,并规定了印度尼西亚公民和居住者的权益。UUD1945 第十章规定所有公民和居住者在法律面前一律平等,享有各种人权,包括:儿童在没有暴力和歧视的环境中长大的权利;思想、道德、宗教、表达和集会的自由;选择教育、工作和居住地的自由;在任何情况下不受歧视和压迫的自由(Constitution of Indonesia n. d.)。

自独立之日起,印度尼西亚签署了好几个旨在保护妇女儿童权益的国际公约。1984 年,印度尼西亚批准了联合国《消除对妇女一切形式歧视公约》(CEDAW 1979),这一举动表明印度尼西亚承诺在本国法律中加入男女平等原则,并成立法庭和其他公共机构以保护妇女免遭个人、组织或企业的歧视。

1990 年,印度尼西亚批准了联合国《儿童权利公约》(CRC),并于 2002 年将其正式纳入法律。该公约规定各国应当保证儿童的健康发展,不会因为种族、性别、文化和残疾等因素而有所区别。印度尼西亚还通过了 UNESCO(联合国教科文组织)的 2000 年全民教育《达喀尔宣言》(EFA)。EFA 总共有六大目标,其首要目标为"普及并提高全面儿童早期关怀和教育,特别是针对那些最弱势儿童群体的儿童早期关怀和教育";"保证到 2015 年所有孩子,尤其是女孩、处境困难的孩子和具有少数民族背景的孩子能够接受并完成优质的免费义务小学教育"。这些目标强调了儿童早期教育以及各个教学层面性别平等的重要性。EFA 的签署促使印度尼西亚政府在 2003 年专门成立了教育部儿童早期教育(ECE)指挥中心,并在国家教育制度法律体系中开辟了 ECE 专项内容。

但与此同时,正如"建国五原则"中的第一个原则所揭示的那样,印度尼西亚是一个宗教(并不是一个俗世的)国家,印度尼西亚人利用宗教(任何宗教,不仅是伊斯兰教)来指导个人和集体生活。原则中的"有且只有一位上帝"的表述是1945年政治博弈的结果,它指的是伊斯兰教,这也是大多数印度尼西亚人所信奉的教派。但伊斯兰教的游说家们试图让"伊斯兰教法"成为印度尼西亚的国家法律,因此,"有且只有一位上帝"成了一个折中的表述,这个表述主要指称的是伊斯兰教,但也可以包含其他教派。印度尼西亚官方鼓励全体国民信仰宗教,为每个宗教提供了必要设施,并解决宗教争端。

由于印度尼西亚是一个宗教国家,其国民的文化习俗和社会生活受到1974年《婚姻法》的高度约束,法案制定的基础是伊斯兰教和其他宗教和文化原则,规定了男性和女性差异且不平等的角色分配,尤其是成婚以后。《婚姻法》的第六章31:3节和第六章34节规定丈夫是一家之主,有义务保护妻子并依据自身能力提供家庭生活必需品,而妻子的义务是尽心持家。如果丈夫或妻子一方没有尽到应尽的义务,另一方可以向法院提出诉讼。

过去几十年里,很多妇女权益活动家提出了司法申请,希望能够修改婚姻法,但大多以失败告终。最近的一个例子就是宪法高等法院驳回了一个关于修改16~18岁女性最低婚姻年龄的司法申请(Putri 2015)。法官们的司法审判主要基于的是宗教解释,因为大多数宗教都有关于丈夫和妻子角色分工的相关内容,这些内容代代相传,迄今仍有大多数印度尼西亚人秉承这些内容,比如,女性希望男性挣钱养家,而男性希望女性包揽所有家务。

在这种背景下,就像很多其他国家一样,印度尼西亚的政策中也包含了很多性别角色和性别平等方面的矛盾性内容。一方面,印度尼西亚接受并积极支持很多尊重人权,包括妇女儿童权利的国家和国际原则;但另一方面,依然奉行维持丈夫和妻子性别角色分工的传统法律,主要表现为1974年的《婚姻法》。

由此可见,印度尼西亚儿童以及学校教师的生活和实践受到两种相互冲突的性别平等相关原则的冲击:其一,关于性别角色有所区别、存在分工的思想;其二,所有人享有平等权利、有免遭生活各个层面歧视自由的理念。

这些冲突和矛盾在本文第一作者及其同事们于2015年创办的针对幼儿教师的两个性别平等主题的培训班中有着鲜明的体现。下面对培训班以及接受培训的教师对生活和课堂教学实践的反思作简单介绍。

第十二章 印度尼西亚的女性主义和儿童早期教育：教师反思

培训班情况介绍

本文第一作者斯里是印度尼西亚的儿童早期教育专家,她有着几十年的从业经历,正是她发起创办了本章所介绍的培训班。我们后面会讨论到,她以前也从事过女性主义培训的相关工作,但效果不佳,原因在于培训班没有积极调动教师的参与性。在完成培训规划并使培训走上正轨后,马尔平温把所有资料翻译成了英语,然后和本文的第二作者拉姆齐一起对数据作出分析,写出了本章。在此过程中,我们就培训班和培训学员的反应作过多次邮件"对话",斯里记录下了关于培训班创办背景及学员反应的若干反思,我们在本章中摘选其中一些跟大家共享。

培训班是2015年春在印度尼西亚日惹市创办成立的,每期培训时长为5小时,形式大致相同。参加第一期培训的学员是10名幼儿教师/助教,第二期培训也有10名学员(9名女性、1名男性),包括幼儿教师、幼教中心管理者、幼儿教育教师等。这两期培训班的师资相同,5名培训教师都受过第一作者的培训,有着丰富的幼儿教学经验,以前曾经参加过教员培训项目。

培训班主要围绕反思开展培训。这种心理启发式培训模式有别于以往以性别平等为主题培训的政治化培训模式。后者说教性更强,往往以女性受到男权制度的压迫(如列出相关统计数据表明政府部门女性偏少、女性工资待遇相比男性偏低、女性是家庭和公共暴力的受害者等)作为切入点。这一模式对于那些在家庭或工作场合感觉受到理解和保护但却遭遇不平等待遇的女性来说行之有效,但其没有考虑到印度尼西亚历史、法律和价值观的复杂性。更重要的是,它基于的是所有女性境况相同的错误假设。事实上,很多妇女所遭遇的现实情况很不一样。虽然有《婚姻法》的约束,但她们中很多人都能够和男性一样获得并控制资源,反观有很多男性生活贫困,受到压迫,获得并控制资源的权力极为有限。因此,以"所有女性都受到压迫"等过于笼统泛化的陈述作为培训的切入点,往往会导致接受培训的男女学员对培训教师、与性别和女性主义相关的原则和表述生出排斥之心。

自20世纪80年代以来,斯里就对这种政治化培训模式有过亲身体验并作过缜密观察,她注意到这种模式把培训学员放在了从属的地位上,把关注点放在了他们作为性别歧视受害者的历史过往上,在有些情况下还伤害了他们的自信,导致更不平等工作关系的形成。在写这章时,斯里对这些经历体验作出如下反思。

> 我认为这种[政治化]模式……其目的在于说服培训人员认同性别问题(两性权力关系的不平衡)的存在。因此培训教员提供的信息是他们期望能够很轻易就被接受的内容,而不是能够引发思考或批判的内容。这就像一个洗脑的过程!这一模式的影响十分可怕。即使有人并没有真正理解性别问题,但他们还是担心自己会被贴上"性别歧视"的标签。这个标签在他们与女性打交道的过程中会是一个致命的弱点。

斯里介绍了21世纪初孟加锡的一个采用了政治化模式的培训实例作为说明。第一次培训课上,培训教员使用统计数据以证明印度尼西亚"男权文化"的持续存在,她还列举了女性不能在他人面前把腿搁到桌上的例子来说明性别歧视现象的真实存在。结果是培训人员感到这些数据和例子对他们毫无意义,而且这些信息过于负面,培训差点就进行不下去。这些负面反应与培训教员所要导入的性别问题并不直接相关,或者说,培训人员不喜欢培训教员引导他们的方式(Mergaert and Lombardo 2014)。斯里对此作了干预,采用了"心理启发式"培训策略,从而有利于将培训拨回正轨,培训鼓励培训人员从个人角度出发畅谈自己对性别的看法,能够帮助他们认识到每个人都需要自我发展,意识到性别问题上的同质化对个人是有害的。

在她关于这些经历的反思中,马尔平温注意到很多培训教员都是女性主义领域的积极分子,他们对于"男权文化"等概念能够坦然接受。但是,这样的分析对于很多主要关注个人/家庭/工作生活的教师来说毫无意义。任何性别平等教育都要以这些内容作为切入点,而不是男权等不熟悉的抽象概念。

斯里和同事们在梳理这些经历和积极反思的基础上提出了心理启发式的培训模式,这种模式旨在鼓励培训人员反思自己的亲身经历和观点,触动他们真实的心理感受。一般来说,成人喜欢跟人分享自己的感觉,在这个过程中他们感受自己因为分享资源而获得了尊重,他们不喜欢自己成为说教的对象。因此,本章中我们所介绍的培训班模式主要遵循以下原则:第一,鼓励培训人员在无评判氛围中分享自己的个人和职业经历;第二,通过自我反思和小组讨论对自己的过往经历、性别角色观点和教学实践作出批判性反思。这一模式还蕴含了一个参与和体验式的学习模式:"当性别培训针对特定的职业、社会和文化背景时,其影响力和相关性最大……它还应该考虑到那些接受培训人员的背景和需求。培训应该尽可能引用来自培训人员亲身经历的实例,应该有充分时间讨论出现的任何问题。"(EIGE 2012, n. p.)这种关于性别平等问题的反思型模式也正是当前美国、爱尔兰、澳大利亚等国的教师教育所采用的教学模式(Aina and Cameron 2011; Erden and Wolfgang 2004; Fulmer 2010; MacNaughton 2000; MacNaughton and Williams 2009; Ramsey 2015; Zaman 2008; Murray and Urban 2012)。

培训班的指导原则如下:

- 每个人都有一个性别身份,在我们还很小的时候就学习并内化我们的性别身份。但是,不是所有人都完成了确立身份的过程。通过反思自己的所为、所感和所思,培训人员将会知道自己作为女性或男性到底是谁以及为什么。
- 性别平等是人权的一个组成内容,尊重个人、实现性别平等是全世界人民的奋斗目标。通过对迎合性别角色和期望相关经历的自我反思和讨论,培训人员会逐渐认识到每个个体都有权做自己,认识到性别和其他人权之间的有机联系。
- 通过自我反思和对话,培训人员对自己获得家庭、同伴和学校等机构的尊重接纳还是成为歧视对象、受到排斥的自我经历形成一定的认知。通过这个过程,他们开始认识到为了应对歧视经历、积极面对未来,孩子们需要树立自信。他们还会认识到幼儿教育工作者在这个过程中的重要作用。
- 当教师们从自身经历中领悟到性别平等是保障儿童利益最大化的核心手段时,就会把性别平等看作道德准则,是教学实践的重要内容,会认识到孩子们需要:① 确立自己的身份属性;② 认同不管是男是女都无所谓,他们并不会因为性别而低人一等或高人一等,大家都是平等的;③ 树立高度的自尊意识,有信心迎接未来。
- 通过这些反思,培训人员会认识到不论其性别、种族、民族和宗教,女性主义原则对所有人都适用(如,个人性别是一个政治化标签、生理性别并不能决定一个人的命运的信念;促进平等、包容和多样性的目标;和平和安全;身体的完整性和不受任何暴力的自由)(Batliwala and Friedman 2011)。培训人员将会认识到这些女性主义原则早已成为他们生活的一部分,并找到开展教学实践的自我理由和政治立场,认识到"女性主义者"不是一个局限于"外部"个体(如基督教徒、西方)的表述,而是一个囊括了所有人——印度尼西亚人、爪哇人、穆斯林——的表述。

两个培训班都开展了一系列活动以鼓励培训人员对自己的身份、过往经历和价值观作出反思,并与他人分享自己的经历和想法。反思结束后,他们就课堂教学中的实践行为和同伴交流以及教学实践是否并且如何反映性别相关假设和角色认知作出讨论。培训结束时,他们思考出应对课堂教学性别歧视的可能策略。

培训人员关于自我反思环节的反馈

第一、第二作者还有来自美国的另外一名同事对培训人员自我反思反馈的文稿作了反复研读,一起整理出了不同内容的反思活动反馈涵盖的几大主题。我们的章节篇幅有限,无法对全部反馈给予描述,只能给大家介绍一些特别有意思的反馈意见。每个参与人员都有着特殊的经历和角度,但他们的反馈意见集中表现在《婚姻法》所规定的性别角色和分工同作为印度尼西亚人权保障重要内容的性别平等之间的冲突和矛盾。

有一个反思活动的主题是"我是谁",这个活动要求培训人员画出自己的生活轨迹示意图,并与小组成员分享,关于这个问题的反馈,很多人表示自己的生活轨迹充满艰辛和痛苦,走了很多弯路,有些人用了"山"这个意象来描述他们所经历的艰辛。有一个人在描述中反复使用了"悲伤"一词。很多人提到了生离死别所带来的家庭分裂;有些家长因为工作过于繁忙只能把孩子送到寄养家庭或亲戚家。(注意:以下各段引文最后括号中所标注的是说话人的化名。)

> 我是家里最小的孩子,有两个哥哥……我的父母工作很忙,父亲在部队工作,母亲在已婚妇女机构工作。我和两个哥哥生活在寄养家庭里。我很难控制自己的情绪。我中学上的是马都拉的一所寄宿学校,我的家庭变得四分五裂,父亲去了日惹市,母亲生活在加里曼丹,第一个哥哥高中毕业后去了麦迪恩,第二个哥哥去了三宝垄,跟他的寄养家庭生活在一起(帕提)。

由亲戚抚养长大意味着孩子,特别是女孩,会受到严格的管束,迫使他们接受性别角色的相关概念。

> 我的生活起起落落。我出生在拉姆庞,是家中最大的孩子,我当时觉得妈妈一点不爱我,因为她又怀孕了。[对于我来说,上高中太难了,因为学校离家实在太远,所以]爸爸把我送到了日惹市的爷爷奶奶家[去上高

中]。我心想我的痛苦终于结束了,但事实上我就像掉进了鳄鱼笼子里,奶奶让我干很多很多的活:烧饭、帮她采摘牵牛花好拿去卖。我非常想和伙伴们一起玩。当我高中毕业时,我心想这下苦难生活应该结束了吧。但是……[我]错了。我被送到了一所[非常严格的]寄宿学校里[学习保健]。他们说待在寄宿学校里对我比较好,因为我[习惯了]在严格的制度下生活……(丽萨)

很多人描述了他们早期的经历,这些经历迫使他们遵从社会期望,尤其是性别方面的期望。在说到家庭出身时,有几位培训人员提到家人对他们的要求十分严格,在这种环境中他们的角色有着十分严格的束缚。正如上面一段引文中所提到的,这位培训人员把自己在奶奶家的生活形象地形容为像生活在"鳄鱼笼子"里。还有人提到她们并不能像家里的男性成员一样上学。另外,学校教师往往比较凶,并不鼓励女孩全面参与学校活动。有几个人在比较闭塞的环境中长大,几乎没有资源可以帮助他们获得更多的经历体验。

而对于有些人来说,很不幸,婚姻没有能够成为逃开这些思想束缚的途径。有培训人员提到自己的丈夫暴虐成性或者吹毛求疵,对妻子的要求十分严格,还有盛气凌人的公婆一家,希望妻子能够顺从本分。有一位培训人员描述了她跟暴虐成性的丈夫的生活轨迹,一开始她有想过跟丈夫好好过日子,但后来终因无法忍受离开了丈夫,成了一位单亲妈妈。

> 我在这里用红色画了一团绞缠在一起的乱线,然后画了一条黄色的路。十字路口站着三个人,那团乱线正是对我以前生活的描述,代表了我的两个孩子和我的丈夫,我的丈夫现在已经不跟我们生活在一起。我那时还不是幼儿教师,我的生活内容就是制作食物,然后卖到店里。我的丈夫我指望不上。他从来不会跟我说生活中的问题。我想我需要获得尊重,但他会……伤害我还有我的两个孩子。我画了很多红色的标记,因为他伤害过我们很多次。我试着留在他身边,因为我的孩子们需要父亲。因此,我还是留了下来,直到发生了一件事:我们当时在争吵,他再次伤害了我和孩子。我对自己说这一切够了。他可以伤害我,但他不能伤害孩子。我问自己为什么要留下来。我决定离开他。这是个很困难的决定,因为我必须独立承担起一切。我住在郊区,我的两个孩子的学校则在市

区。每天我得去工作,然后接孩子放学。实在太累了(法拉)。

最后,还有一些培训人员提到自己决定做一名顺从的合格的妻子,就像下面这段引文中所讲述的那样。但有意思的是,说话人表示这个决定是她甘愿做出的,并不是迫于性别传统观念压力的无奈之举,因为她有家庭以外的工作。

> 我画了一个戴着头巾的妇女。我上中学时,并不知道什么是责任。我有一帮小团伙,但我们不做坏事;我们一起打篮球、演奏音乐,但我的学习成绩很差。我知道自己必须在学校里认真学习。我遇到了一名信奉伊斯兰教的教师,她告诉我怎么成为穆斯林妇女,并建议[我]戴上头巾或不露出"奥拉特"[女性身上被认为是私隐的部位],并且[每天]祷告5次。大学毕业不久我就结了婚……两三年过去了,我才明白了怎么才能成为一名戴着头巾的合格的穆斯林妇女,兼顾好妻子和教师的身份(坎恩蒂卡)。

还有些培训人员的成长经历与上面提到的父母和亲属强迫孩子接受性别角色规范的经历完全不同,他们的父母会告诉他们想做什么就做什么,会鼓励女儿自立、追求自己的兴趣爱好,并给女儿买"男孩玩的玩具"以鼓励她们探索更为广泛的性别角色。有意思的是,当他们的女儿开始按照穆斯林的习俗戴上头巾时,这些家长会十分排斥这种向传统低头的行为。

有些培训人员提到学校为他们的性别角色发展提供了机遇。他们说自己在学习追求和参与学生组织方面都树立了信心。此外,关于心理学和儿童早期教育的学习帮助他们确定了未来的工作方向:

> 我大学读的是心理学,我学到了很多关于生活的知识。我记得我的老师说过生活并不总是呈平滑的直线,可能会呈"之"字形。大学里我参加了学生组织,完成了一些项目,这为我的生活增添了很多经历(安蒂)。

不论其早期经历如何,很多培训人员都提到幼儿教育工作让他们找到了人生的目标和意义,让他们变得自信,并且获得了"家"的归属感。甚至连那些幼儿和青少年时期经历比较坎坷的培训人员都觉得自己现在的生活有了目标,还有些人立志成为教师或管理团队的领头人。从事幼儿教育工作给了他们感受自己充满能量、探索不同角色的机会:

第十二章　印度尼西亚的女性主义和儿童早期教育：教师反思

> 我遇到了一个亲戚，她也正在学心理学。我觉得这也是我想要学的。于是我一边工作一边开始学习。在[我完成一项研究方法作业的]过程中，我发现我对孩子们太感兴趣了。当我参观塔曼·品塔中心时，我对从事幼儿教育产生了兴趣。于是我向基拉娜中心提交了入职申请，结果就通过了。我的一路走得很顺，对此我深怀感恩……我现在的梦想就是创办我自己的幼教中心（贾斯蒂）。

还有人发现与婚姻带来的约束相比，从事幼儿教育给了他们学习成为自己的机会，让他们变得更加自信：

> 我完全离开了我的丈夫……我的丈夫喜欢限制我说话的权利。现在我觉得更为放松。没有人像我的丈夫一样一大早就逼着我做事，因为他想我完成[收割庄稼的]任务（法拉）。

虽然大多数培训人员都认识到性别不平等和固定僵化的性别角色限制了他们的生活，是他们痛苦的来源，但他们依然对性别角色和女性主义持矛盾态度，这从他们的其他自我反思中可以看出。当被要求对体现性别相关价值观的各种陈述作出反应时，培训人员基本上一致同意女性首先要实现经济独立，但在被问到关于女性主义的问题时，大多数人说他们对女性主义所知不多，还有几位培训人员把"女性主义"和"女性属性"混淆了。但是，当有一名培训教员介绍女性主义的六大原则时，全部培训人员都表示了认同。

培训人员被要求对他们身上的男性特质和女性特质作出评价时，他们的回答也流露出了女性主义的倾向。几乎所有培训人员对这个问题的回答是一半对一半——表明他们清楚认识到自己身上的特质和角色既有一般意义上男性的部分，也有女性的部分。有一位女士说她经常跟丈夫一起劳作，她觉得自己身上有95%的男性特质。有意思的是，那位男性培训人员觉得自己做的很多工作都是一般意义上女性所做的工作，但他认为自己身上的男性特质达95%。最后一个评价与很多研究结果相一致，这些研究表明相比穿衣风格偏女式、从事女性工作（如男人穿着裙装、从事幼儿教育）的男性，很多社会对于穿衣风格偏男式、从事男性工作（如穿着短裤、在建筑工地上做工）的女性接受度更高（Ramsey 2015）。

不过，虽然在前几个反思活动中，培训人员大多对固定性别角色的局限性有了一些批判性的认识，但随后的一项活动表明传统观念依然根深蒂固。这项活动要求培训人员分成小组,然后完成一幅男性和一幅女性画像并描述他们的特点和适合做的事。几乎在所有小组的描述中,对男性的描述是强壮勇敢、有责任心、做事积极主动、优秀的领导者,而对女性的描述是美丽顺从、心地柔软、遇事冷静、待人友好、富有耐心。男性适合做的事包括各种工作和运动,而女性适合做的事为家务,包括打扫、烧饭、缝纫、洗衣、购物等。联系培训人员克服了重重阻碍的生活经历、他们对女性主义原则的认同以及培训期间所有培训人员都有家庭以外的工作等情况来看,这些定势化的描述实在不能不让人感到惊讶。这些回答表明了即使在冲突性证据面前,传统理念依然根深蒂固。有一名培训人员将这一矛盾归因于经济考虑:

> 这个问题更多涉及养家的责任问题,男人的家庭责任就是养家糊口。这是宗教教义中明确规定了的。要不然,我们只能在经济上依赖于他人(蒂恩达)。

斯里引用她自己作为印度尼西亚人的亲身经历,解释说很多印度尼西亚人所信奉的原则往往含有两面性:

> 《婚姻法》反映了传统性别化分工的强大影响力。从很小的时候开始,印度尼西亚人就开始了关于该传统理念的本土社会化过程。但现在的年轻一代同时还受到包括人权在内的其他原则理念的熏陶。所以他们实际上既学习了传统的理念和原则,又接受了现代的理念和原则。很多印度尼西亚人可能会意识到这样一种模棱两可的态度,但他们可能不会作出决定明确表示站队哪边。事实上,"从一而终"对他们来说可能并不是一个好的选择;因自己的具体情况应用两种原则和理念,在他们之间作灵活切换,可能会更有利。比如,女性认同自己有工作的权利,但她们依然渴望自己的伴侣具有经济独立性,因为传统理念中养家是男性的责任,而女性只是想保障自己的经济安全。

培训人员对儿童早期课堂中性别意义的看法

在完成自我反思之后，培训人员开始就他们与孩子的接触展开讨论。上文中所提到的矛盾性性别理念同样也出现在培训人员对儿童早期课堂中教学方法和同伴关系的描述中。正如培训人员所讲述的，他们开始意识到很多课堂规则、同伴评价、教师的提问和指导其实都强化了性别隔离和固化角色。当孩子们的行为的的确确对性别角色和期待构成挑战时，教师和同伴往往会对他们，尤其是对展现"女性"角色的男孩作出评价。比如，男孩会因为穿着女性化、留长发或因为穿着粉色衣物或玩粉色玩具而遭到斥责，还会因为玩洋娃娃和炊具游戏或因为放声大哭而成为嘲弄的对象。而女孩会因为老师的一些教导——如不能爬高上低、必须坐姿端正等——而变得束手束脚。老师们有时还会告诉女孩说她们很可爱或很漂亮，这无形中强化了性别的定势化思维。如果女孩穿着"男性"服装，比如戴了一顶牛仔帽，或玩枪、卡车等玩具，往往会遭到同伴们的嘲笑。这种同伴所造成的性别角色强化现象在诸如澳大利亚、南非、美国等国家的幼儿园里都存在（Aina and Cameron 2011；Bhana 2007；Cunningham and Macrae 2011；MacNaughton 2000）。

当培训人员对这些作出反思时，他们意识到他们无意间强化了性别化的行为和期待。他们还谈到了"克扣"问题——指成人和同伴提出的暗含批判意味、起到强化社会期待作用的问题。例如，有一名2岁的男孩带了一个洋娃娃到教室，老师可能会说："你是男孩，但是你玩洋娃娃？"孩子衣服的颜色也可能会引发"克扣"问题。当成人看到男孩穿了一件粉色衣服时，可能会问："你是男孩，但是你穿女孩的衣服？"有一名培训人员讲了一名头发稍长的男孩受到同伴们嘲弄的例子："你是男孩，但你的头发为什么比我们的要长？你是男孩还是女孩？"虽然大多数提到的"克扣"问题都跟男孩有关，但也有老师提到了针对女性的类似问题。当女性不得不工作到很晚时，往往会受到这样的质问："你是女的，但你要很晚才回家？"这个问题背后的假设认知就是这个女的是妓女。还有一名培训人员在课堂上听到一个例子："哈，你是女孩，但你玩汽车玩具？"有时候，批判会以更直接的方式表达出来，而不是掩盖在"扣克"问题的背后。有一个案例，有名女孩剪了短发，她的老师们说头发剪得太短了。他们还注意到如果女孩穿着男性化，老师们可能会说她看起来像个假小子。

在这些关于课堂情形的讨论中,培训班导师和培训人员归纳出了以下几点内容:第一,他们赞同孩子们获取性别信息的渠道多元化,包括但不限于成人(家长和老师)、同伴、读物等。第二,具有局限性的性别角色导致了部分孩子的边缘化,束缚了他们表达自我的自由,并最终引领孩子走上同化的道路。特别是,关于女孩举止文雅的教条可能就会让她们变得不自信,不敢于做出选择。第三,成人往往使用"恰当"等词来形容典型的性别行为,而用"怪异"来指称那些冲击性别界限的个人。这些表达还有"克扣"问题等批判意见可能会影响孩子树立更加开明、灵活的性别角色意识。

为了鼓励孩子们树立更加灵活的性别角色和期待意识,培训人员讨论了教师的可行方法,教师可以通过提问的方式先了解孩子对性别概念的理解,在获得相关了解后,教师可以通过读物、图片、课堂访问者等形式对关于性别的定势化思维发起挑战。比如,他们可以对女孩不能(或不应该)爬高上梯的一般观点和技巧高超的"佩尼拔斯"——指可以爬上高树摘果子的印度尼西亚妇女——作出对比,或者当教师听到孩子们在说男孩不应该在烹饪角玩时,可以列举几个有名的男厨师和男性家庭成员烧饭做菜的例子讲给孩子听。培训人员还讨论了在所有活动和引导中支持灵活化性别角色的可行方法以及认识到性别角色存在文化差异(如,相比其他文化,有些文化对长发男孩更为包容)的重要性。

培训人员关于培训班的反思

在培训班的最后一项反思活动中,培训人员对他们通过培训所获得的关于自我、自我想法以及幼儿教育实践作出描述。虽然关于性别的矛盾性社会认知在他们的观念中依然十分明显,但他们开始对自己的性别观念发出质疑,开始重新思考教育儿童的方式。在说到自己的想法和生活时,培训人员提到自己变得更加开明,对性别问题有了更清晰的认识。有一名培训人员说她对性别问题的态度已经发生了180度的转变,从一开始对性别问题漠不关心,到了解了性别平等的重要意义。他们还提到自己对自己身份标签中的性别属性有了更清晰的认识,帮助他们拓宽了眼界:

> 我刚到这里时,觉得性别就跟生理性别(生殖性)是一样的。[通过]

培训……我了解了性别是一个比生理性别覆盖范围更为广泛的话题。它打开了我的眼界,让我明白男女是平等的。我以前在教学实践中也会把蓝色蜡笔分给男孩,把粉色蜡笔分给女孩,[但]我并没有意识到[性别化颜色]也会影响到孩子们性别身份的确立。在以后的工作中,我会更加敞开心胸来理解性别问题(哈尼姆)。

在培训之前我对性别问题有一些了解,但现在我对性别问题的了解更深了。性别不光是生理性别(生殖性)的问题。今后,我会在工作中贯彻[这一认识]。我会与家长积极沟通以了解孩子的性别理解(林达)。

我对性别的了解更深了。下一步就是自我反省。我发现我也有很多我们称之为"性别化教学实践"的行为。我现在仍然还会根据孩子的性别对他们进行划分,给他们贴上相应的标签……这次培训太棒了,我们可以彼此分享(阿思密)。

培训人员还提到他们现在对女性主义有了更多的了解,意识到这是争取人权的一个有机组成部分。有一名培训人员一开始混淆了"女性主义"和"女性属性"的概念,现在她说:"我是一名女性主义者。"

当教师们说到培训班对他们的影响时,他们不止一次提及要调整自己的实践行为,包括注意对孩子的说话方式(如,不用"扣克"问题)、积极监控给孩子的反馈意见、减少评判性反馈。他们还提到要了解孩子们关于性别的想法和认知,多使用一些可视化材料以促进性别平等。还有几名培训人员谈到会就是否有必要实践性别平等行为与家长和同事作积极沟通。

虽然整期培训总共历时5个小时,但有效促进了培训人员对自己的生活以及女性主义——被很多印度尼西亚人认为是外来的西方理念——同个人生活及幼儿工作的相关性作出思考。通过鼓励教师反思并分享生活经历培训教员,促使教师们从新的角度思考问题,这与通过对他们的生活经历进行笼统概述,使得培训人员对培训心生排斥的政治化的女性主义培训完全不同。

当然,这些培训还只是一个开始,还需要更长时间的后续培训(理想时长是3天),以为培训人员提供更多机会,让他们对自己的经历及其背后的文化背景作出分析,并对自己的理论认知和实践作出批判。教师对自我的看法以及社会价值观的影响有了更清晰的认识后,就会调整其教学方法。作为这个过程的一个有机部分,他们可能会制定行动研究方案,帮助他们对课堂情况作出缜密观察,并分析教学实践,读物、电视/录像、海报等教学材料,以及孩子的室内外游戏项目中可能存在的性别偏见。在这个基础上,他们可以试验、评估相关策略并对其作出批判性思考,以创造一个性别平等的学习环境。

结语

虽然印度尼西亚有着特殊的与性别歧视和性别平等相关的历史和文化背景,培训人员所讨论的关于他们生活和工作经历的问题很多与其他国家一般无二。例如,美国在过去几十年里开展了很多运动以实现性别平等,现在也有相关法律保护人们免受性别歧视,但是,男性的薪酬待遇依然高于女性,当男性和女性违反性别角色时,往往会遭到质问、怀疑甚至是暴力对待。此外,美国虽然没有专门的"婚姻法",但近来有研究表明,尽管过去几十年里发生了很多变化,但美国妇女花在照顾孩子和家务上的时间分别是他们丈夫/伴侣的两倍之多和近乎两倍(Parker and Wang 2013, n. p.)。

此外,美国儿童的成长环境也是一个高度性别化的环境。挑战定势化性别思维、鼓励孩子树立更加灵活的性别角色意识的教育努力遭到了以孩子为对象的商业产品(电影、玩具、服饰)的破坏——后者大肆宣扬高度性别化的角色形象(如动作人物和暴力影视以男孩为对象,而女孩的定位是迪斯尼公主、化妆品和长裙)(Aina and Cameron 2011;Cunningham and Macrae 2011;Freeman 2007)。第二作者在研读印度尼西亚教师关于课堂教学过程中性别问题的描述时,注意到这些问题与她在美国很多课堂上观察到的情况(如,男孩因为穿粉色衣服或玩洋娃娃而遭到斥责;女孩因为玩卡车玩具或作男性化装扮而遭到嘲弄)如出一辙。

因此,我们需要认识到,虽然在性别平等教育方面,印度尼西亚有着特殊的历史和文化背景,但其所承受的压力和很多国家是一样的。随着这项性别平等教育措施在印度尼西亚的推进,它必然会对促进全球范围内儿童早期教育工作者对性别问题的理解和创新性实践产生深远影响。

References

Aina, O. E., & Cameron, P. A. (2011). Why does gender matter? Counteracting stereotypes with young children. *Dimensions of Early Childhood*, 39(3): 11-19.

Batliwala, S., & Friedman, M. (2011). *Achieving transformative feminist leadership: A toolkit for organisations and movement*. CREA.

Bhana, D. (2007). "Emma and Dave sitting on a tree, K I S S I N G"—Boys, girls and the 'heterosexual matrix' in a South African primary school. *International Journal of Equity and Innovation in Early Childhood*, 5(2): 84-96.

Constitution of Indonesia. (n. d.). In *Wikipedia*. Retrieved on June 4, 2015 from https://en.wikipedia.org/wiki/Constitution_of_Indonesia#Preamble.

Convention on the Elimination of All Forms of Discrimination Against Women. (1979). Retrieved on June 4, 2015 from http://www.un.org/womenwatch/daw/cedaw/text/econvention.htm.

Cunningham, S. J., & Macrae, C. N. (2011). The colour of gender stereotyping. *British Journal of Psychology*, 102: 598-614.

Erden, F., & Wolfgang, C. H. (2004). An exploration of the differences in prekindergarten, kindergarten, and first grade teachers' beliefs related to discipline when dealing with male and female students. *Early Childhood Development and Care*, 174(1): 3-11.

European Institute for Gender Equality (EIGE). (2012, November 13). *Gender training: factors contributing to its effective implementation and challenges*. Retrieved on December 27, 2015 from http://googleweblight.com/?lite_url; http://eige.europa.eu/rdc/eige-publications/gender-training-factors-contributing-its-effective-implementation-and-challenges&ei=G-AZGSqS&lc=en-ID&s=1&m=847&ts=1451039589&sig=ALL1Aj4JXFzW3wljrMHXbXbXdTW6iUcogqJQ.

Freeman, N. K. (2007). Preschoolers' perceptions of gender appropriate toys and their parents' beliefs about genderized behaviors: Miscommunication, mixed messages, or hidden truths? *Early Childhood Education Journal*, 34(5): 357-366.

Fulmer, C. L. (2010). Unpacking evidence of gender bias. *Journal of Women in Education Leadership*, 8(2): 81-97.

MacNaughton, G. (2000). *Rethinking gender in early childhood education*. London: Sage Publications.

MacNaughton, G., & Williams, G. (2009). *Techniques for teaching young children*. Frenchs Forest: Pearson Education Australia.

Mergaert, L., & Lombardo, E. (2014). Resistance to implementing gender mainstreaming in EU research policy. In E. Weiner & H. MacRae (Eds.), *The persistent invisibility of gender in EU policy European Integration online Papers (EIoP)*, Special issue 1, Vol. 18, Article 5, pp. 1-21.

Murray, C., & Urban, M. (2012). *Diversity and equality in early childhood*. Dublin: Gill & Macmillan.

Pancasila (politics). (n.d.). In *Wikipedia*. Retrieved June 4, 2015 from https://en.wikipedia.org/wiki/Pancasila_%28politics%29.

Parker, K., & Wang, W. (2013, March 14). *Modern parenthood roles of moms and dads converge as they balance work and family*. Retrieved from http://www.pewsocialtrends.org/2013/03/14/modern-parenthood-roles-of-moms-and-dads-converge-as-they-balance-work-and-family/.

Putri, A. (2015, June 19). *Indonesian court says no to raising minimum marrying age of girls*. Retrieved June 20, 2015 from http://www.rappler.com/world/regions/asia-pacific/indonesia/96905-indonesian-court-rejects-judicial-review-marrying-age.

Ramsey, P. G. (2015). *Teaching and learning in a diverse world: Multicultural education for young children* (4th ed.). New York, NY: Teachers College Press.

Zaman, A. (2008). Gender sensitive teaching: A reflective approach for early childhood education teacher training programs. *Education*, 129(1): 110-118.

第十三章 澳大利亚《早期学习框架》中的性别身份问题

瑞贝卡·辛普森-达尔·桑托

摘要 本章是在我的硕士研究的基础上对澳大利亚儿童早期教育和关怀领域政府改革文件规避性别身份的现象作出的讨论。《早期学习框架》把"身份"列为学习成果表现的一个方面。根据国家质量评估过程的要求，教育工作者们需要对孩子的"身份"作有效记录，作为教学质量评估的一个组成部分。本章重在分析改革中问责制度背后的新自由主义理论，从孩子的"身份"建构和教育者对问责制度的态度两个角度作出阐述，然后讨论《早期学习框架》规避性别身份现象的启示意义，最后对身份记录过程中采用酷儿和无政府主义者视角以促进儿童早期教育和关怀领域积极行动、实现社会正义的可能性提出建议。

关键词 政府改革；教学档案；身份；《早期学习框架》；儿童早期教育

引言

本章在我的硕士研究的基础上，讨论了澳大利亚政府改革背景下儿童早期教

R. 辛普森—达尔·桑托，墨尔本大学，墨尔本，澳大利亚，e-mail: rebecca. simpson-dalsanto@hotmail. com.

斯普林格自然新加坡有限公司,2017.

K. 史密斯等(编),《儿童早期教育和女性主义理论》,儿童和青少年视角 4,DOI 10.1007/978-981-10-3057-4_13.

育工作者的新问责制度所带来的影响,重点介绍《早期学习框架》(EYLF)(DEEWR 2009)以及国家质量评级和评估过程(NQRAP),并通过对 EYLF 的分析和研究数据阐述改革中问责制度受新自由主义意识的影响以及 EYLF"身份"阐述中规避性别身份做法的启示。本章最后对采用无政府主义者和酷儿视角对打破性别身份的"失声"现象以及争取儿童早期教育性别平等的可能性作出探讨。

澳大利亚儿童早期教育和关怀领域的政府改革

EYLF 是澳大利亚儿童早期教育和关怀(ECEC)领域首个针对 0～5 岁儿童的国家课程纲领性文件,是时任首相凯文·拉德"教育革命"的一个有机组成部分(Rudd and Macklin 2007)。EYLF 由一批 ECEC 学者联合编写而成,是以提高幼儿关怀和教育质量为宗旨的《国家质量框架》的一个子文件(DEEWR 2009),于 2009 年正式出台,自 2012 年起在全澳大利亚 ECEC 机构推行。

EYLF 规定了五大学习成果指标,第一个就是"身份"指标,这也正是本次研究以及本章的重点。这个学习成果指标主要包括四个小点。

身份,儿童有强烈的身份认同感:
- 儿童感到安全和受到保护。
- 儿童出现自主、依赖、抗逆和主观能动意识萌芽。
- 儿童对自我身份有充分了解,并且树立自信。
- 儿童在与他人接触过程中学会关爱尊重他人,具有同理心(DEEWR 2009, p. 21)。

作为儿童早期教育工作者,我曾经需要给所教的每一位孩子写过渡学习和发展纲要(TLDS)报告,报告对照 EYLF 的五个学习成果指标对每位孩子的表现作出总结,并在孩子毕业前提交给孩子的对接小学,作为孩子学业过渡的一个凭证。在写报告的过程中,我发现自己完全无法用规定的 200 个字或更少字数对孩子的"身份"作出总结,我感觉非常挫败,甚至对自己的能力产生了怀疑,觉得自己如果不能按照新的责任规定完成工作,还能算得上是一名"合格的老师"吗?我同班上一名孩子的家长聊天聊起了这个话题,我非常信任这位家长,向她吐了苦水,我跟她说我无法对她儿子的"身份"作出总结。她听了问了一个问题:"关于他的哪种身份?"这个问题击碎了我从 EYLF 文件中获得的关于"身份"的职业认知。后来我对 EYLF"身份"概念的理论框架提出质疑,开始了我的硕士研究,对记录孩子"身份"的问责机制有何意义作出思考。

EYLF 的政治内涵

我们必须对 EYLF 出台的政治背景有所了解,才能认识到 EYLF 文件中关于"身份"的相关规定有何不妥。虽然一般认为 EYLF 是关于 ECEC 教学"最佳实践"的客观文件,但其编写过程却有着明显的政治主观色彩。对比一下 EYLF 草案和最终版就能对此窥得一二。2008 年 EYLF 草案出台,立马就因为没有突出社会正义和平等原则而遭到媒体和某些政客的大肆抨击(Sumsion et al. 2009)。后来,EYLF 编写组解释说 EYLF 终稿采用了策略性手段,以避免有仔细审阅过 EYLF 草案的"危险的政治探子"(Sumsion et al. 2009, p. 8)拿它来大做文章。虽然有人指出国家 ECEC 课程纲领可以是一个"意识形态或理论平台"(Barnes 2008, p. 57),但拉德支持并推行 EYLF 的初衷是通过更好地培养孩子以为将来的经济发展作出贡献,从而"提高澳大利亚的生产力增长率"(Rudd and Macklin 2007, p. 3),以对抗商界和教育界所面临的国际竞争压力。

对经济增长和生产力的关注可以在 EYLF 和《国家质量标准》(NQS)关于"身份"的文字表述中读出一二,表述强调了教育工作者发展儿童学习者"身份"以确保、保护他们具备未来学习和创造经济机会能力的重要意义(DEEWR 2009; ACECQA 2011)。"对于良好社会秩序和自我管理的高度重视"(Badger 2015, para. 9),构成了儿童作为自主意识、主观能动性、责任意识、理性和逻辑主体的"身份"意识;为儿童成为未来的新自由主义公民做好了准备。NQRAP 检查教师记录以判断教师是否从儿童人力资本储备的角度对儿童实施教学和评估,在这个过程中,"身份"成了一件可以审计的商品。

针对 EYLF 的政治分析表明它是一个受到政府操控的文件,是政府意识的体现,而不一定是教育工作者和研究人员对 ECEC 理解和价值判断的体现,但它同时又希望教育工作者能够按照一系列新的问责制度行事,以支持国家的经济发展。

新问责制度背景下的教师指引

NQRAP 负责对 ECEC 机构实施 EYLF 的情况作出评估(ACECQA 2011),其评估方式就是委派官员对照教师所作记录,对他们的教学实践作出观察,然后依据《国家质量标准评估方法》中所列的七个层面对机构的教学质量予以打分(ACECQA 2012),每一个层面的打分都会影响到机构的整体质量评定。

评定等级分为:显著提高、接近国家质量标准、达到国家质量标准、超出国家质量标准、优异。如果机构已经获得过优异等级,若想再次获得优异等级,必须由机构向澳大利亚儿童教育和关怀质量管理局(ACECQA)提出申请。机构的评定等级必须在机构中公开展示,同时公众也能在线查询。因为机构的等级评定部分取决于教师所写的关于学习成果指标的实施报告,因此教师被期望能对孩子的"身份"意识发展作详细记录,并在评估过程中提交。关于"身份"记录的硬性规定以及"身份"评估,对澳大利亚的 ECEC 行业来说,可以说是前所未有的一大"创举"。EYLF 和 NQRAP 催生了无数出版物、咨询机构、应用软件和社交媒体群落的兴起,指导教师如何落实新的问责机制。这些人还有文件大多认为"身份"是可以"企及"的,记录文案就是"凭证"。大众刊物也给出建议,称"孩子达到的学习成果指标可以记录下来"(Raban et al. 2010, p. 33),"如果每个孩子在离开我们的时候都形成了强烈的身份意识,我们就完成了自己的工作"(Community Child Care Co-operative Ltd, n.d, p. 8)——2012 年的时候,政府还把后一本刊物寄送给了全澳大利亚的 ECEC 机构。很多咨询机构利用教师的焦虑情绪谋利,承诺只要花钱上他们的培训机构,就一定能达到"优异"等级(Alina Dan Consultancy 2013;Be Inspired Solutions 2013),文案记录应用软件也承诺只要是应用他们的软件制作出的记录就一定能"达到 EYLF 标准"(PLACE 2012)。这些 EYLF 相关产品的主导思想就是"身份"记录是一件技术活,教师可以通过购买合适的刊物、参加合适的职业培训、利用合适的应用软件等来提高记录质量,最终提升机构的 NQRAP 评定等级。"身份"最终演变成为由教育工作者决定并通过教学策略灌输给孩子,并且被当作真实可知的内容记录在案的教育工作者权属。这一思想因为以宣传和支持这些产品为目的的社交媒体群落的广泛扩散而变得更加牢不可破,从而进一步巩固了大众对"身份"的理解和记录方式的认可,尤其是使用者关于使用相关产品以在 NQRAP 评估中达到满意评估目标的自发帖子更是起到了推波助澜的作用。这一主导思想暗示有一种正确的方式可以对 EYLF 过程中的"身份"作出记录。这一记录"身份"的"正确方式"通过这些 EYLF 相关产品得到广泛传播，并在大众心目中形成了儿童有一个单一、静态、可知、真实的"身份"的意识。"身份"记录的"正确方式"暗示了教育工作者可以对儿童的"身份"作出客观描述，教师的教学质量因为"身份"记录而变得直观，同时有效隔绝了基于女性主义、无政府主义和其他理论视角的"身份"理解。

在搜集研究数据、教学、职业发展、使用社会媒体以及与其他教育者沟通的过程中，我发现对于"优秀"等级的追捧已经整个影响到了教育者作为专业人士的自我认知，我们很难去对这种态度横加指责，因为提高 ECEC 行业服务质量的理念无可指摘。借鉴达尔伯格等人（Dahlberg et al. 2007）的观点有助于我们发现质量标准化和等级评定模式存在的问题，但他们的观点还没有能够对 EYLF、NQRAP 或关于这些文件的讨论产生影响，因此，他们的观点在"优秀"评定的市场化运作和追捧中没有掀起一丝波澜。

新自由女性主义和本体不安意识，性别化的关系对垒

虽然澳大利亚 ECEC 行业的女性教育工作者占比 95%（Productivity Commission 2014），但我在先前的研究中并没有特别关注性别和改革的关系（Simpson-Dal Santo 2014）。在新自由女性主义理论的启发下，现在再回过头来梳理这些研究数据，我发现有必要对性别、政府改革和新问责制之间的关系作一番分析。罗滕伯格（Rottenberg 2014）解释说新自由女性主义"在外力的驱动下，将持续存在的性别不平等从体制问题转变为个人私事"（p. 420）。这启发了我，因为我的研究问题就是源于我想了解我无法按要求完成工作到底是因为我个人能力不足还是因为评估和问责制度在理论和体制上存在问题。我的研究受试者也有像我一样的顾虑，他们担心自己"不够好"，怀疑自己做的事"对不对"，不想"犯错"（Simpson-Dal Santo 2014，p. 51）。博尔（Ball 2003）曾对"本体不安意识"作过这样的描述："做很多，做对的事，做跟别人一样多的事或做得跟别人一样好，一心想要有所提高，想要更好，想要出类拔萃。"（p. 220）这些表现并不只是教育工作者对提高教学技能的渴望，更是对政府改革和职业身份"质量"标准化制度的应激反应。

对"优异"等级的市场化运作、追捧和渴求在某种程度上可能已经造就了一个"创业主体,她受到驱使积极发挥个人主动性,以改善职业前景"(Rottenberg 2014, p. 427)。从我的研究数据来看,本体不安意识还表现在咨询机构利用教师解决问题的迫切心理谋取私利,而教师则依赖这些机构提升自我,最终获得能力提升以帮助其所在工作机构达到满意的评分等级。当然,这个"创业主体"肯定也包含研究 EYLF 的研究生,就像我自己,这点我无法否认。胡克斯(hooks 2013)对新自由女性主义偏向中产阶级白人职业妇女予以了抨击。对此,我们还需要进一步研究,特别是关于 ECEC 改革的研究,以探讨成功是关乎个人主动性之事这种心理暗示到底偏向哪一类教师群体,ECEC 行业受政府监控又对哪一类研究有利,谁是最大的受益者。在一个以女性为主体的行业中,一定不能脱离改革和问责制度的大背景讨论性别和新自由主义之间的关系。

EYLF 文件中的性别身份

我在研究中仔细分析了 EYLF 和 EYLF 相关出版物中关于"身份"的表述。奇怪的是,我一开始都没有注意到 EYLF 并没有出现性别身份的相关表述,直到后来我开始分析访谈文本,并想对性别相关数据和 EYLF 中的相关内容作比对时才察觉这一点。EYLF 简单用了"性别"一词来表示包容的概念,在关于"存在"的描述中也用了"性别"一词予以代替:"孩子树立起关于社会和文化遗产、关于自己的性别以及自己对世界意义的意识。"(DEEWR 2009,p. 20)

我震惊于自己居然没有注意到 EYLF 文件中没有一次提到性别身份,这促使我对 EYLF 文件的参考文献作了仔细研读。EYLF 编写者们在其他出版物中往往会把社会正义和平等的相关资料列为参考文献,但这些资料并没有出现在 EYLF 文件中。考虑到 EYLF 是政府组织编写的文件,之所以出现这样的情况可能是因为把性别研究资料列为参考文献具有政治风险或政府不让这么做。课程纲领性文件一直对性别平等避而不谈(MacNaughton 2000),这样想来,EYLF 文件中没有出现相关内容似乎也不足为奇。

EYLF 草案提到游戏"可能具有残酷性、不公平性和非正义性——是一个政治和权力关系空间,孩子们会因为性别、年龄、身高、肤色、英语水平、阶层、民族、性取向等因素而遭到排斥"(DEEWR 2008,p. 8)。EYLF 草案被嘲讽为"字里行间充斥着政治正确的术语以及充满了哲学意味的官腔"(Bita 2008),所以 EYLF 最终版把这段话给删掉了。塞姆思恩和汪(Sumsion and Wong 2011)写道:EYLF 的"立场"是"希望能够传达这样一个理念,即 EYLF 应该为开展课程理论家们所主张的持续性的智力和政治教育提供可能性"(p. 30)。因此,当这段关于游戏残酷性和不公平性的话从 EYLF 最终版中被删除时,文件中用"性别"一词一笔带过的地方可能正是教育工作者和研究人员需要把握的"立场"。

性别身份和兴趣化课程规划

我的性别研究数据来自两名研究受试者——莉亚和帕维什——所举的例子,她们以孩子的兴趣为切入点,以观察孩子们的性别表现(Simpson-Dal Santo 2014)。从孩子的兴趣出发规划课程是一种有效的教学策略,在澳大利亚被认为是一种"最佳实践"(ACECQA 2011;Rosback and Wilson 2012),EYLF 提出孩子应该"发展兴趣爱好,建构自己的身份属性"(DEEWR 2009,p. 7),NQS 也提出"兴趣爱好是课程规划的基础"(ACECQA 2011 p. 19)。但是,虽然 EYLF 和 EYLF 相关出版物极力主张兴趣化课程规划模式,但却几乎从来没有考虑这么做会对性别化市场运作和定势化思维产生怎样的影响,似乎孩子们购买市场推销给他们的产品就代表了他们的兴趣爱好,从而决定了他们的身份。当没有权力和渴望等因素对孩子表现出特定兴趣的原因、展示方式以及展示对象作出规范化引导时,孩子的兴趣爱好无关政治。

课程文件和实施课程文件的教师促使孩子在无关政治的前提下选择或不选择自己的兴趣爱好,这时,兴趣、身份和政治之间的关系没有因为课程受到冲击。兴趣化课程规划很大程度上取决于孩子的渴望以及表达自己兴趣的能力,他们在某个话题上表示沉默,"不一定是因为这个话题跟他们无关,也可能是孩子对他们所认为禁忌话题的退让"(Davies and Robinson 2010,p. 253)。在孩子可以展示并表达自己的兴趣爱好这个观点中还隐含了体能歧视问题,当然这个问题不是本章的研究范畴,但也值得引起重视。莉亚一心想要破除女孩漂亮和被动的性别思

维——她感觉到自己班上的女孩深受这一思想的束缚,因此,她积极挑战兴趣化课程规划的理念,甚至包括孩子表达出来的兴趣爱好:

> 我喜欢挑战孩子们……就在今天早上,有人买了一本乐高书,书上全是乐高图片,他指给我看这是海盗,那是超级明星,还有什么什么,这时有个女孩说:"哦,有个乐高女孩。"因为在书的首页上,有一个女孩,旁边是一座由粉色和紫色乐高搭起来的屋子……我就问他们两个——为什么你觉得这是乐高女孩?(莉亚)

莉亚和帕维什都借助活动和谈话的形式向班上学生灌输有别于一般性别思维的性别表达。比如,她们鼓励男孩涂指甲、作"女性化"装扮,以此来颠覆他们关于男人外表特征的既有认知,她们也鼓励女孩参加"男性化"活动、作"男性化"装扮等。她们经过一番深刻反思后意识到,虽然鼓励孩子按相异性别的固定性别模式行事强化了关于两性的固定性别思维,因为两性壁垒的跨越必然要以固定性别模式作为参照,但这种做法打破了两性间的壁垒。这表明性别平等可以通过跨越性别壁垒予以实现,性别身份的主导话语也因为突出先前的边缘化话语而导致"失声"。

我在做研究的同时,也是一名幼儿教育工作者,我发现莉亚和帕维什有意破除固定性别表达的做法跟我的教学理念有共通之处,这就使得这部分的数据分析变得困难而个人化。于是,我开始搜集数据,坚信身份无法观察、无法测量,但事实表明,就像我的研究受试者一样,我对我的班上性别平等情况的判断也是基于孩子们是否跨越了固定的性别壁垒。虽然这并非我的本意,但我的研究分析主要基于两个认知:第一,孩子的外表和行为是我无偏见教学的反映;第二,通过观察孩子们的游戏和交友情况,可以观察到孩子们的性别身份并作有效记录——并且为他们的发展作出规划。

跨性别平等

我的研究数据还能促使我们思考 ECEC 行业的跨性别平等。性别平等教育往往都基于这样一个认知:孩子有单一固定的性别身份。如果有男孩拒绝穿裙子,因为"裙子是女孩穿的",老师会跟他说裙子谁都可以穿,其隐含的假设就是孩子的性别不会因此变得"岌岌可危",因为性别身份被看作一个通过外表和行为展现的固定属性。这一性别平等认知把行为和外表看成了无关政治的客观存在,但这一认知在莉亚所讲述的事例中遭到了颠覆,莉亚解释她的班上有一名跨性别女孩,为了颠覆自己的生理性别,不惜借助权力模式干预"女性化"行为和外表。

我在分析莉亚所提供数据的同时对我的性别平等理念作出了反思,这让我想起了我在开始这项研究很多年以前所教过的一名跨性别孩子。报到注册那天,他妈妈就跟我说"她知道自己是女孩,但她一心只想成为男孩,喜欢玩男孩玩具,还把自己打扮得像个男孩"。受到反偏见课程的启发,我在墙上贴了几张海报,海报上是女孩在使用工具,说着"只要她们愿意,女孩也可以盖楼"之类的话。这是我当时所能想到的包容这位孩子性别身份的做法,虽然她的家长特地告诉我她的孩子说自己是男孩。在分析研究数据的过程中,我意识到我的这个做法其实强化了女孩的固定性别身份,玩"男孩玩具"并不能改变或消除生理性别(Simpson-Dal Santo 2014)。我的关于性别平等和性别身份的认知导致了这位跨性别男孩的性别身份并没有真正被认可,我当时没有意识到她为了帮助自己实现男孩的性别身份在外表和行为上表现出的权力倾向和渴望。

这个时候,我正在学习反偏见课程,这是我本科教学学位项目的学习内容。我对那名孩子跨性别身份表达的扼杀,同课程中的包容相关内容形成了鲜明的对比,这种讽刺让我感到纠心。我在自责所学不够的同时,却也想起了新自由女性主义的相关理念:对性别身份缺乏充分了解,问题出在个人身上,不能把这个问题当成是一个体制性问题,认为是由 ECEC 的官方话语中没有对特定性别身份作出阐释而造成的。教育工作者和研究者必须对这些官方话语提出质问,因为他们导致了 ECEC 研究、教材、关于包容和多样性的大学课程中跨性别内容的"失声"。跨性别内容的缺失,并不是因为这是一个与 ECEC 无关或不适宜的研究课题,而是社会的体制性不平等扼杀、无视性别多样化的结果。

关于跨性别身份和 ECEC 研究的论著极少,但是布里尔和佩珀(Brill and Pepper 2008)指出跨性别孩子往往被当成在生长发育过程中对自身性别产生混淆的一类孩子,这类孩子早在 3 岁时就会遭到歧视,因而应该成为 ECEC 性别平等和研究的重点。我们亟须关于尊重、平等对待跨性别孩子的相关研究和资源。按性别平等的一般理解,如果没有跨性别人士讲述亲身经历、表达他们的观点和想法,那性别平等只能是无视跨性别群体的经历、渴望和身份的只限于非跨性别群体之间的平等。我并不是说我可以代表跨性别群体发声或者我真正理解跨性别群体，只是我能够认识到正是由于我对性别平等缺乏充分了解，导致我无法有力支持跨性别儿童，我还认识到权力体制借由政府的保守话语限制了 EYLF 对性别身份的认识和表达，这可能会影响教育工作者围绕性别身份开展的教学活动的有效记录。

性别身份记录

有部分研究受试者在支持儿童性别身份方面付出了不少努力，但没有人谈到性别身份记录的问题，包括怎么记，还有为什么记。

操演和记录

我的研究受试者和我都赞成社会化理论，认为孩子对待自己性别身份的态度是不带丝毫偏见的，因为他们的老师会对此予以强调（Blaise 2005）。但巴特勒（Butler 1999）的性别操演理论表明当孩子们面临权力和渴望的选择，且这个选择会给他们带来好处时（如他们渴望成为跨越性别壁垒的"叛逆者"，因为这样可以让他们的女性主义教师感到欣慰），他们会操演出不同的性别身份。如果孩子们会随着语境而表现出对他们有利的不同的性别身份，这就完全颠覆了我们可以通过观察和记录"了解"孩子性别身份的认知。

性别操演理论粉碎了我对记录可以作为身份"凭证"的最后一丝念想，在这样的现实面前，关于了解孩子的"身份"并通过记录予以证明的问责制度完全成了一出闹剧，只是镜月水花般的痴心妄想。因此，在身份多元、有一定倾向性且会随着语境不断变化的前提下，一味强求对其作出观察和记录，并对观察和记录实行问责，完全是行不通的事。而究其原因，不能归结为是因为教师不知道如何对身份作有效记录。教育者无法通过阅读相关出版物、参加职业培训、使用记录应用软件等方式使孩子的身份变得"固定"。但是，NQRAP 规定教育者必须对孩子的"身份"

作记录(ACECQA 2011)。虽然我对NQRAP的政治背景及其理论假设不甚赞同，但所有教育者，包括我在内，都必须按其要求行事，这就形成了一个难以解决的矛盾，一方面孩子的身份不断变化，呈现多元化和倾向性特点，而另一方面却对孩子身份的观察和记录实行问责。我还有其他教育者怎么才能在这样的一种矛盾中找到平衡？

我给儿童早期教育行动主义者的一些建议

酷儿理论和无政府主义理论为我从行动主义角度理解身份记录行为开辟了可能的空间。受到这些理论的启发，我在ECEC教学过程中引入了我称之为"性别干扰故事"的教学模式。性别干扰指有意对性别规范和定势思维作出干扰和干预(Brook 2014)。在课上，我会和孩子们一起讨论放学前的故事讲什么。孩子们会提出他们的意见，然后我会开始进行性别干扰。一开始，孩子对我提出的性别干扰问题往往都会给出"正确"答案，我猜想他们以为这是我想要的答案。过了一段时间后，他们会意识到这些故事的目的就是玩转性别。这时候，我们的故事就演变成了关于性别的"规则"——这些规则孩子们在有些情形下需要遵守，在有些情形下需要打破——以及关于对操演性别予以惩罚的讨论。就我而言，了解孩子们会在怎样的情形下操演身份，又会在怎样的情形下对操演身份行为实施惩罚，是性别平等教育的重要内容。在此过程中，我真切认识到罗宾逊(Robinson 2013)所说的话是什么意思：ECEC行业具有"创建一个能对性别关系作出更加批判性反思，促成新的文化规范建立的社会"的巨大潜能(p. 131)。

我创造的这些故事借鉴了一些耳熟能详的大众化人物角色和故事主线，这些故事对孩子们来说都很熟悉，成了跟孩子们讲解性别身份的有力工具。我发现对这些人物角色和故事主线进行性别干扰和酷儿化，有助于向孩子们展示这些故事人物呈现出的规范性别身份的倾向，而这种倾向是不稳定的。酷儿理论是"颠覆普遍化性别思维的一个另类视角"(Blaise 2005, p. 184)。在这些故事中，酷儿理论为颠覆性别规范中呈现出的权力和渴望提供了机会。

在性别干扰故事中，因为并不期望获得孩子身份的"真相"，我和孩子们都会随意编造、改编关于身份和渴望的故事，这为根茎式身份记录打开了方便之门

(Simpson-Dal Santo 2014)。这样的一种分析模式帮助我思考性别干扰故事怎样才能"打破原先文本中的政治性"(Davis et al. 2009, p. 50)。把故事看作根茎,有助于我们理解孩子身份的变化性和多元性,并在此基础上,通过提问对"正确模式"话语作出颠覆。如果身份可以是无尽的、不断变化的多元属性,那用"对""错"来评判身份记录也就完全站不住脚了。

这些故事没有从政府 EYLF 文件所透露出的新自由主义和发展性话语的角度来理解孩子们的"身份",反而为颠覆这些话语提供了可能性,强化了我对"身份"的无政府主义和女性主义的理解。我的这种理解源于我的记录书写和使用方式,并促使我"脱离政府背景自主思考并实践政治"(Newman 2010, p. 272)。

结语

本章中,我指出 EYLF 是一个具有主观色彩的政府文件,理解 EYLF 必须不能脱离其政治背景。EYLF 文件中的性别"失声"现象,对很多研究者和教育者,包括我的研究受试者,具有重要意义。戈尔德曼(Goldman 1908)指出政府立法"不能因为人的才智或性情而诱导人去做他能而不愿做的事,也不能因为相同原因阻止人去做他不是必须得做的事"(p. 2)。这一无政府主义言论让我想到了教育者,一心想要践行性别平等教学的教师不会等到课程纲要告诉他们这么做的时候才付诸行动,而那些认为性别平等不重要或不合适出现在教学中的教师也不会因为课程纲要要求他们这么做就开始付诸实施。因此,虽然今后 EYLF 修正过程中可以加入性别相关内容,使得性别问题成为一个官方认可的问题——这也正是它的本质要求,但这对性别平等教学的影响却并不大。莉亚和帕维什并没有受到 EYLF 文件的影响,她们解释说她们的个人和教学经历让她们坚定了开展性别平等教学的决心。帕维什描述了她的经历:

> 但愿你没有因为没有经历过的事而陷入困局……我进到班级里,班上有一名小男孩戴着项链,还抱着一个芭比娃娃,我以为那些都是他借用了班上某个女孩的,但他告诉我说,不是,这是我的,我说,哦,好的。但我以前从来没有碰到过这样的情况……我说话那一瞬间人整个是蒙的……

因为我只是脱口而出"好的"两个字,完全没有经过大脑。你以前从来没有过相似的经历,这并不是你的错,只是你必须得经历的事……那一刻我真得领悟到了很多东西,现在我在教学过程中经常会听到这样的事(帕维什)。

戈尔德曼的无政府主义思想对我们的启发是,儿童早期教育工作者不能想着只有在 EYLF 文件包含社会正义和平等相关内容时,再在教学中践行社会正义和平等原则。平等工作不能被当成教育工作者在政府引导下作出的非政治化的选择,这种想法忽视了这些极端政治化选择中所暗含的权力和渴望。还需要进一步研究以明确在儿童早期教育和关怀领域的政府改革背景下,教育者应该如何下定决心并贯彻性别多样性、女性主义和平等。

致谢

本章是在乌伦德杰瑞民族的土地上完成的。我谨向过去、现在以及将来的长者致敬。

References

ACECQA. (2011). *Guide to the National Quality Standard*. Retrieved from http://acecqa.gov.au/national-quality-framework/the-national-quality-standard.

ACECQA. (2012). *National Quality Standard Assessment and Rating Instrument*. Retrieved from http://files.acecqa.gov.au/files/Assessment%20and%20Rating/1-NQS_Assessment%20and%20Rating%20Instrument_120522_%20FINAL-1.pdf.

Alina Dan Consultancy. (2013). *Alina Dan consultancy*. Retrieved from http://www.alinadanconsultancy.com/.

Badger, C. (2015, June 9). Play, Foucault and economic (ir)rationalism [Web blog post]. Retrieved from https://eylfpirates.wordpress.com/2015/06/09/play-foucault-and-economic-irrationalism/.

Ball, S. (2003). The teacher's soul and the terrors of performativity. *Journal of Education*

Policy, 18(2): 215-228.

Barnes, S. (2008). Is it time for a national curriculum for early childhood education in Australia? *International Journal of Equity and Innovation in Early Childhood*, 6(1): 56-72.

Be Inspired Solutions. (2013, August 28). Who wants training on The NQS and how to make it easy in your area? Let me know I can surely help you and it is easy to reach exceeding if you listen to what I have to say [Facebook update]. Retrieved from https://www.facebook.com/BeInspiredSolutions/posts/171540793032665.

Bita, N. (2008, December 18). Cant takes magic out. *The Australian*, Retrieved from http://www.theaustralian.com.au/archive/news/cant-takes-magic-out/storye6frg7b6-1111118350440.

Blaise, M. (2005). *Playing it straight: Uncovering gender discourses in the early childhood classroom*. New York: Routledge.

Brill, S., & Pepper, R. (2008). *The transgender child: A handbook for families and professionals*. San Francisco, California: Cleis Press Inc.

Brook, E. (2014, December). *Gender-jamming in education*. Paper presented at Gender and Education in the Asia-Pacific: Possibilities and Provocations, Melbourne, Australia.

Butler, J. (1999). *Gender trouble: Feminism and the subversion of identity*. New York, NY: Routledge.

Community Child Care Cooperative Ltd. (n.d). *Living the early years learning framework every day: Early years learning framework practice based resources-team meeting package*. Retrieved from http://www.cscentral.org.au/Resources/eylf/team-meeting-package.pdf

Dahlberg, G., Moss, P., & Pence, A. (2007). *Beyond quality in early childhood education and care: Languages of evaluation* (2nd ed.). Abingdon, Oxon: Routledge.

Davies, C., & Robinson, K. (2010). Hatching babies and stork deliveries: Risk and regulation in the construction of children's sexual knowledge. *Contemporary Issues in Early Childhood*, 11(3): 249-262.

Davis, K., MacNaughton, G., & Smith, K. (2009). The dynamics of whiteness: Children locating within/without. In G. Mac Naughton & K. Davis (Eds.), *'Race' and early childhood education: An international approach to identity, politics, and pedagogy* (pp. 49-66). NY, New York: Palgrave Macmillan.

Department of Education, Employment and Workplace Relations (DEEWR). (2008). *Early Years Learning Framework: Draft*. Retrieved from www.qieu.asn.au/files/8913/0926/6809/in20195js.pdf.

Department of Education, Employment and Workplace Relations (DEEWR). (2009). *Belonging, Being and Becoming: The Early Years Learning Framework for Australia*. Retrieved from https://docs.education.gov.au/system/files/doc/other/belonging_being_and_becoming_the_early_years_learning_framework_for_australia.pdf.

Goldman, E. (1908). What I believe (pp. 1–6). New York World.

hooks, b. (2013, October 28). Dig deep: Beyond lean in [Web blog post]. Retrieved from http://www.thefeministwire.com/2013/10/17973/.

MacNaughton, G. (2000). *Rethinking gender in early childhood education*. NSW: Allen & Unwin.

Newman, S. (2010). Postanarchism and power. *Journal of Power*, 3(2): 259–274.

PLACE. (2012). Place software (Version 1) [Mobile application software]. Retrieved from http://www.placesoftware.com.au/.

Productivity Commission. (2014). Childcare and early childhood learning. *Inquiry report*, 73: 1–782.

Raban, B., Margetts, K., Church, A., & Deans, J. (2010). *The Early Years Learning Framework in practice: A handbook for educators and parents*. Albert Park, Victoria: Teaching Solutions.

Robinson, K. (2013). *Innocence, knowledge and the construction of childhood: The contradictory nature of sexuality and censorship in children's contemporary lives*. Abingdon, Oxon: Routledge.

Rosback, S., & Wilson, S. (2012). *The EYLF and NQS without tears: A step by step guide*. Albert Park, Australia: Teaching Solutions.

Rottenberg, C. (2014). The rise of neoliberal feminism. Cultural Studies, 28(3): 418–437.

Rudd, K., & Macklin, J. (2007). *New directions for early childhood education: Universal access to early learning for 4 year olds*. Retrieved from http://walabor.org.au/download/new_directions_in_early_childhood_education.pdf.

Simpson-Dal Santo, R. (2014). *Thinking about 'identity' in the early years learning framework* (Master's thesis, University of Melbourne). Retrieved from https://minerva-access.unimelb.edu.au/handle/11343/40979.

Sumsion, J., Barnes, S., Cheeseman, S., Harrison, L., Kennedy, A., & Stonehouse, A. (2009). Insider perspectives on developing belonging, being and becoming: The early years learning framework for Australia. *Australasian Journal of Early Childhood*, 34(4): 4–13.

Sumsion, J., & Wong, S. (2011). Interrogating 'Belonging' in Belonging, Being and Becoming: The Early Years Learning Framework for Australia. *Contemporary Issues in Early Childhood*, 12(1): 28–45.

第十四章 我们做到了吗？儿童早期教育实践中的性别平等发展历程回顾

谢拉林·坎贝尔　凯特·亚历山大　凯莉·史密斯

摘要 儿童早期性别教育的重要性一直是儿童早期教育学界的研究重点，学者们为此积极著书立说(如 MacNaughton 1997，2000；Blaise 2005)。2015年，我们策划了一个名为"儿童早期教育中的性别身份"的涉及儿童早期教育学者和教育者的小范围试点研究项目，本章会介绍其相关发现。我们对这两个群体作了调查，了解他们如何在工作中借鉴女性主义，对性别身份和性别化倾向以及性别平等是儿童早期教育实践中教学方法的一个重要组成部分有何看法。本章将重点介绍18名儿童早期教育工作者的个人和生活经历，包括他们的日常教学(特别是涉及女性主义的部分)、他们对课堂教学中性别平等的思考，以及他们针对性别化问题作出的教学实践等。

关键词 女性主义；儿童早期；性别身份；性别平等；教学方法

S. 坎贝尔，K. 亚历山大，K. 史密斯，青少年研究中心，墨尔本研究生教育学院，墨尔本大学，墨尔本，澳大利亚，e-mail：kylieas@unimelb.edu.au.

S. Campbell, e-mail: sheralyn.campbell@unimelb.edu.au.

K. Alexander, e-mail: klal@unimelb.edu.au.

　斯普林格自然新加坡私人有限公司，2017.

K. 史密斯等(编)，《儿童早期教育和女性主义理论》，儿童和青少年视角 4，DOI 10.1007/978-981-10-3057-4_14.

儿童早期教育和女性主义理论：女性主义理论的研究和实践性应用

引言

2000年，贝尔·胡克斯出版了《女性主义适用每个人》一书，呼吁拿起女性主义的政治武器，颠覆男权社会中的权力关系，以实现性别平等（hooks 2000，p. 1）。在当前澳大利亚儿童早期教育实践中，女性主义思想和女性主义理论正处于后女性主义的背景下，与其相对抗的是鼓吹平等是个人立场的新自由主义教育政策。在这种背景下，有一种社会观点认为只要每个人足够努力，都有机会实现自己的人生目标，成就"美好生活"，不会因为性别、文化、民族、阶层或宗教等而有所区别。然而统计结果表明性别不平等存在于澳大利亚的每一个社会层面，如工作条件上的性别差异、全国范围内针对女性的暴力行为持续上升等（VicHealth 2004，2007；FAHCSIA 2009）。把这些问题放到澳大利亚儿童早期教育的背景下进行思考，我们不禁想知道：女性主义、儿童早期教育和教育工作者的教学实践可以如何合力作用以促进性别平等？2015年，我们策划了一个小范围的试点研究项目，对这些问题作了探讨，研究受试者涉及儿童早期教育研究者和教育者，研究的题目是"儿童早期教育中的性别身份"。

研究对18名儿童早期教育者的个人和生活经历作了在线调查，他们讲述了自己的教学日常，本章将对此予以讨论。研究总共回收了32份调查，但其中14份内容不完整。所有教育者都是女性，除了两名受试者外其余都来自澳大利亚。本章将主要探讨在线调查问卷中的部分问题，主要涉及女性主义对工作的指导意义、课堂教学中的性别身份以及针对性别化问题的教学实践等内容。我们通过教育者们的问题回复分析其工作和女性主义之间的联系以及他们的儿童早期教育认知和实践。我们借鉴了各种女性主义理论以揭示这些联系哪些可行，哪些不可行，并思考我们可以通过什么样的方式合作以探讨新的女性主义研究和实践模式。

关于澳大利亚儿童早期教育中的女性主义和性别思考

所有的女性主义流派，其本质都渴望能够打破、改变性别认知、制度和实践的权力和特权分配模式及其产生的性别歧视。在20世纪80年代末到90年代初以前,澳大利亚儿童早期教育领域的女性主义主要侧重女性就业机会的相关问题,较少注意到性别身份和性别化是造成儿童学习和关系层面差异的一个组成部分。戈尔德曼(Goldman 1998)写道"女性主义关于教育的讨论和儿童早期教育之间出现了断层,令人百思不得其解"(p. 51);"教育女性主义和儿童早期教育之间的割裂令人感到虚伪而尴尬。这两个领域之间应该是逻辑和天然的伙伴关系"(p. 51)。在戈尔德曼(Goldman 1998)对美国境内的女性主义、教育和儿童早期教育作出反思的同时,澳大利亚的女性主义学者们也开始把目光转向儿童早期教育领域。

儿童早期性别教育的重要性一直是儿童早期教育学者们关注的焦点,也积累了丰富的研究成果(如 Davies 2003a; MacNaughton 1997, 2000; Blaise 2005)。研究者们认为儿童的性别学习过程就是他们树立性别歧视的价值观、信念、态度和关系的过程(Blaise 2005; Davies 2003a, b; MacNaughton 1997, 2000, 2001, 2005; Robinson and Diaz 2006; Seckold and Campbell 2003)。女性主义研究者们积极探索促使性别身份、性别化和性别歧视影响成为儿童早期教育课堂实践重要内容的方式和途径。麦克诺顿(MacNaughton 1997)指出:

  如果我们想要成功把女性主义引入教学实践,以此建构教学体系,必须警惕不同女性主义方式对我们了解儿童可能造成的局限性。再过20年,要想再找对性别"视"而不见的幼儿教育工作者,可能都会变得很难(p. 325)。

所以,我们想问:我们做到了吗? 今天的教育者们是如何运用女性主义来建构教学体系、了解儿童的?

近年来,澳大利亚推出了一系列关于儿童早期教育的法律、政策、培训和从业人员要求等层面的改革,其中特别值得关注的是2009年《早期学习框架》(EYLF)(DEEWR 2009)的出台,该文件针对全澳大利亚所有幼教机构,涉及0~5岁的儿童。2011年,政府又出台了《国家质量标准》(NQS),以监督 EYLF 框架及新的规定要求的实施情况(ACECQA 2011)。

在这些改革中,性别平等成了"平等"下面的一个子概念,表现为儿童早期教育实践实施"包容"原则,一个有力证明就是 EYLF 文件中提到一个重要的学习成果就是要求"儿童有强烈的身份认同感"(DEEWR 2009, p. 20)。但是,对 EYLF 文件和指南等资料作仔细分析后,可以知道"身份"这个词涵盖了孩子多样性的全部方面,对社会权力因素——包括文化、性别、种族、性取向、能力等——对个人所带来的有利和不利条件并没有予以重点关注。这些文件没有把性别看成教育者们了解儿童以指导教学实践的一个重要内容,相反,基本上没有提到性别的相关内容,只除了在"包容"定义中对性别有所涉及(Smith et al. 2014, p. 135)。在 NQS 中,性别同样"消失不见"(Smith et al. 2014, p. 135)。教育者被要求"无视"性别(ACECQA 2011, p. 32),对孩子参与教学项目的情况作出汇报。EYLF 文件提出教育者应该借鉴不同理念,提供多元化事例;但是,女性主义并没有列在其中(DEEWR 2009)。豪瑟和马雷罗(Hauser and Marrero 1998)给出建议:

> 很明显,如果课程不涉及性别平等或女性主义理论,孩子们接收到的讯息就是性别同样也没有必要成为知识建构的组织原则。这一讯息会导致孩子形成不正确、不完整的世界观(p. 165)。

新的《维多利亚州儿童早期学习和发展框架》(VEYLDF)(DET 2016)认识到了州范围内的性别课程差异,但是我们认为性别和女性主义的缺失现象在澳大利亚课程纲要和质量标准体系中有日益扩大的趋势。这传递了一个讯息,那就是性别和女性主义对儿童和教育者们无关紧要。

我们对这个问题的反思主要表现为三个核心问题:性别身份、性别化和性别歧视等概念对于儿童早期教育工作者的工作还重要吗?如果是,教育者和他人如何理解并实践性别平等教育?女性主义对儿童早期教育者有何启发?为了理解教育者们对我们问题作出的回答,我们先来回顾一下儿童早期课堂实践中的第二波、第三波女性主义以及后女性主义思想。

对儿童早期教育领域中女性主义思想的回顾

对女性主义的理解纷繁复杂,而且多有争议(St. Pierre 2010; Butler 1990; Davies 2003a; Flax 1990)。在争议中,女性主义高举批判旗帜,对把偏向男性的西方主流思想置于社会制度中心而把边缘化女性认为理所当然的规范和认知进行了抨击,意在打破其中心地位(Beasley 2005)。胡克斯(hooks 2000)指出:

> 生活中我们所做的每一件事背后都隐含着某种理论规范。无论我们

会不会有意识思考我们为什么会有这样的观点或做出这样的举动,其背后都存在某种体系,构筑我们思想和行为的基础。最开始时,女性主义理论的主要目的就是向女性和男性解释性别歧视思维的作用方式以及我们应该怎样应对并改变它(p. 19)。

为了探究本次研究数据中出现的女性主义思想,我们先介绍女性主义的几波"思潮"。我们知道按思潮对女性主义理论作出梳理并不妥当。一是因为这会造成一种假象,即女性主义是按线性固定发展轨迹"进化"而成的思想体系,而没有意识到女性主义思想其实包罗万象,变化性强而且互有交叉(Evans and Chamberlain 2014)。二是任何试图对受试者的反应作清晰归类分析的数据系统都有其局限性。在我们的调查研究中,我们也采取了归类分析的方法,但发现受试者在谈到教学思考和实践的不同层面时会出现跨类现象。但是,女性主义浪潮是一个梳理探讨受试者的问题回复中女性主义思想之于实践可能性和局限性的有效方式。在西方社会,"第一波女性主义思潮"(19世纪末到20世纪初)和早期自由女性主义者认为女性应该成为社会和政治权利以及"自我"普遍标准中的一部分(Beasley 2005, p. 18)。有些女性主义者借鉴马克思主义/社会主义理论,主张自由资本主义社会中女性应该拥有平等(全面)的成人公民权利。"第二波女性主义思潮"(20世纪60至70年代)继续推进早期女性主义者们的未竟之业,形成了自由主义和马克思主义/社会女性主义。第二波女性主义思潮开始对普遍标准的一些观念进行抨击,探讨"权力",特别是压迫与"凌驾于女性群体之上的男性权力体系"的关系(Beasley 2005, p. 19),以推翻权力体系,特别是男尊女卑的两性模式。20世纪70至80年代末的时候,西方女性主义者们开始探讨身份政治和性别差异。这个时候,女性主义者们没有从两性特征差异构成两性对立模式的角度来理解性别,认为身份是"不确定、并不普遍相同的"一种属性(Beasley 2005, p. 22)。

在澳大利亚,第二波女性主义思潮所关注的是实现男女教育和就业的长期平等。儿童早期教育工作者们被鼓励积极认识男孩和女孩的学习差异并作出应对。造成这些差异的根源被认为既有生理原因也有生活体验不同的原因。这意味着性别身份主要是发展心理学、发育学和社会化理论的相关内容,这些理论表明随着儿童的生长发育,他们慢慢变得成熟,会从周围生活的榜样示范和信息中吸收关于性别身份和性别的理解和实践,从而形成自己的性别身份、性别理解和性别实践。

对于儿童早期教育工作者而言,这意味着他们需要观察儿童性别身份形成的发展阶段、示范非定势化性别角色,并采取相关教学策略对性别歧视问题作出应对,以纠正孩子对性别的"错误理解"(如 Derman-Sparks and The A. B. C. Task Force 1989)。只有有了一个重新定义的本我,孩子们才能成功迈向平等而多彩的成年世界。

20 世纪 90 年代到 21 世纪初的时候,第三波女性主义思潮开始探讨身份、认知和权力的其他建构途径,尤其是后结构主义女性主义着重强调性别在获得体制和个人支撑的权力/认知关系中的作用和身份的多元属性,并对身份是人的一种基本、固定或内在属性的观点予以了驳斥。在这一理论框架中,权力无关好坏,福柯描述其只是关系体系中的一根毛细血管(Foucault 1977)。后结构主义女性主义使得教育者们能够对既定的儿童早期教育认知和实践提出质疑,并揭示权力关系作用对其性别平等教育的影响。儿童早期女性主义后结构主义作者麦克诺顿(MacNaughton 2000)借鉴米歇尔·福柯的理论对此作了阐述:

> ……儿童早教中心等教育机构生存、发展的方式就是创建并维系一系列真理性认识,涉及我们对身为儿童早期教育专业人士的自己以及对儿童、家长和同事应该作出怎样的思考、行为和感受。这些认识渗透进政治体制(或管理制度)中,对什么是儿童早期教育机构中的规范化思考、行为和感受方式作出规定。因此,他们创建并且维护关于成为儿童早期职业教师"合格""正确"方式的道德体系(p. 164)。

第三波女性主义思潮为教育者们创造了一个空间,使他们能够对身为教育工作者的自己作出不同的思考,同时能够以自己的方式开展教学实践。

朱迪斯·巴特勒在她的《性别麻烦》(Butler 1990)一书中,也为儿童早期教育者提出了另外一种理解探讨性别身份的方式。在巴特勒看来,关于性别身份的最佳描述是因行为而存在的表现。康奈尔(Connell 2009)指出"在巴特勒的理念中,性别激进主义不是围绕某种身份(如"女性")的行为动员,而是颠覆身份、推翻性别对立和性别规范的行动"(p. 42)。

第三波女性主义思潮使得教育者能够认识到因为种族、阶层、性倾向和能力——这些正是儿童早期教育实践中影响儿童学习和人际关系的因素——相互交织而变得日益复杂的身份政治。后结构主义女性主义使得教育者能够讨论权力关系网如何通过各种可能身份(主体性)、认知和实践传播。儿童是复杂的能动主体，有能力从社会世界的众多合意、竞争的可能性中建构、排斥、重构自己的性别学习和身份(Walkerdine 1990；Davies 2003a)。这种对权力运作的关注贯穿于女孩或男孩的课堂日常，创造了一种动态、不断变化的教学形式。教育工作者能够质问政治影响如何通过个人和机构投资贯穿主导话语并占据一席之地，从而重新引导教学实践，让孩子和成人关注有利条件、不利条件、发声、多元化和多样性等问题。

后女性主义与第三波女性主义政治思潮同时出现，但其主张与后者截然相反，后女性主义引用教育进步和女性在经济和商业领域的进展，声称女性主义因为性别平等所取得的成就而变得多余(Budgeon 2011)。后女性主义话语吸纳了新自由主义思想，认为一个人的生活是什么样，完全在于个人。这意味着妇女/女孩和男性/男孩都是平等的，有通过教育和艰苦努力获得成功的同等自由和选择(Crofts and Coffey 2016；McRobbie 2007)。性别平等理念对所有人适用，男女个体都可以选择平等全面参与社会，这就使得女性主义政治没有了存在的必要(Crofts and Coffey 2016)。我们需要认识后女性主义话语其实并没有全然站在女性主义的对立面，因为其仍然渴望女性平等，但其认为平等更多的与个体的自由、主观能动性和个人能力相关，而这些是新自由主义社会给予全部公民的权利和自由，而不是体制化、社会化的内容。后女性主义话语对性别身份的复杂性作出阐释，把平等融入了自我实现的、个体化且私人化的孩子身上，在澳大利亚儿童早期教育中，其具体表现就是 EYLF 文件中的身份整合。性别不需要教育者费心识别，因为关于人的新的社会含义包含了性别身份并促成平等。《国家质量框架》(Department of Education, Employment and Workplace Relations 2009)背后所蕴含的新自由主义政策支持性别政策模糊化，留待教育者对照普遍结果对每个孩子的学习作出定义和判断。

儿童早期教育中的女性主义和性别问题梳理和再梳理

所以，教育者对儿童早期教育中的女性主义和性别问题作何思考？我们依据参与调查的儿童早期教育者对自己关于性别身份的教学实践所作的回复按不同的女性主义话语作了梳理。有一点很有意思,在澳大利亚,EYLF 或 NQS 文件并没有对女性主义和女性主义理论作出强调,但这似乎并没有阻止教育者们探索并在与孩子的日常交流中以女性主义为指导。教育者在谈到女性主义和工作的关系时,提得最多的主题就是平等/平等权利、公平、打破定势化思维、宣扬理念等。对 78% 的教育者来说,这指的是他们会特别关注与性别身份相关的课程。在他们的教学实践描述中出现的主题有身份的重要性、打破定势化思维/歧视、权力、社会正义和支持多样性。这些主题与第二波女性主义思潮的目标相关,同时也与第三波女性主义思潮相关,因为第三波女性主义思潮推进了第二波女性主义思潮的目标,只是把关注重点放到了交互性、差异和身份上。

回顾第二波女性主义思潮

第一波和第二波儿童早期教育女性主义都以争取平等权利、公平和平等为目标,往往含有儿童具有单一潜能或固有身份的发展建构理念在内。自认是女性主义者的教育者抓住了这些思想的主线,他们谈到在工作中会借鉴女性主义,把平等作为性别身份的一部分来教育孩子:

> 我觉得让幼儿们知道他们不会因为性别而受到影响,让他们带着这种认知成长,特别重要(R29)。
> ……因为我想让他们知道并了解男女是平等的(R23)。

在教育者的回应中,我们可以看到第二波女性主义思潮的影响,表现在教育者借鉴发展和社会化理论来理解性别身份、构筑教学重点、了解儿童:

> 因为它认同性别身份影响发展(R11)。
> VEYLDF 中的一个成果指标就是"身份"。身份是由个人的文化背景、性别、宗教和性格等因素形成的。为了促使孩子形成强烈的身份认同感,我们必须记录并认可孩子对社会性别建构的探索、促进社会公平(R14)。

当教育者借鉴第二波女性主义思潮以颠覆男权主义关于儿童的定势思维和制

度体系时，他们能够为儿童探索非定势化学习、教育材料和性别角色开创机会：

> 为了保证每个儿童都有机会参与并探索特定性别角色相关的经历。说这话时，我真的不想让它听上去性别歧视意味太强。如果有小女孩对卡车感兴趣，[那]我会表示支持，不会让她去玩洋娃娃，反过来对男孩也一样(R09)。

> 我利用孩子们玩不同游戏的照片，告诉他们男孩可以玩洋娃娃，女孩也可以玩乐高(R25)。

> 孩子们需要经历发展和生活中的方方面面，而不光是典型的性别角色。孩子们还需要听到质疑的声音，如应该对"男孩不可玩那个"组织讨论，而不是抛到一边不予理睬(R03)。

教育者们回应中呈现的第二波女性主义思想表明它们既促进又束缚了教育者的性别平等教育。当教育者将第二波女性主义思想应用于教育实践时，必须对理性、天真、受到误导、不成熟的孩子作出观察和正确解释。他们的变革手段只限于示范、提问、在孩子准备好时为孩子学习创造环境和机会。但是，教育者无从为孩子们重构、抵制性别平等的多种方式做好准备。

回顾第三波女性主义思潮

第三波女性主义思想在教育者的性别身份教育过程中相对影响没那么大。但有几位教育者提到了多元、变化的性别身份和性别对立。不过，关于权力关系与儿童生活或教学实践的牵绊，教育者没有详细说明。

> 我认为承认性别的复杂多变性，是促进平等和社会正义教育的重要内容。承认这点，也就意味着承认孩子是一个能够以各种方式探究并表达其性别身份的公民。这对以下这种普遍认识形成了有力的冲击：孩子太小，理解不了性别身份；如果他们不符合社会"规范"或期望，就会遭到歧视或边缘化(R08)。

> 性别问题与社会实践和关系相关联，还与权力游戏和社会正义问题相关联(R05)。

像"身份"等用来架构调查问题的表述,其含义可能与受到第三波女性主义思想影响的教育者的理解并不一致。"身份"这个表述其实是不妥的,因为它暗示了个人有一个单一的内在特性,而不是无序、多元、变化的主体属性。在将第三波女性主义思想用以教学实践时,教育者们反思了性别是身份的一个恒定元素或简单二元对立的一个部分这样的认知对教学实践的限制和束缚。

> 简而言之,因为我发现呈现给孩子们的性别身份十分狭隘,而且往往呈二元对立模式,效果十分令人沮丧,还有性别歧视的倾向。无论什么方式,只要能改变这一点,拓展可能的"存在"方式,我都支持(R29)。

> 儿童的性别发展是一个不断发展的过程。孩子们正在探索性别的社会规则,以弄清楚他们适合在哪里,以及他们想要如何表达自己。如果孩子们觉得自己与所规定的性别并不相符,往往会感到被疏远,却不知道为什么,这可能会导致社会情感或其他压力,而这些压力可能会造成长期的伤害(R30)。

在借助第三波女性主义思想建构教学实践的过程中,教育者发现挑战关于身份的定势思维和社会二元对立具有重要意义,同时也十分复杂:

> 性别概念和性别歧视是孩子们每天日常都会接触的内容(包括各种关于性别的混合概念,如女孩适用粉色,男孩适用蓝色;建构类游戏是男孩玩的游戏,家庭角是女孩玩的游戏;还有关于他们是谁、为什么会存在差异等难以回答的问题)。这有时会让教育者觉得难以招架,让孩子觉得困惑。性别歧视就跟文化歧视或社会歧视等各种歧视行为一样对孩子造成伤害。我认为作为幼儿教育工作者,我们有责任在孩子们的游戏、学习和生活中思考性别问题,帮助孩子树立健康的性别观念(R10)。

教育者在借鉴运用第三次女性主义思想的过程中,看到孩子们陷入性别身份的复杂纠结中,在回应中开始表现出不确定,他们对自己所持理论无法有效解释引导孩子们的真实情况这一现象发出质疑并困惑该何去何从。第三波女性主义思想使教育者能够有效利用孩子、家庭和机构的回应来构建儿童早期教育实践。

第十四章　我们做到了吗？儿童早期教育实践中的性别平等发展历程回顾

回顾后女性主义思想

当前澳大利亚和全球背景下的教育政策的影响最明显体现在，教育者的回应反映了后女性主义思想。在这个层面上，教育者不再关注性别身份、性别化或性别歧视，而是从人权的角度阐述了女性主义对其儿童教育工作的影响。当教育者借鉴后女性主义和新自由主义政治思想指导教学实践时，他们会向孩子展示机会和成功对所有女性和男性都是平等的。学习选择和成功是个人管理和驱动的结果，而不是性别教学的结果。在借鉴运用后女性主义思想的过程中，教育者不再对主导男性霸权的表现形式、男权体制、权力关系运作模式等予以批判，他们不再使用性别和性别化等词，在学习和人际关系中不再有所指（Crofts and Coffey 2016；McRobbie 2007）。

> 我们反复强调我们都是值得尊重的人，虽然你的声音可能与他人不一样，但你的想法依然值得重视（R14）。

> 这是一个儿童/人权问题，作为幼儿教育工作者，我们是所有孩子的拥护者（R05）。

后女性主义对身份的理解似乎对课堂教学中教育者如何以及是否观察性别身份和性别问题产生了莫大影响。虽然有78%的教育者认为观察身份、开设性别身份相关课程具有重要意义，但只有22%的教育者真正频繁付诸实践（常常/每周占5.56%，不间断/每天占16.67%）。教育者实践中的性别"失声"现象与后女性主义思想一脉相承。教育者在谈到后女性主义思想对其工作的影响和意义时，他们说会用一些性别中立表述来谈论孩子之间的公平问题，他们的关注重点也落在了孩子个体身上：

> 我认为了解所有学生和他们的所有需求很重要。我认为有必要营造一个所有学生都受到欢迎、尊重的课堂氛围（R23）。

> 孩子们正在探索作为人的角色，他们还在发展社会生活技能。他们不需要成人性别认知来使他们的生活变得复杂化（R20）。

在这种关于儿童的后女性主义建构中，性别政治被认为是成人的认知，会使儿童成为合格公民的天真之旅变得复杂。后女性主义思想对教育者的影响还表现在他们围绕儿童个体展开教学实践,这个儿童的身份有着独特和综合性的特点,使他/她和其他儿童相区别。

> 每个孩子都是独一无二的,这是理解个体的一个重要部分(R31)。

在后女性主义的理论框架下,教育者教学实践的重点是以儿童为中心的课程以及教学方法,利用他们的专业知识和对儿童暗示的理解,赋予儿童选择、追求合适学习的自由:

> 性别不会定义你是一个什么样的人,你应该观察、记录并开发涉及儿童能力、学习和兴趣的课程(R07)。

> 我们的课程并不基于孩子们当前正在发展变化的兴趣和需求……学习是一件自发的事,有时是因为有孩子问了一个直接的问题,有时是因为一群孩子正在探索某个概念/思想……一般来讲,孩子们决定学什么、什么时候学、在哪里学以及为什么学。我们基于观察设置课程,以拓展孩子的理解、纠正误解(R10)。

受后女性主义思想影响的教育者把目光投注到个体孩子的技能、需求和兴趣评估上,以孩子为中心,不再对政治背景之于教学实践的影响或话语体系中的权力运作等提出批判性问题。

当教育者借鉴儿童早期教育新自由主义背景下的后女性主义政策和实践时,性别政治不再是一个前沿性话题,除非它们造成一定影响,而这种影响教育者认为很不公平:

> 我会观察性别,但只有当我感到存在某种歧视时,可能才会作有意识的记录或思考(R28)。

当教育者站在后女性主义角度谈起工作时,他们没有像澳大利亚 EYLF 文件中的包容原则一样对多样化身份的影响作出更加复杂的回应,而是掩盖身份政治,将他们的关注焦点错误地从性别身份和性别的作用形式上移开。教育者使用后女性主义话语,试图把多样性集中到个体身上,以产生一个连贯画面,利用以儿童为中心的课程,分析笼统化、普遍化的学习成果。

需要注意的是受试者在寻找合适的方式谈论他们的教学实践时,他们的回应会出现女性主义思想上的跨越。对部分教育者来说,这导致他们在阐述第三波女

性主义的身份政治和后女性主义的性别中立教学模式时,会出现教学方法上的内部矛盾:

> 性别身份在这个年纪是十分不确定的。看到男孩选择穿裙子、女孩选择玩泥巴时,我很犹豫是否要提醒他们,因为有太多太多的孩子会这么做,他们的家长也大多没有游戏的性别化意识,并不觉得有何不妥(R17)。

> 我们听到孩子说"只适合女孩"或"只适合男孩时"就会马上纠正孩子,然后我们用共同的持续思考来质疑这些认知,但我的课程规划和记录的宗旨是以性别中立的方式支持每个孩子(R17)。

教育者的后女性主义回应给我们提出了一个重要的问题:当公平已经和个人"身份"相合并,从而导致男权主义和性别歧视不再可见时,我们怎么才能和男权主义和性别歧视展开政治较量?教育者本人受到儿童早期教育新自由主义后女性主义思想的影响,认为自己的主要责任就是记录并交付学习成果,包括孩子个体的包容性、成功性和多产性身份。对部分教育者来说,探讨性别问题可能是另外一个复杂不堪的世界才需要做的事:

> 这并不是我要特别思考的内容。我敢说这很重要,但可惜的是,我是人,不可能做到面面俱到(R28)。

结语

我们在本章开头就提了一个问题:我们做到了吗?我们出于想要了解女性主义在儿童早期教育中的地位,问了教育者还有我们自己这个问题。我们对教育者作出的关于女性主义思想与儿童早期教育理论和实践相结合的回应作了梳理,这使得我们能够关注每一种女性主义思想对当今澳大利亚和国际儿童早期教育的意义。我们认为,如果我们要继续打破儿童早期教育的界限,跨越分歧建立联盟,继续寻求理解和履行自己以及他人本分的意外可能是很重要的。

在此过程中,我们看到了新自由主义后女性主义背景下儿童早期教育的循环实践既限制又促使教育者们以不同方式参与课堂性别政治。尽管澳大利亚的政策背景描述的是在性别中立课堂中活动的可认知、可评估和可衡量的个体儿童形象，但教育者已经表明，他们对性别身份和性别化如何在课堂上发挥作用既感兴趣又怀有顾虑。每位教育者的女性主义立场都为关于什么构成了性别平等、如何面对性别歧视、在儿童早期课程中对性别身份和性别化需要哪些必要改变的对话提供了一些想法。教育者正在寻找方法来阐述他们的教学实践、纠结挣扎和政治意图。教育者的回应与贝尔·胡克斯（hooks 2000）的话如出一辙：

> 大多数人不知道女性主义在无数方面积极改变了我们所有人的生活。分享女性主义思想和实践是维系女性主义运动的重要手段。女性主义思想属于所有人（p. 24）。

在牢记这点的同时，当我们问"我们做到了吗"时，并不是说这个"目标"是一个有定性或线性的终点，我们所指的是中心和边缘之间的空间，在这个空间里，会产生新的理论、实践和教学方法的可能性，教育者使他们和其他的理论、实践和教学方法并存。正如胡克斯（hooks 2000）所说：

> 女性主义理论必须不断建构和重新建构，这样才能帮助我们解决当下生活中的问题（p. 117）。

如果我们想在女性主义理论的基础上重新建构儿童早期教育理论，需要我们寻找方法思考、阐述当前理论和实践的微观层面——即课堂——影响，并付诸行动。如果我们承认性别身份和性别化影响方式千变万化，我们必须参与不同对话，就建构一个无政治意识的天真无邪的孩子作为课堂教学的主体有何影响、儿童早期认知理论起源以及以儿童为中心的课程作为性别平等问题应对有何狭隘性等问题进行交流。哈特索克（Hartsock 1987）在批判第三波女性主义思潮中"他者"的地位时正是提出了这样的质疑：

> 因为其具有的多重性，[我们需要]从边缘角度建构关于世界的认知，在这种认知中，边缘变成了中心。这就要求我们树立一种世界观，我们的视角不再是屈从于他人之下的认知，而是成为主要认知（pp. 204-205）。

这种理论、实践和权力关系相结合的儿童早期教育模式，要求我们进入一个"我们"和"他们"这两个狭窄二元空间之间。在这个空间里，我们不是简单地追溯和再追溯权力关系,而是敞开大门迎接新的可能;在这个空间里,我们获得授权去思考、表达、实践"其他可能"(MacNaughton 2005);在这个第三空间里,我们可以吸纳不同理论、不同经历、不同声音,从内到外寻找既令人惊奇又不失可能的思想和实践。

References

Australian Children's Education and Care Quality Authority (ACECQA). (2011). *Guide to the National Quality Framework*. Retrieved from www.acecqa.gov.au/national-quality-framework.

Beasley, C. (2005). *Gender and sexuality: Critical theories, critical thinkers*. London: Sage Publications.

Blaise, M. (2005). *Playing it straight: Uncovering gender discourses in the early childhood classroom*. New York: Routledge.

Budgeon, S. (2011). The contradictions of successful femininity: Third-wave feminism, post-feminism and 'new' feminisms. In R. Gill & C. Scharff (Eds.), *New femininities: Postfeminism, neoliberalism and subjectivity* (pp. 279-292). Palgrave Macmillan: Houndmills, Basingstoke, Hampshire.

Butler, J. (1990). *Gender trouble*. New York: Routledge.

Connell, R. (2009). *Gender* (2nd ed.). Cambridge: Polity Press.

Crofts, J., & Coffey, J. (2016). Young women's negotiations of gender, the body and the labour market in a post-feminist context. *Journal of Gender Studies*. doi:10.1080/09589236.2015.1130610.

Davies, B. (2003a). *Frogs and snails and feminist tales: Preschool children and gender*. Cresskill, NJ: Hampton Press.

Davies, B. (2003b). *Shards of glass: Children reading and writing beyond gendered identities*. Cresskill, NJ: Hampton Press.

Department of Education (DET). (2016). *Victorian Early Years Learning and Development Framework*. Melbourne: Department of Education and Training.

Department of Education, Employment and Workplace Relations (DEEWR). (2009).

Belonging, Being and Becoming: The Early Years Learning Framework for Australia. Retrieved from www.coag.gov.au/sites/default/files/early_years_Learning_Framework.pdf.

Derman-Sparks, L., & The A. B. C. Task Force. (1989). *Anti-bias curriculum: Tools for empowering young children*. Washington, DC.: National Association for the Education of Young Children.

Evans, E., & Chamberlain, P. (2014). Critical waves: Exploring feminist identity, discourse and praxis in western feminism. *Journal of Social, Cultural and Political Protest*.

FAHCSIA. (2009). *The cost of violence against women and their children*. Retrieved from: http://www.fahcsia.gov.au/sites/default/files/documents/05_2012/vawc_economic_report.pdf.

Flax, J. (1990). Postmodernism and gender relations in feminist theory. In L. J. Nicholson (Ed.), *Feminism/postmodernism* (pp. 39 – 62). New York: Routledge.

Foucault, M. (1977). *Discipline and punish: The birth of the prison*. London: Penguin Books.

Goldstein, L. (1998). The distance between feminism and early childhood education: An historical perspective. In M. E. Hauser & J. A. Jipson (Eds.), *Intersections: feminisms/early childhoods* (pp. 51 – 63). New York: Peter Lang Publishing Inc.

Hartsock, N. (1987). Rethinking modernism: Minority vs majority theories. *Cultural Critique*, 7 (Autumn): 187 – 206.

Hauser, M., & Marrero, E. (1998). Challenging curricular conventions: Is it feminist pedagogy if you don't call it that? In M. E. Hauser & J. A. Jipson (Eds.), *Intersections: Feminisms/early childhoods* (pp. 161 – 173). New York: Peter Lang Publishing Inc.

hooks, b. (2000). *Feminism is for everybody*. Cambridge, MA.: South End Press.

MacNaughton, G. (1997). Feminist praxis and the gaze in the early childhood curriculum. *Gender and Education*, 9(3): 317 – 326.

MacNaughton, G. (2000). *Rethinking gender in early childhood education*. NSW: Allen & Unwin.

MacNaughton, G. (2001). Silences, sex-roles and subjectivities 40 years of gender in the Australian Journal of Early Childhood. *Australian Journal of Early Childhood*, 26 (1): 21 – 25.

MacNaughton, G. (2005). *Doing Foucault in early childhood studies: Applying poststructural ideas*. New York: Routledge.

McRobbie, A. (2007). Top girls? Young women and the post-feminist sexual contract. *Cultural

Studies, 21: 718-737.

Robinson, K. H., & Diaz, C. (2006). *Diversity and difference in early childhood education: Issues for theory and practice*. Berkshire, England: Open University Press.

Seckold, C., & Campbell, S. (2003). Everybody helps on the farm: Gender issues in rural early childhood settings. *Every Child*, 9(3): 14-16.

Smith, K., Alexander, K., & D'Souza Juma, A. (2014). Gender matters in the early years classroom. In K. Cologon (Ed.), *Inclusive education in the early years: Right from the start* (pp. 133-151). Victoria, Australia: Oxford University Press.

St. Pierre, E. (2010). Poststructural feminism in education: An overview. *International Journal of Qualitative Studies in Education*, 13(5): 477-515.

VicHealth. (2004). *The health costs of violence*. Retrieved from http://www.vichealth.vic.gov.au/Publications/Freedom-from-violence/The-Health-Costs-of-Violence.aspxx.

VicHealth. (2007). *Preventing violence before it occurs: A framework and background paper to guide the primary prevention of violence against women in Victoria*. Retrieved from http://www.vichealth.vic.gov.au/Publications/Freedom-from-violence/Preventing-violence-before-it-occurs.aspx.

Walkerdine, V. (1990). *Schoolgirl fictions*. London: Verso.